불교세시풍속

프라즈냐 총서

26

불교세시풍속

| 기록으로 만나는 불교 세시풍속과 문화 |

오인吾印 著

운주사

머리말

고요하고 적적한 산 그림자 드리우는 한가한 산중생활도, 그 속을 들여다보면 반드시 그렇지만은 않다. 사찰의 일년은 새해 첫날부터 섣달 그믐날까지 매일매일이 다양한 법회와 행사, 그리고 기념일 등으로 분주함의 연속이다.

일년 동안 관례적으로 행하여지는 행사와 풍속을 '세시풍속'이라고 하는데, 사찰에도 '불교세시풍속'이라고 할 수 있는 수많은 행사와 풍속들이 존재한다. 본서는 이에 대한 종합적인 연구서이다.

세시풍속을 기록하고 있는 『세시기』 문헌은 국가와 시대별로 매우 다양하다.

중국의 세시기 문헌으로는 6세기의 『형초세시기』를 비롯하여 『초학기』, 『동경몽화록』, 『세화기려보』, 『희조락사』, 『제경경물략』, 『제경세시기승』, 『연경세시기』, 『어정월령집요』 등이 있으며, 한국의 세시기 문헌으로는 『경도잡지』, 『열양세시기』, 『동국세시기』, 『동경잡기』, 『세시풍요』 등이 있다. (이상의 중국과 한국의 세시기는 2006년부터 국립민속박물관에서 번역하여 〈국립민속박물관 세시기 총서〉 시리즈로 발행되어 있다.)

하지만, 유감스럽게도 불교문헌 중에는 불교세시만을 기록한 사료는 없다. 때문에 불교세시풍속을 연구하기 위해서는 위의 『세시기』들을 참고하여, 그중에서 불교와 관련된 내용을 도출하여 정리하는 연구방법을 취할 수밖에 없다. 국내에서 간행된 불교세시 단행본들이 이와 같은 방법을 사용하고 있다. 『불교와 세시풍속』(안길모, 1993년), 최근에 발행된 『절에 가는 날』(조계종 출판사, 2014년)이 그러하다.

본서는 우선 종래의 단행본들이 갖고 있는, 사료의 한계성을 지닌 연구방법에서 벗어나고자 국가적으로나 시대적으로 한정을 설정하지 않다. 때문에 내용이 다소 번잡하지만, 불교세시풍속, 법회, 불교행사 등에 대하여 최대한의 사료를 찾아 수록한다는 입장을 견지하여 번잡함을 감내하였다.

제1차 사료로는 중국 자료로 『사고전서』와 불교경전, 『대당서역기』와 『입당구법순례행기』 등 고승들의 순례기를, 한국 자료로 『삼국유사』에서부터 『조선왕조실록』까지를 살펴보았다. 또한 제2차 자료는 『한국민족대백과사전』 등의 사전류를 참조하였다.

물론, 본서에서 제시하고 있는 사료에 부족함이 많을 것이다. 누락된 것들도 있을 것이며, 필자의 학문적 역량 부족으로 인한 오역도 많을 것이다. 이에 대해서는 향후 개정판으로 단점을 보완하고자 한다.

한편, 본서는 풍속적인 자료뿐만 아니라 불교행사 및 기일 등도 함께 수록하고 있다. 때문에 본서의 서명을 정하는 것이 고민스러운 부분이었다. 그러나 두 가지 이유 때문에 '불교세시풍속'이라고 정하게 되었다. 하나는 풍속이 법회를 비롯한 다른 내용보다 많은 부분을 차지하고 있으며, 다른 하나는 편집체재를 월·일의 형식으로 구성하였기 때문이다.

본 연구는 중앙승가대학교의 단나학술 지원금으로 완성할 수 있었다. 학교 측에 감사의 말씀을 전한다. 더불어 본서가 세상에 나오게 되기까지 도서출판 운주사 김시열 사장님의 배려와 격려가 없었다면 불가능했을 것이다. 출판을 의논하러 갔을 때, 한 번의 출판 경험도 없는 소장 학자의 저술을 흔쾌히 받아주셨으며, 저술에 대해서 자신 없어 하는 본인을 끊임없이 격려하며 용기를 주셨다. 진심으로 감사의 마음을 전한다.

교정에 비추이던 봄 햇살의 푸른 설레임이 여유롭고 화사한 가을 햇살로 바뀌었다. 고운 단풍으로 물든 산자락처럼 듬직하게 옆을 지켜 주던 도반과 지인들에게 감사의 마음, 고마운 마음을 전한다.

마지막으로 은사 지정 스님, 학부시절의 교수님들, 석·박사 과정의 지도교수님이신 成田俊治, 池見澄隆께도 존경과 감사의 마음을 올린다.

2014년 11월
중앙승가대학교 연구실에서

12월

원문

서론

승가의 궁극적인 목적은 성불이다. 따라서 수행자들이 매순간 수행에 전념하는 것은 당연한 일일 것이다. 그러나 한편으로 그들의 일상을 들여다보면 수행 외에도 다양한 행사와 법회, 그리고 세시풍속들이 함께하고 있음을 알 수 있다. 하지만 보통은 그러한 것을 지엽적인 것으로 여기고, 그다지 가치를 부여하지 않는다.

불교문화를 크게 수행문화와 생활문화로 구분한다면, 불교세시기는 생활문화에 속할 것이다. 불교 생활문화란 협의로는 청규에 한하며, 광의로는 수행 중에 영위하는 일상생활 전반에 걸친 문화라고 정의할 수 있을 것이다. 본서에서는 광의를 취하되, 불교풍속까지도 포함할 것이다.

불교세시를 1월 1일부터 12월 31일까지 월별·일별로 정리하여 보면, 불교 내에 상당수의 세시풍속들이 존재하였음을 알 수 있다. 그리고 그런 세시풍속들은 지금껏 현존하는 것들이 있는가 하면, 자취를 감추고 사라져 버려서 존재했던 사실조차 모르고 있는 것들도 적지 않다. 그럼에도 불구하고, 지금까지 불교세시에 관해 총체적으로 정리한 단행본이나 성과물은 나오지 않고 있다. 청규 및 수행생활에 관해서는 논문이나 단행본으로 결과물들이 있으나, 불교세시풍속에 관한 연구는 대부분 불교 4대 명절인 초파일, 열반일, 출가일, 성도일을 비롯하여, 연등회나 상원회, 동지 등에 관한 연구에 집중되어 있다. 때문에 불교세시에 대한 관심은 물론이고 그 현황이나 규모에 대한 인식 또한 턱없이 낮은 것이 현실이다. 10여 년 전에는 박부영의 『불교풍속고금기』가 출판되기도 하였지만, 학문적인 완성도보다는 수필적인 성격이 강하다.

필자가 이 책을 펴내는 목적은 국가와 시대별로 편집되었던 세시기들을 인용하여, 문헌을 중심으로 불교세시기를 일목요연하게 정리하고 유래와 변화를 고찰하는 데 있으며, 향후에는 현존하는 불교세시풍속에 대한 현장조사를 통하여 후대의 기록으로 남기고자 하는 것이다.

그러나 수행 중심인 한국불교에서는 일상의 수행생활에 대한 상세한 기록을 남기고 있지 않아서, 수행생활의 전모를 파악하기에 곤란함이 없지 않다. 물론 청규가 있어서 대중생활의 규범이나 법회의 진행순서 등을 알 수는 있으나, 그것만으로 구체적인 생활상에 접근하는 것은 역부족이다.

이런 상황에서 필자는 한국불교의 세시풍속뿐만 아니라, 이를 같은 동아시아 불교권에 속한 중국과 연관지어 종합적으로 고찰해 보고자 하였다.

이를 위해 먼저 중국과 한국의 세시기 관련 문헌을 선정하고, 그들 문헌 내에서 불교 관련 항목을 도출하여 날짜별, 그리고 월별로 정리하였다. 중국문헌은 『사고전서』에 수록된 세시기 등을 중심으로 하고, 한국문헌은 주로 조선시대 세시기를 인용하였다.

그 다음은 이를 바탕으로 불교문헌, 즉 경전을 비롯하여 고승들의 여행기, 선문헌 등에서 관련 항목을 고찰하였는데, 주로 『입당구법순례행기』, 『백장청규』, 『대당서역기』, 『낙양가람기』 등을 인용하였다.

본서의 연구범위는 지역적으로는 중국과 한국이고, 시대적으로는 7세기부터 19세기까지이며, 연구수준은 일차적인 자료의 취합 및 정리 정도이지만, 본 연구를 바탕으로 하여 이후 국가별, 지역별, 시대별, 나아가서는 종파별로 연구가 진행되어야 할 것이다.

이런 측면에서 이 책은 다음과 같은 몇 가지 역할을 기대한다.

첫째, 불교세시 관련 원전자료를 집대성하고 있어서, 연구자들에게 편리성을 제공하고 있다. 연구에 필요한 원문을 최대한으로 수록하여 불교세시 연구의 기초자료집으로 활용될 수 있을 것이다.

둘째, 불교문화에 대한 연구 및 관심이 높아지고 있는 현 시점에, 불교세시풍속에 관한 문헌정리는 불교문화 연구의 영역을 넓혀줄 것이며, 나아가 실생활에서 풍부한 불교적 접근방법을 얻을 수 있을 것이다.

셋째, 본서에 수록된 자료 및 연구 성과들을 토대로 소멸된 불교세시 풍속을 재탄생시키고, 다시 현대적으로 재해석하여 다양하게 활용할 수 있을 것이다. 예를 들면, 문헌을 통해서 확인된 세시풍속 중에서 1월 1일의 '천반회', 4월 8일의 '결연두', 12월 31일의 '승병' 등은 19세기까지 있었던 풍속임에도 불구하고 지금의 스님들은 이름조차 생소하다. 그러나 그들이 가지는 의미나 방법은, 현대에도 충분히 되살려서 수행방법 또는 포교방법으로 재활용할 가치가 충분하다고 생각한다.

이처럼 불교세시에 대한 정리는 불교문화 연구에, 그리고 옛 스님들의 생활문화를 통하여 현대 수행자들이 출가정신을 돌아보게 되는 좋은 창이 될 것이다.

1일

◉ 통알通謁

통알의 의미

1월 1일은 새해의 시작이다. 정월 초하루를 『형초세시기』에서는 단월, 『초학기』에서는 정일, 『동경몽화록』에서는 연절, 『연경세시기』에서는 대년초일 등 다양하게 불렀다.

새해 첫날은 사찰에서도 세배를 드린다. 이 의식을 통알이라고 하며, 세알 또는 축상작법이라고도 한다. 석가모니불을 시작으로 대승보살과 호법성중, 대중스님, 그리고 부모 및 친지 등이다. 좀 더 정확하게는 불보살님들께 올리는 세배를 통알, 대중스님들에게 드리는 세배를 세알이라고 한다.

통알이란 알謁로써 통通한다는 말이다. 알은 알현, 즉 높고 거룩한

곳을 '뵈다, 아뢰다, 고하다, 여쭈다, 청하다'라는 의미다. 이를 불교적
으로 해석하면 진리의 자리, 즉 부처님의 종지, 거룩함, 성스러움,
여여자연, 본성, 청정 등에 귀의하는 것이라고 할 수 있을 것이다.

통알의 성격은, 조상에 대한 감사와 가족과 친지들의 행복과 건강을
기원하는 한정적인 세속의 세배와는 달리, 삼보의 은혜에 감사드리고
모든 중생들에게 부처님의 자비가 항상 함께 하기를 기원하는 대자대비
의 정신이 깃들어 있다. 때문에 세배의 대상과 내용이 세속과는 비교할
수 없을 정도로 넓고 큰 것이 특징이다.

신년하례의 통알

통알은 원래 불교의 신년의식은 아니었다. 『동한회요』, 『문헌통고』,
『군서고색』, 『옥해』, 『동경몽화록』 등을 살펴보면, 1월 1일에 중국의
천자가 덕양전에서 문무백관과 외국 사신들의 신년하례를 받았다고
전한다. 『동경몽화록』에 다음과 같이 기록되어 있다.

정월 초하루 대조회 때 왕이 어가로 대경전에 납시면 갑옷 입은
장대한 4명의 군사가 대경전의 모퉁이에 서 있는데 이를 진전장군이
라고 한다. 여러 나라의 사신들이 들어와 하례를 하고 뜰에는 법가와
의장들을 나열해 놓았다. … 중략… 고려와 남번 교주의 사신들은
한나라의 의례와 같이 행한다. … 중략… 삼불제의 사신들은 모두
수척하고 머리에 두건을 둘렀으며 부처의 얼굴 모습을 수놓은 붉은
옷을 입었다. 그리고 남만의 오성번에서 온 사신들은 모두 상투를
틀고 검은 털모자를 쓰고 스님처럼 예배하며 알현한다. … 중략

… 고려의 사신들은 양문 밖 안주항의 동문관에서 머물고 …중략

… 오직 대료와 고려의 사신들에게는 숙소에서 연회를 베풀어 준다.

중국 황궁의 신년하례에는 각국의 사신들이 다양한 모습으로 참석하였다. 삼불제와 오성번의 사신들은 예법과 의복이 매우 불교적인 것이 특색이다. 삼불제는 수마트라의 팔렘방을 중심으로 있었던 나라로 실라불서라고도 한다. 팔렘방을 중심으로 번영을 누렸던 인도계 문화 국가 스리비자야를 말하며, 오성번은 송나라 시대의 남만의 다섯 종족인 용번龍藩, 방번方藩, 장번張藩, 석번石藩, 나번羅藩을 말한다. 고려의 사신들은 한나라와 같이 하례를 드렸으며, 중국 황실은 고려 사신들에게 연회를 베풀어 주는 등 특별히 대접하였음을 알 수 있다.

척불정책을 펼쳤던 조선시대에도 궁중의 신년하례식에 스님들이 참여하였다. 조선시대에는 정월 초하루, 동짓날, 왕의 탄신일을 삼대조회라고 하여 하례를 받았다. 이 조회에 내원당이 오교양종을 거느리고 하전을 받들고 하례를 드렸는데, 이때 고승대덕이 참석하였다. 세종 10년(1428)에는 좌사간 김효정 등이 승려를 하례에 참여시키지 말도록 상소하였으나 윤허되지 않았지만, 결국 세종 16년(1434)에 승려의 하례가 폐지되었다.

불전의 통알 기록

불교 전적에도 통알과 관련된 내용이 서술되어 있다.

『대당서역기』에 의하면, 마게다국에 오파색가인 사야시나라는 서인도의 찰제리종 출신의 사람이 있었다. 그는 내외의 전적들을 두루

읽어 현묘한 이치에 밝아서 사문, 바라문, 국왕, 대신들이 그의 가르침을 받고자 와서 삼배를 드렸는데 이를 통알이라고 기록하고 있다. 즉, 고승에게 삼배를 올리는 것을 통알이라고 하였다.

이외에 『선림승보전』, 『임간록』에도 통알이라는 표현이 있지만, 불교의 신년의례와는 무관한 내용이다.

『칙수백장청규』에 의하면 "1월 1일에, 어떤 곳에서는 사맹월[1]에 대중행도가 있으며, 불전에서 경전을 소리내어 읽거나 외우고, 축원을 한다. 다음에는 문장을 갖춰 관원, 단월, 모든 사찰에 새해를 축하한다."고 기록하고 있다. 이는 신년을 맞이하여 궁중의 하례와 같이 축하하였음을 알 수 있다.

한편, 『환주청규』에는 "1월 1일 세단에는 오경에 종과 판을 울려 대중이 운집한 가운데 대비주로서 축원하고 재를 지냈으며 능엄경을 외우고 회향했다"고 하여, 이날 차례를 지내고 능엄주를 독송하였다고 전한다.

이와 같이 불전에는 통알이 세배와는 무관하게 고승에 대한 삼배 등의 의미로 사용되었던 기록도 있으나, 『칙수백장청규』에는 신년의례로 정착되었음을 알 수 있다. 그러나 불전에는 통알에 대한 정확한 기록이 없으며, 따라서 『동경몽화록』 등에 의하여, 궁중의 신년하례에 참여했던 사신들에 의하여 우리나라에도 전하여졌으며, 궁중의 신년하례식에 참석했던 스님들이 신년의례로 도입한 것이 아닐까 추측할 뿐이다.

---

1 四孟月은 1월, 4월, 7월, 10월을 말한다.

통알의식

예전에는 통알에 앞서 축상작법을 행하였다. 축상작법의 의식은 『석문의범』에 수록되어 있는데 간단히 서술하면 다음과 같다.

처음에 금고를 3번 두드린 후, 범종을 108번 친다. 그 다음 법당과 선당·종각·승당의 뜰 가운데에서 종을 치고 승당·선당·법당 순으로 향을 뿌린다. 그 다음 삽향게, 갈향게, 연향게의 게송을 읊는다. 이후 통알을 거행하였는데, 지금은 축상작법은 생략하고 바로 통알의식을 거행하고 있다.

통알은 대중스님들 가운데 법랍이 가장 어린 사미(니)가 먼저 게송을 선창하면, 이어서 대중스님이 합송하며 절을 하는 방식으로 진행된다. 통알의식의 내용은 다음과 같다.

복청대중 일대교주 석가세존전 세알삼배
伏請大衆 一代教主 釋迦世尊前 歲謁三拜

복청대중 시방삼세 일체불보전 세알삼배
伏請大衆 十方三世 一切佛寶前 歲謁三拜

복청대중 교리행과 일체법보전 세알삼배
伏請大衆 教理行果 一切法寶前 歲謁三拜

복청대중 영산당시 제아라한전 세알삼배
伏請大衆 靈山當時 諸阿羅漢前 歲謁三拜

복청대중 역대전등 제대조사전 세알삼배
伏請大衆 歷代傳燈 諸大祖師前 歲謁三拜

복청대중 대소선교 일체승보전 세알삼배
伏請大衆 大小禪敎 一切僧寶前 歲謁三拜

복청대중 천선지기 명부시왕전 세알삼배
伏請大衆 天仙地祇 冥府十王前 歲謁三拜

복청대중 금강명왕 호법선신전 세알삼배
伏請大衆 金剛明王 護法善神前 歲謁三拜

복청대중 용왕산신 토지제위전 세알삼배
伏請大衆 竈王山神 土地諸位前 歲謁三拜

복청대중 유연일체 공덕시주전 세알삼배
伏請大衆 有緣一切 功德施主前 歲謁三拜

복청대중 존망사친 원근친척전 세알삼배
伏請大衆 存亡師親 遠近親戚前 歲謁三拜

복청대중 십류삼도 일체고혼전 세알삼배
伏請大衆 十類三途 一切孤魂前 歲謁三拜

복청대중 동주도반 합원대중전 세알삼배
伏請大衆 同住道伴 合院大衆前 歲謁三拜

한편, 사찰에 따라서는 창건조사나 역대 조사스님들에게도 삼배를 드린다. 예를 들면, 송광사에서는 '복청대중 차사최초창건주 혜린선사 원력수생 중흥조도 해동불일 보조국사 여시차제 십오국사 위작 증명법사 지공 나옹 무학 삼대화상전 세알삼배' 하며 삼배를 한다.

세알의식

법당에서 통알을 마치면 산중의 어른스님들께 세배를 드린다. 총림인 경우 방장스님으로부터 시작이 되며, 그 외에는 조실스님이나 주지스님에게 삼배를 드리는 것으로 시작한다.

방장스님과 조실 스님에 대한 삼배가 끝나면 어간스님들이 자리에 앉고 대중들이 삼배를 올린다. 다음으로 산중의 소임자스님들과 비구스님들이 앉으면 사미스님, 비구니스님, 사미니스님이 삼배를 올리고, 다음에 사미스님이 자리에 앉아 절을 받는다. 이어 비구니스님이 자리에 앉고 다음에 사미니스님이 앉아 행자들로부터 삼배를 받는다.

통알과 세알이 모두 끝나면 사찰의 조사전 내지 영각에서, 개산조 및 중흥조, 역대 종조 및 조사들을 위한 다례를 행한다.

대중의 막내스님이 통알을 올리는 이유

사찰의 법회나 큰 행사의 주관은 주로 법랍이 많은 어른스님들이 한다. 그런데 산중의 대중 전체가 참여하는 신년의식을 대중의 막내스님이 선창하는 이유는 무엇일까? 불전에서 이에 대한 기록을 찾기는 어렵고, 중국문헌을 통해 유추해 볼 수 있다.

『형초세시기』에서 유래를 찾을 수 있다.

납일의 다음날을 소세라고 하여, 이날 임금과 어버이에게 절하고 하례를 올린 다음 초주를 바치는데 나이 어린 사람부터 시작한다고 한다. …중략… 진나라 해사현의 현령이 동훈에게 묻기를 "세속사람들이 정월 초하루에 어린 사람부터 먼저 술을 마시게 하는 까닭이

무엇인가"라고 묻자 동훈이 말하기를 "세속에서 이르기를 어린 사람
은 한 살을 더 먹으니 축하하는 의미에서 먼저 마시고 늙은 사람은
살아갈 햇수가 줄어드니 위로하는 의미에서 나중에 마십니다."라고
전한다.

소세는 한 해의 마지막이라는 뜻으로 소년小年이라고도 한다. 날짜는
왕조에 따라 다른데 양나라시대에는 음력 12월 24일을 소세로 삼기도
하였다.
　이와 같은 의미에서 보면 사미(니)의 법랍이 한 해 더 늘어나는
것을 축하하는 의미도 있을 것이다. 이와 더불어 불교적인 관점으로
해석하면, 방장스님 이하 산중 대중들이 모두 모인 가운데 의식을
진행하게 함으로써 승려로서의 위의를 익히고, 나아가 앞으로 대중
앞에서 법문을 해야 하는 사미(니)들에게 자신감을 심어주는 뜻도
내포되어 있을 것이다.

신세배

통알과 관련하여 1913년 『조선불교월보』에 실린 신세배에 대한 전문을
소개한다. 내용으로 보아 전통적인 통알을 당시에 현대적으로 재해석
하고자 한 것으로 보여진다. 주지, 강사, 포교사, 선객, 율사, 학생,
신도, 월보기자의 순서로 세배를 드린다.

천시가 새로우니 인사가 새롭고, 인사가 새로우니 예절도 새롭고,
풍조도 새롭고, 사업도 새롭고, 백도[2]가 모두 새로움이다. 신천시에

신인사, 신예절로 신세배를 하여볼까.

세배하오 세배하오 주지전에 세배하오
하화우매 승려하야 상답정부 심은하고 사찰유지 중흥불법 제씨책임
중대키로 신년사업 희망하야 신인사로 세배하오.

세배하오 세배하오 강사전에 세배하오
청년후진 교도하야 미래동량 작성하고 선문영향 불법생황 제씨명망
향키로 신년사업 지원하야 신인사로 세배하오.

세배하오 세배하오 포교사전에 세배하오
시방중생 교화하야 정법으로 귀의하고 만실석주장정포대제씨 성예
휜자키로 신년사업 찬성하야 신인사로 세배하오.

세배하오 세배하오 선객전에 세배하오
면벽가풍 불타하야 교외별전 오철하고 직지인심 견성성불 제씨종지
현묘키로 신년사업 흠모하야 신인사로 세배하오.

세배하오 세배하오 율사전에 세배하오
고고형해 불고하고 여래성계 견수하야 기완수전파등원현제씨 검고
상키로 신년사업 간도하야 신인사로 세배하오.

---

2 온갖 법률과 제도.

세배하오 세배하오 학생인전에 세배하오
이경위람 조심하야 심오지취 연구하야 불법동량 후래귀경 제씨하담
원대키로 신년사업 면려하야 신인사로 세배하오.

세배하오 세배하오 신남녀께 세배하오
정법난봉 차세계에 희유심을 대발하야 지심신향 견불문법 제씨지견
원만키로 신년사업 권고하야 신인사로 세배하오.

세배하오 세배하오 월보기자 세배하오
필독심초 불사하고 편집발행 근고하야 교문목석 석사회금침제씨
의무정당키로 신년사업 축원하야 신인사로 세배하오.

◉ 법고法鼓·재미齋米·승병僧餠

법고와 재미

법고와 재미는 한국불교 고유의 풍속으로, 법고는 1월 1일에 스님들이 북을 치며 재미를 권선한 것을 말한다. 재미란 제사에 공양할 쌀을 말한다. 주로 자시가 지난 1월 1일 새벽에 하였는데, 시대가 지날수록 사람들의 잠을 방해하지 않기 위한 배려로, 낮에 법고를 치며 재미를 청하기도 하였다.

세시기의 기록

『경도잡지』에 "1월 1일에 스님들이 북을 지고 거리로 나와 치고 다니는

것을 법고라고 한다. 모연문을 펼쳐 놓고 방울을 두드리며 염불하는 자도 있고, 쌀자루를 메고 대문 근처에서 재를 올리라고 소리치기도 한다."고 기록되어 있다.

『동국세시기』에도 "스님들이 북을 치며 시가를 돌아다니는 것을 법고라고 한다. 혹은 시주 내용을 적은 모연문을 펴놓고 바라를 치며 염불을 하면 사람들이 다투어 돈을 던진다."고 하였으며, 또한 "모든 사찰의 스님들이 도성 안 오부로부터 재에 올릴 쌀을 빌러 가는데, 새벽부터 바랑을 메고 집집마다 찾아다니며 문 앞에서 소리를 지르면 인가에서는 각기 새해에 복을 맞이하는 뜻으로 쌀을 공양한다."고 하였다.

『열양세시기』에는 "1월 1일에 스님들은 섣달그믐 자시가 지나면 인가 문밖을 돌며 큰 소리로 재미를 청한다. 수세하느라 모여앉아 통금이 해제된 것도 모르고 떠들다가 이 소리를 들으면 서로 돌아보며 '벌써 새해가 되었네.'라며 새해인사를 나누었다."고 한다.

그러나 『열양세시기』에 의하면 "정조 원년(1776)에 승려들을 도성 안으로 들어오지 못하게 한 이후로 이러한 풍속은 끊어졌지만 지방에는 간혹 있는 일이다."고 하여, 정조의 승려 도성 출입 금지령과 더불어 사대문 안에서는 풍습이 사라지게 되었음을 짐작할 수 있다.

법고와 재미의 의미

법고와 재미는, 새해에 모든 재액을 물리치고 복을 받기 위하여 선업을 쌓고자 절에 쌀이나 돈을 시주하는 세시풍속이었다. 이 세시풍속은 당시의 사찰경제가 그다지 넉넉하지 않았음을 단적으로 보여준다.

법고와 재미는 탁발과 유사하지만, 탁발이 하심을 목적으로 시기에 관계없이 할 수 있는 수행의 한 방법인 반면, 법고와 재미는 새로운 마음으로 한 해를 맞이하고자 하는 사람들에게 선업의 공덕을 쌓을 수 있는 인연을 맺어준다는 의미에서는 조금 성격을 달리한다. 오늘날 조계종에서는 여러 가지 폐단을 우려하여 특별한 경우를 제외하고는 종법으로 탁발수행을 금지하고 있다.

승병

승병은 1월 1일에 스님들이 절에서 만든 떡을 갖고 내려와서, 민가의 떡과 바꾸던 풍습이다. 『경도잡지』와 『동국세시기』에 "속세의 떡 2개를 절의 떡 1개와 바꾸는데 이는 어린아이들이 마마를 잘 넘길 수 있기 때문이다."고 전한다.

승병을 먹은 아이들이 그 해에는 마마(천연두)에 걸리지 않는다고 믿었는데, 사찰에서 만든 떡이 특별하여 1종전염병인 천연두를 실제로 예방할 수 없겠지만, 의학이 발전하지 못한 시절에 전염병에서 해방되고자 하는 민중들의 염원이 담겨 있는 풍속이다.

지금도 사찰에서는 노보살님들이 법회가 끝나면 손자에게 먹일 거라며 떡을 가져간다. 그러나 그 떡의 의미를 단순히 부처님께 공양하였기 때문에 좋을 것이라고 생각할 뿐이지, 스님도 신도도 이와 같은 승병의 유래에 대해서는 알지 못하고 있는 실정이다.

◉ 성불도

성불도

성불도는 조선시대 청허휴정(1520~1604)이 창안하였다고 전해지는
불교전통놀이이다. 조선 후기에 독자적으로 발달한 불교수행 방식인
삼문수행(선, 교, 염불)을 즐거운 놀이를 통하여 쉽게 체득할 수 있도록
고안한 방법이다. 불교수행의 차제와 육도 윤회관을 제시하고, 염불,
참선, 교학의 수행을 쌓아, 윤회에서 벗어나 깨달음의 경지에 드는
것을 목표로 하고 있다.

성불도는 사찰이나 가정에서 남녀노소 구별 없이 함께 할 수 있으며,
불심을 저절로 북돋우고, 놀이를 하는 동안 나무아미타불을 부르면서
주사위를 던지므로 자연스럽게 염불수행을 익힐 수 있다. 현대에도
사찰에서는 1월 1일부터 3일까지 정진을 쉬는 동안 성불도를 하면서
신심을 증장하며, 전통을 계승하고 있다.

성불도판

성불도는 성불, 즉 부처가 되는 과정을 도표로 만든 것이다.

하단 중앙의 인취를 시작으로 좌우에 사대륙이 있고 왼쪽부터 욕계,
색계, 무색계의 28천과 육도, 천신의 이름을 차례로 배치하면서 사방을
둘렀다. 아래쪽을 제외하고 위쪽과 좌·우에는 아귀문, 단상, 참죄문을
두고 모서리에는 독사, 전나라, 관노, 무골충 등의 함정을 마련해
변화를 주고 있다.

중앙에는 세 가지의 수행방법을 통해 부처의 단계로 올라가는 과정이

그려져 있다. 자세히 살펴보면, 염불문, 정절문, 원돈문을 중심축으로 하여 위로 염, 선, 교와 관련된 용어들이 나열되어 있고, 맨 위에는 각각의 수행방법을 통해 얻게 되는 최고 경지인 화신, 등각, 법신, 대각, 보신, 묘각 등의 불위가 적혀 있다.

도판의 판본

서산대사 『고기』에 "고도에 여러 가지가 있으나, 권과 실, 돈과 점, 그리고 수도하여 번뇌를 끊어 가는 것이 앞뒤가 맞지 않는 까닭에, 내가 거기에 첨삭하였다."라고 기록되어 있는 점으로 볼 때, 서산대사 이전에도 여러 종류의 성불도 도판이 있었음을 알 수 있다.

현존하는 도판은 직지사 성보박물관에 소장된 2점의 성불도이다. 이는 본래 청암사 백련암에 전래되던 것으로, 하나는 한문본이고 다른 하나는 한글본이다. 한글본에 비해 한문본이 제작연대가 앞선다. 성불도의 구성은 2점이 거의 동일하지만 좌우 배치가 서로 반대이며 외곽을 두르는 육도와 28천의 명칭이 부분적으로 다르게 되어 있다. 각 칸에는 자리 이름이 크게 적혀 있고, 그 밑에는 주사위를 던져 나오는 단어에 따라 패가 이동해야 하는 칸의 이름이 작은 글씨로 명시되어 있다.

성불도 놀이방법

성불도를 할 때에는 3가지가 필요하다. 성불도와 주사위 3개, 그리고 불패이다. 불패는 5센티미터 정도의 막대기에 석가여래, 문수보살, 보현보살, 관세음보살, 대세지보살 등 불보살의 명호를 새겨 놓은 것이다. 주사위의 6면에는 나·무·아·미·타·불이 새겨져 있는데, 주사위 세 개를 동시에 던져서 나온 점수에 따라 성불도 위에서 불패를 이동시킨다.

놀이방법은 서산대사의 『고기』와 이능화의 『중간기』 등에 기록되어 있으며, 윷놀이나 승경도陞卿圖[3]와 비슷하지만, 윷놀이처럼 서로 잡고 잡히는 것이 없기 때문에 여러 사람이 한꺼번에 즐길 수가 있다. 구체적인 놀이 진행방법은 다음과 같다.

①6각의 면에 나무아미타불을 쓴 주사위 3개를 준비한다.

②주사위 3개를 두 손으로 공손히 모아들고 정성스러운 마음으로 '나무아미타불'을 큰소리로 염하면서 던진다. 이때 놀이에 참가한 모든 사람이 함께 염불한다.

③던진 주사위 면에 나타난 글씨에 따라 최초의 출발지인 인취에서 정해진 순서로 옮겨간다. 즉 '불'자만 3개 나오면 6도의 어느 곳에 있던지 회광전으로 바로 가게 되며, '나南'자가 3개 나오면 해태굴로 바로 가게 된다. 그리고 자기 위치에 표기되지 않은 자수가 나올 때는 잡으로 간주하여 한 칸씩만 옮기게 된다.

④'불'자나 '타'자가 3번 나오면 다시 한 번 던질 수 있다. 붉은색의 '불'자는 '2불'에 해당하고, '미'나 '아'자만 3번 나오면 '타'자 2개가 나오는 것과 동등하게 다룬다.

---

3 승경도는 양반들의 윷놀이를 말한다. 관직에 올라 출세하는 놀이라는 뜻이다. 승경도를 만든 이는 조선 초기 정승 하륜(河崙, 1347~1416)이다. 『용재총화』에 의하면 승경도가 만들어지기 전에 사찰에서 성불도가 먼저 만들어졌고, 후에 이를 본따서 승경도를 만들었다고 한다.

벌칙으로 염불하지 않는 자는 곧바로 무골충으로 가거나, 놀이 도중에 화를 내는 자는 4성계급 중 최하위의 천민계급인 전타라로 가며, 잡담하거나 희롱하는 사람도 전타라로 보낸다. 또 자기 앞의 놀이판에 주사위를 조용히 던지지 않거나 한 손으로 경망스럽게 던지면 변지로 보낸다. 또 염불할 때 타인보다 먼저 부르거나, 늦게 부르거나, '나무아미타불'을 갖추어서 부르지 않으면 무엇이 나오든지 무효가 된다. 이때 '삼불三佛' 하고 외치는 것은 윷놀이할 때 '윷이야' 하고 소리치는 것과 같은 것으로 이것은 경계한다. 집행할 때 속임수를 보이거나 무리한 짓을 하면 맹농아로 바로 보낸다. 그리고 가장 먼저 대각의 자리에 도달해서 성불한 사람도 최후의 사람이 대각에 이를 때까지 함께 어울려서 놀이를 마쳐야 한다.

성불도 회향법

성불도 놀이의 회향법에는 몇 가지가 있다.

대각을 이루면 가사와 장삼을 입고 법당에 가서 삼보전에 발원하고 삼배를 하기도 하고, 대중이 대각을 이룬 사람에게 삼배를 하고 법문을 듣기도 한다. 또 다른 방법은, 대각에 오른 사람을 순서대로 3명을 뽑아, 맨 먼저 성불한 사람은 중앙의 부처님의 자리에 앉히고, 두 번째 성불한 사람은 좌보처로 왼쪽에 앉고, 세 번째 성불한 사람은 우보처가 되어 오른쪽에 앉는다. 간단하게 법상과 법단도 마련하고, 밀가루로 귀가 늘어지도록 만들어 달아 부처님처럼 분장하고는 법상에 올라 법문을 하기도 한다.

참가자로 남녀노소의 차별을 두지 않기 때문에 연장자라도 나이가

어린 사람이 먼저 성불하면 그에게 예를 올리고 법문을 듣는 것이
원칙이다. 이는 법의 평등성을 의미하는 것이기도 하고, 통알의식처럼
법랍이 어린 스님들이 대중 앞에서 법문하며 승려로서의 위의와 자긍심
을 고취하게 하는 의미도 포함되어 있다고 본다.

◉ 윷놀이 점괘

『경도잡지』에 의하면, 세속에서는 설날에 윷을 던져 얻은 괘로 새해의
길흉을 점치는데 대개 3번을 던져 64괘 중 하나에 배정한다고 한다.
64괘에는 각각의 요사[4]가 있는데, 이 중에 스님과 관련된 항목이 있다.
　윷을 3번 던져서 걸걸모가 나오면 둔屯이라고 칭하고 요사는 사문환
속, 즉 스님이 속세로 돌아간다는 뜻이니, 그다지 좋지 않은 의미의
괘이다.

◉ 육륜회六輪會

육륜회

육륜은 육도윤회를 말하며, 육륜회는 고려시대에 널리 행해졌던 불교
수행 법회인 점찰법회의 하나이다. 점찰은 지장보살의 예언법으로
나뭇조각을 던져서 길흉과 선악을 점치고 난 후 참회하는 형식으로
이루어진 『점찰경』을 근거로 한다. 밀교적 성향이 강한 법회로, 한국에

---

4 앞으로의 조짐에 대한 예언적인 占詞이다.

서는 신라의 원광이 점찰보를 만들어 처음 법회를 열었다.

『삼국유사』에 점개스님이 흥륜사에서 육륜회를 베풀고자 하여 복안의 집에 가서 보시할 것을 권하니 복안이 베 50필을 보시하므로 점개스님이 주문을 읽어 축원하였다는 기록이 있어, 육륜회가 삼국시대부터 있었음을 알 수 있다.

육륜회는 모든 죄를 참회하고, 앞으로 많은 선행을 닦을 것을 다짐하는 법회로, 육륜법에 따라 의식을 행한다. 원래 육륜법은 죄업의 참회와 예배, 명상 등을 곁들인 매우 엄숙한 법회인데, 고려시대에는 육륜법의 점괘에만 중점을 두어 종교적 의미가 희석되고 유희로 격이 낮아지게 되었다.

육륜회 놀이방법

육륜회는 4면으로 된 윷 6개를 사용한다. 6개의 윷의 4면 중 1면은 공백으로 남겨 놓고 나머지 면에는 1에서 18까지의 숫자를 기입한다. 이 18개의 숫자는 인간의 감각기관인 눈, 귀, 코, 입, 몸, 뜻의 6근과 6근의 대상이 되는 색깔, 소리, 향기, 맛, 감촉, 법 등의 6경, 그리고 6근과 6경의 접촉에서 생기는 6가지의 인식작용인 6식을 상징한다.

6개의 윷을 3번 던져서 나온 숫자를 합쳐 『점찰경』에 적힌 점괘를 보며 푸는 것이다. 『점찰경』에는 모두 113가지의 결과가 기록되어 있다. 예를 들어 3번 던진 숫자를 더하여 113이면, '가는 곳마다 저절로 이익이 얻어진다(所向處自獲利)'는 뜻의 괘가 나오는 것이다.

◉ 천반회千盤會

천반회의 기록

천반회는 중국의 풍속으로, '천 개의 불반佛盤'이라는 뜻이다. 1월 1일에 불보살님 전에 과일, 떡, 음식, 꽃, 차 등 갖가지의 공양물을 올리는데, 이때 공양물을 올리는 불기, 즉 불반의 수가 천 개이다.

『보속고승전』에 의하면, 천반회는 야대스님이 1603년[5]에 탑원사에서 설행하였다고 한다. 또한 『제경경물략』[6]에는 1609년에 융안사에서 취림스님이 촉나라로부터 와서, 화주하여 불전을 수리하였는데, 정월 초하루에 과일과 떡 등을 준비하여 재를 지내는데 불반을 천 개를 올렸다고 전한다.

야대스님이 행하였던 천반회는 날짜가 기록되어 있지 않지만, 취림스님은 1월 1일에 천반회를 가졌다고 전하기 때문에 1월 1일의 행사로 분류한다. 그리고 성대한 행사규모로 보아서도 연중행사 가운데 1년을 시작하는 날에 행함이 적합하다고 생각된다.

천반회와 직접적인 연관성을 갖지는 않지만, 『대당서역기』에 의하면, 마게타국 만주왕의 동불상에서 북쪽으로 2~3리를 가다 보면 벽돌로 만든 정사가 있는데 그 속에 다라보살상이 안치되어 있으며, 그

---

5 『補續高僧傳』에는 천반회를 설한 연대를 '계묘'라고만 기록하고 있어 정확한 연대를 알 수 없으나, 동 문헌에 야대스님이 만력경술년(1610)에 입적하였다고 하니, 계묘는 1603년에 해당한다.

6 『제경경물략』은 산실되었으나 『어정월령집요』, 『연정일하구문고』 등에 『제경경물략』에서 인용하였음을 밝히고 있다.

크기는 아주 높고, 신령스러운 감응이 현저하게 나타난다고 한다. 매년 새해 첫날에는 성대하게 공양을 올리며 인근 국가의 국왕이나 대신, 호족들도 미묘한 향과 꽃을 가져오고 보배 깃발과 일산을 들고서 경磬이나 종 등을 번갈아 치고 두드리며 거문고와 비파, 피리 등 온갖 종류의 악기를 연주하며 7일 동안 법회를 열었다고 하는데, 이와 같은 새해 첫날의 의식이 전래되었을 가능성도 배제할 수 없다.

야대스님과 자성태후

『보속고승전』에 의하면, 야대스님은 천반회를 행하였던 1603년에 자성태후로부터 발우와 지팡이, 금란가사 등을 하사받았다. 그 후에 야대스님은 천반회를 비롯하여 용화회와 수륙재 등을 거행하고, 아미산과 오대산에서는 1만3천 근의 범종을 주조하였다고 한다. 야대스님이 진행한 대규모의 갖가지 불사는 상당한 재정을 필요로 하였을 것인데, 이는 불자들의 불사보시금만으로는 부족하였을 것이다. 야대스님의 불사 재정의 실질적인 후원자는 자성태후임을 알 수 있다.

자성태후는 명나라 13대 황제 만력(1573~1619 재위)의 모후로, 만력은 10세에 즉위하였으나, 친히 정무를 보기 전까지는 어머니인 자성태후가 섭정하였다.[7] 자성태후는 야대스님뿐만이 아니라 천태 자운사의 상선선사[8]와 대천불사의 편융 진원선사[9] 등의 고승들에게도 금란가사

---

7 송나라의 영종의 모후도 자성태후이고, 역시 영종을 대신하여 수렴청정을 함.
8 『釋鑑稽古略續集』(『대정장』 49, 952상)
　'象先禪師 天台慈雲寺 釋眞淸號象先 … 중략 … 長萬曆丁亥八月 蒙慈聖太后賜金紫方袍以寵之'

와 발우 등을 하사하였다는 기록이 있다.

천반회와 사격

17세기 초에 정월을 맞이하여 불전에 성대한 공양물을 올렸던 천반회에 대한 기록은 풍부하지 않다. 천반회의 유래나 어느 시대까지 전승되었는지, 성대한 공양물을 마련하는 재정적 후원, 혹은 시주에 대한 기록 등의 결여는 천반회의 규모를 살펴봄에 아쉬움을 더한다.

나아가, 천반회에 필요한 불기의 크기, 보관 장소, 공양물의 종류 등에 대해서는 정확하게 알 수 없으나, 협소한 사찰에서는 거행하기 어려운 행사임에는 틀림없다. 천반회가 거행되었던 탑원사와 융안사는 지금도 오대산과 북경에 각각 현존하고 있는 사찰로서, 현재도 상당한 규모의 사격을 갖은 사찰이다.

『일하구문고』에 의하면, 비문에 전하기를, 융안사는 경태 5년(1454년)에 창건되어, 순천 년간(1426~1464)에 폐사가 되었다. 그 후 1609년에 촉나라에서 취림스님이 건너와 불전을 수리하고, 숭정 원년(1628)에 크게 중창하였다. 취림스님이 중창할 당시 융안사 경내에는 본당 불전 뒤로 당이 3채가 더 있었는데, 이를 정토사라 불렀다. 당에는 감실이 53개가 줄지어 있으며, 스님과 신도들이 끊임없이 염불하였다고 한다.

---

9 『續燈正統』 권41(『만자속장경』 84, 644상)
　'順天府大千佛寺徧融眞圓禪師 … 중략 … 慈聖皇后 命復居世刹海'

◉ 안복사安福寺 예탑禮塔

안복사라는 사명은『명일통지』를 비롯하여『회계지』,『강서통지』,
『절강통지』,『복건통지』등에 기록이 보인다. 그러나 창건연대와 위치
등을 살펴보면 동일한 사찰이 아님을 알 수 있다.

『석교부휘고』에 의하면 함통 14년(873) 4월 8일에 장안에서 부처님
의 사리를 모셔올 때 황제가 안복사 누각에 올라 눈물을 흘리면서
예를 올렸다고 하므로, 9세기 이전에 건립되어 당나라시대에는 황제
및 사대부의 여인들이 불공을 드리는 사찰이었음을 알 수 있다.『명일통
지』에 의하면 수나라 대업(605~617)에 건립되었다고 전한다.

위의 사항과 관련하여 사료들을 살펴보면, 특히『회계지』의 안복사
는 당의 회창 5년(845)에 폐사가 되었으므로 안복사 예탑과는 무관한
사찰임을 알 수 있다.

안복사탑은『방여승람』에 의하면 대중 연간(847~860)에 세워져서,
이순의 난[10]때 소전되고, 상부 연간(1008~1016)에 중건되었다. 탑의
높이는 13층이며, 각 층마다 부도상이 조각되어 있다.

안복사 예탑에 대한 내용은『세화기려보』,『석호시집』,『어정패문
제영물시선』,『지원가화지』등에 보인다. 그중에서『세화기려보』의
기록이 상세하다.

---

10 북송 초기 사천四川의 균산반란均産反亂을 왕소파王小波·이순李順의 난이라고도
하는 것으로, 사천의 모든 계급이 균빈부均貧富라는 공통적인 목표를 내걸고
봉기하였으며, 명나라 때의 등무칠鄧茂七의 난은 지주에 대한 항조抗租에서 일어났
다는 점으로 보아 이 두 반란을 근세적인 농민전쟁이라고 한다.

정월 초하루에 고을 사람들이 새벽부터 작은 채색 깃발을 가지고 안복사탑으로 구경 가서 기둥에다 붙여 놓았는데, 그것이 마치 물고기 비늘과 같았다. 이렇게 하면 재앙을 물리치고 함평의 난리를 징계할 수 있다고 여겼기 때문이다. (밤이 되면) 탑 위에 연등을 켜고 범패를 번갈아 연주하며 스님들이 많이 모이면 태수가 탑 앞에 나아가 연회를 성대하게 베풀고 저녁에는 탑에 올라 사방을 둘러본다.

한편 『석호시집』과 『어정패문제영물시선』에는 안복사 예탑이 병신년에 행해졌다고 기록하고 있지만, 이 행사가 정기적으로 매년 행해졌던 것인지, 또는 병신년에만 행해졌던 것인지는 기록만으로는 알기 어렵다.

행사는 성도[11]의 고사에, 남녀가 모여서 탑에 예배하고 탑 아래에서 향을 피우고 깃발을 걸어서 재앙을 물리친 것에서 유래하였다. 행사의 포인트는 탑에 고기비늘처럼 많은 깃발을 붙여 펄럭이게 하는 것인데, 이는 함평의 난을 물리쳤던 것을 기념하기 위한 상징성을 갖고 있다. 그러나 이와 같은 상징성이 후대의 『어정월령집요』에는 재앙이 범람하는 것을 누르기 위한 것으로 변화되어 있음을 알 수 있다.

● 정초의 사찰

원인이 저술한 『입당구법순례행기』는 일기 형식의 순례행기이다. 9세

---

11 중국 사천성의 성도. 삼국시대 유비가 수도로 삼았던 곳이다.

기 당나라의 사회상이나 불교계의 현황을 상세히 기록하고 있어, 불교
사는 물론 불교문화사를 연구함에 있어 매우 귀중한 사료이다. 또한
일기형식을 취하고 있기 때문에 불교세시풍속과 관련된 내용들이 매우
풍성하다.

그 가운데 839년부터 842년까지 4년간의 1월 1일의 기록을 모아보았
다. 지금의 정월 초하루와는 분위기가 전혀 다른데, 이는 당시에는
동지를 새해의 시작이라고 하여 지금의 설날처럼 지냈기 때문이다.

839년 1월 1일
오늘은 정월 초하루이다. 관가와 여염이 3일간 쉬었다. 이 절에서도
3일간 재를 올린다. 이른 아침에 상공이 절에 들러 예불하고 돌아
갔다.

840년 1월 1일
아침 예불을 마친 뒤 서로 인사를 나누지도 않은 채 바로 방으로
돌아왔다. 죽을 먹은 다음 법당 앞에서 예불과 행도를 했다. 예불을
마친 다음 법당 앞에서 다른 스님들과 함께 어울려 인사를 나누었다.
행사의 절차는 없었다.

841년 1월 1일
승속이 절에서 새해인사를 나누었다.

842년 1월 1일

집집마다 대나무 기둥을 세우고 그 위에 깃발을 달고 새해를 맞아 장수하기를 기원한다. 여러 절에서 속강을 시작했다.

◉ 속강俗講

불교가 중국에 전래된 이후 불교도들은 그 교의를 널리 퍼트리기 위하여 변문[12]을 사용하게 되었는데 이에 속강이 생겨나기 시작하였다. 속강은 원래 설說과 창唱을 겸하는 형식으로서 경문을 부연한 강경문과 불교고사를 윤색한 병변이었는데, 변사가 무성영화에 목소리를 첨가하여 영화를 설명하며 보여주는 것처럼, 변상도 등을 보여주며 경전의 내용을 설명하는 것을 말한다. 적당한 효과와 몸짓이 섞여 있어 홍미를 유발하는 일종의 연희이다. 당나라 중기 이후 스님들이 속인을 대상으로 그들의 구미에 호응하고 더 나아가 광범위한 청중들의 홍미를 불러일으키기 위하여 경문의 고사를 쉽게 풀어서 언어의 통속화를 기했을 뿐만 아니라 내용과 형식면에 있어서도 혁신을 가져왔다.[13]

『태평어람』, 『고금설해』, 『자치통감』 등에 의하면, 당나라 장경 연간(821~824)에 문숙이라는 유명한 속강승려가 있었다. 그는 음경吟

---

12 독특한 문학형식을 갖춘 당대 민간문학의 일종. '佛經變相之文'이란 뜻으로, 불곡佛曲, 속문俗文, 강창문講唱文 등으로 불리운다. 한편, 남북조시대에 불교경전을 정확한 음조와 정확한 박자로 독송하는 수단인 범패와 창도에 이미 강창의 수법이 들어 있었다고 전한다.

13 이국희, 『중국어문학』 17, 「돈황속강 한붕부의 성격」, 1990, 영남중국어문학회.

經과 관세음보살을 사성四聲으로 염하여 사람들을 감동시켰다고 한다. 『입당구법순례기』에도 "정월 초하룻날 여러 사찰에서 속강을 시작했다."고 전한다.

◉ 상등商燈

상등은 명나라 초기에 문인들이 1월 1일 저녁에 등롱을 걸어두고 그곳에 은어를 써 붙이면, 아는 사람이 답을 그 아래 붙이던 풍속을 말한다.

『제경경물략』에 "시로 사물을 은밀히 나타내어 절이나 도관의 벽에 걸어두는 것을 상등이라고 하는데, 서서 상상하여 마음대로 답을 쓰되 영특하다거나 어리석다거나 하는 구별이 없다."고 기록하고 있다.

◉ 현장법사 예불문

『불가일용집』에 수록된 「현장법사예불문」에는 1월부터 12월까지 매월마다 정해진 날에 어느 한 방향을 향해서 절을 하면 몇 겁의 죄가 소멸된다고 전한다. "1월 1일 아침 해가 뜨는 시각(평명시)에 남쪽을 향해서 4번 절을 하면 100겁의 죄가 소멸된다."고 한다.

2일

◉ 보승불寶勝佛 탄생

『어정월령집요』에 의하면 1월 2일은 보승불이 탄생한 날이라고 한다.

보승불은 모든 중생이 신구의 삼업을 참회해서 지옥, 아귀, 축생의 세 가지 나쁜 곳에 태어나지 않도록 발원한 보살이다. '참죄업장보승장여래불'의 명호를 부르고 생각하면 지나간 세상에 다른 이들에게 진 일체의 빚과 허물이 모두 소멸되는데, 특히 소나 말과 같은 짐승을 타고 다닌 죄가 소멸된다고 한다.

『금광명경』에 "어떤 중생이든지 임종할 때에 보승여래의 이름을 들으면, 천상에 태어난다고 하였다. 나도 이제 이 고기들을 위하여 묘하고 깊은 십이인연을 말하여 주고, 또 보승여래의 이름을 일러주리라. 그때에 남섬부주에 두 부류의 사람이 있었는데, 대승 방등경을 깊이 믿는 이와 비방만 하고 믿지 아니하는 이다. 유수장자는 '내가 지금 못 속에 들어가서 이 고기들을 위하여 깊고 미묘한 법문을 일러주리라' 생각하고, 곧 물속에 들어가서 '나무 과거 보승여래, 응공, 정변지, 명행족, 선서, 세간해, 무상사, 조어장부, 천인사, 불세존'이라 일컬었다. 보승여래는 지나간 세상에서 보살도를 닦을 적에 이러한 서원을 세운 일이 있었다. 어떤 중생이 시방세계에서 목숨이 마치려 할 때에 내 이름을 듣는 이에게는 나는 반드시 이들로 하여금 목숨이 마친 뒤에 곧 33천에 태어나게 하겠다."라고 설하고 있다.

3일

◉ 요탑繞塔

요탑은 탑돌이를 말한다. 『어정월령요집』과 『일하구문고』 등에서는 『제경경물략』에서 인용하여, "1월 1일부터 1월 3일까지 남녀가 모두 백탑사에 모여 탑돌이를 하였다."고 한다.

백탑사는 북경에 있으며, 정식 이름은 묘응사이다. 경내에 높이 50.9미터의 하얀 라마양식의 탑이 있어서 백탑사라고 불리운다.

◉ 삭발

현재에도 전해 내려오는 문수삭발일에 의하면, 1월 3일에 삭발하면 500겁의 죄가 소멸된다고 한다.

5일

◉ 대자불大慈佛 탄생

『어정월령집요』에 1월 5일에 대자불이 탄생하였다고 한다.

대자불은 『불설불명경』, 『현재현겁천불명경』, 『자비도량참법』 등에 명호는 있으나, 성격이나 역할 등이 확실하지 않다.

6일

◉ 정광불定光佛 탄생

정광불

『어정월령집요』와 『옥지당담회』에는 1월 6일에 강주에 있는 백화암에서 정광불이 탄생하였다고 전한다.

정광불은 『금강경여시경의』에 "연등불이 즉 정광불이다. 탄생할 때에 신광이 마치 등과 같았기 때문에 성불하여 연등이라고 이름하였다."고 하므로 연등불의 이명이며, 등광불燈光佛, 정광불錠光佛 등으로도 의역한다. 산스크리트 명은 디팡카라 붓다Dipamkara Buddha로, '디팡카라'는 '등불을 켜다'는 뜻이다. 보광불이라고도 하며, 제화갈라, 제원갈로 음역한다.

연등불의 석가모니가 전생에 수메다Sumedha, 즉 선혜라는 유복한 집안의 아들이었을 때 산중에서 수도를 하고 있었다. 부처님이 출현했다는 말을 듣고 선혜는 산에서 내려왔다. 오던 중에 5백 명의 수행자들을 만나 서로 도에 관한 얘기가 통해 그들로부터 5백 냥의 돈을 얻는다. 그때 국왕은 정광여래에게 드릴 공양물로 꽃과 향, 의복과 음식을 마련하고 있었다. 국왕은 전국 모든 꽃의 매매를 금지하고 모두 서울로 보내도록 엄히 명령해 놓고 거리를 깨끗이 쓸어 부처님이 오시는 길목을 화려하게 장식하고 있었다. 그러나 선혜는 한 왕녀에게 꽃 다섯 송이를 사서 연등불이 지나는 거리로 나갔다. 마침내 부처님이 지날 때 다른 사람의 꽃은 모두 땅에 떨어졌으나 선혜의 꽃은 떨어지지 않고 공중에 머물러 있었다. 이를 본 연등불은 선혜의 수행이 무르익었음을 알고 후일 부처가 될 것이라는 수기를 주었다. 행렬이 조금 지나다 진흙이 있는 장소에 머물렀다. 이때 선혜는 입고 있던 옷을 흙탕물에 깔았으나 끝부분이 모자랐다. 선혜는 머리를 풀어 모자란 부분을 덮음으로써 연등불이 그 위를 밟고 지나도록 하였다.

정광여래와 석가모니불의 전생 이야기는『증일아함경』권11 제20 「선지식품」을 비롯해『본생경』중「먼 인연 이야기」,『사분율』31, 그리고『불본행집경』권2「수결정품」에 설해져 있는데, 이를 마음에 새기는 것이 정광불 재일齋日의 의의이다.

정광불과 초하루법회

『지장보살본원경』과『시왕경』에 의하면 매달 1일은 정광불 재일, 8일은 약사여래 재일, 14일은 보현보살 재일, 15일은 아마타불 재일, 18일은 지장보살 재일, 23일은 대세지보살 재일, 24일은 관세음보살 재일, 28일은 비로자나불 재일, 29일은 약왕보살 재일, 30일은 석가여래 재일이다.

위의 법회 가운데 현재 우리나라에서는 초하루와 보름, 그리고 18일의 지장재일, 24일의 관음재일 법회가 기본으로 진행되고 있다. 초하루, 보름 법회는 음력 중심의 생활주기가 남아 있기 때문에 유지된 것이고, 지장재일과 관음재일이 유지되고 있는 것은 두 분 보살이 우리들의 고난을 구해주는 특별한 가피력이 있다고 받아들여지고 있기 때문이다.

7일

◉ 칠성불공

정월 7일이 되면 각 사찰에서는 칠성불공을 행한다.

8일

◉ 관음시현

『어정월령집요』에 "백의경에 1월 8일은 나무화엄중의감로고왕관세음보살이 시현하였다."고 한다. 그러나 『어정월령집요』에서 인용하고 있는 『백의경』은 산실되어 경전이 남아 있지 않으며, 다만, 『만자속장경』에 수록된 『관세음지험기』와 『현과수록』에 경명만이 기록되어 있다.

◉ 성등星燈

성등은 별만큼 많은 수의 등을 밝히는 것을 말한다. 『제경세시기승』에 의하면 "1월 8일은 여러 별의 신들이 지상으로 내려오는 날이라고 하여, 등을 밝히고 제사를 지낸다. 등의 수는 108개가 대부분이지만 49개의 등을 사용하는 경우도 있고, 옥갑기에 따라 타고난 별자리의 숫자대로 등을 사용하는 경우도 있다. …중략… 도관이나 절에서도 시주들의 타고난 별자리를 기록한 내용을 가지고, 이날 저녁에 향불을 올리는 의식을 한다."라고 하였다. 그러나 개인의 별자리에 따른 등의 숫자에 대해서는 기록이 남아 있지 않아 아쉽다.

◉ 타귀打鬼

타귀는 중국의 전통놀이로 불교에서 유래한 풍습이다. 악귀를 물리치고 상서로운 것을 맞이하는 의미가 있다. 스님들이 신장으로 분장하거나 또는 험악한 악귀처럼 모습을 꾸미고, 독경을 하며 경내를 돌아다녀 악귀를 몰아내는 것이다.

타귀는 1월 8일, 1월 15일, 1월 23일, 1월 25일, 1월 30일에 있었다고 하여 날짜가 일정하지 않다. 이는 타귀가 1월에 행하는 풍속이기는 하지만, 사찰의 사정에 따라서 일정이 정해졌기 때문이라고 생각된다. 다음은 『제경세시기승』의 내용이다.

1월 8일에 홍인사에서 타귀를 행한다. 그 제도는 장교 라마가 노란 가사를 풀어 헤친 채 바리때를 가지고 수레에 타고, 여러 시종들은 각각 의장과 법기들을 들고 옹호한다. 반제라고 부르는 작은 번승들은 무늬 있는 갑옷을 입고 검고 흰 투구를 쓰며 손으로 무늬 있는 막대기를 잡고는 마음 내키는 대로 흰 모래를 뿌리면서 앞에서 북치고 피리 불며 인도한다. 여러 번승들은 곡추병[14]를 들고 나발을 울리고 뿔피리를 불며 불경을 외우면서 경내를 돌며 상서로움을 맞이하고 좋지 못한 것을 몰아낸다. 25일에는 덕승문 밖에 있는

---

14 굽은 추가 달린 손잡이가 있는 북이다.

황사에서도 이와 같이 행한다.

『연경세시기』에도 타귀의 기록이 보인다.

타귀는 본래 서역의 불교의 법도에 근본을 둔 것으로 괴이한 것이 아니다. 즉 옛날에 구문에서 나희를 구경하던 풍습이니 상서롭지 못한 것을 물리치고 제거하려는 뜻이 있다. 타귀 때가 되면 각 라마승들이 제천신장으로 분장하여 사악한 마귀들을 몰아내는데, 도성 사람들 중에 구경하는 사람들이 매우 많아서 수많은 집들이 다 비게 되는 현상이 생기기도 한다. 조정에서도 불법을 소중하게 여겨 특별히 산질대신[15] 한 사람을 참관하게 하니, 역시 '공자께서 조복을 입고 사당 섬돌에 서' 있던 뜻이다. 타귀를 행하는 날짜는 황사는 15일, 흑사는 23일, 옹화궁은 30일에 있다.

15일

◉ 상원절上元節

상원절이란

상원절은 『변정론』에서 말하기를 "원래 도교의 절목에 3원의 절목이 있는데, 1월 5일을 상원절, 7월 5일을 중원절, 10월 5일을 하원절이라고

---

15 품계에 없으면서 임금의 우대를 받는 신하이거나 품계는 높지만 특별하게 맡은 일이 없는 신하를 뜻한다.

하였다. 지금은 1월 15일을 상원절, 7월 15일을 중원절, 10월 15일을 하원절이라고 한다."고 하여 3원의 날짜가 5일에서 15일로 바뀌었다고 한다. 하지만 그 이유에 대해서는 설명하고 있지 않다.

한국에서는 3원절 외에 8월 15일을 중추절이라고 하여 첨가하였다.

중국에서는 상원절을 원소절元宵節이라고 하여 형형색색의 등燈을 내거는 등재가 있어 『어정월령집요』에는 전등회라고 기록하기도 하며, 주마등을 비롯하여 시죽등, 완등, 시패등, 수등 등等 등燈과 관련된 행사가 많다. 이날은 탕원이라고 하는 구슬만한 둥근 떡을 먹는다. 중국 사람들은 정월 초하루부터 시작해서 대보름까지 무려 15일간 축제를 벌였다.

불전에 보이는 등

『초학기』에서는 『열반경』과 『대당서역기』의 기록을 상원일의 연등과 관련하여 서술하고 있다.

『열반경』에 "여래의 다비가 끝나고 사리를 항아리에 수습하여 금빛 평상에 올려놓으니 천인이 꽃을 뿌리면서 음악을 연주하였으며, 성을 빙 둘러 한 걸음 간격으로 계속 등을 밝히는데 그 길이가 12리에 이르렀다."고 하였다.

『대당서역기』에 "마갈타국에서는 1월 15일에 스님들과 백성들이 구름처럼 모여 부처님의 사리를 구경하는데 이때 사리의 광명이 멀리까지 퍼지고 꽃비가 내렸다."라고 하였다.

위의 내용이 인도와 관련하여 상원등의 유래를 밝혀 놓은 것이라면, 중국에서 상원일에 등을 켜는 풍속은 『법원주림』에서 살펴볼 수 있다.

"도선율사가 천인에게 묻기를, 촉나라의 한주에 있는 삼학산사에는 공등이 항상 밝혀져 있는데 무슨 연유인가. 답하기를, 산에 보살사가 있는데, 가섭불의 정법시에 처음 건립되어 환희왕보살이 절을 짓고 법등이라고 명하였다. 그때부터 지금까지 항상 허공을 밝히고 있는 것이다. 때문에 지금도 1월에는 처처에서 연등을 밝혀 불사에 공양하는 것이다."라고 하였다.

상원절의 모습

『입당구법순례행기』에는 상원일과 관련한 몇 가지 기록이 있는데 내용이 매우 상세하다. 839년 1월 15일의 상원일 모습이다.

밤이 되니 동쪽 거리와 서쪽 거리에서 사람들이 연등을 밝히는데, 이는 일본사람들이 섣달 그믐날 밤에 하는 풍습과 다름없다. 절에서는 연등을 밝히고 부처님께 공양하며 아울러 고승들의 영정에 제사를 드리는데, 일반가정에서도 마찬가지이다. 이 절에서는 불전 앞에 등루를 세우고 댓돌 아래 뜰과 행랑 옆에는 기름등을 켰는데, 등잔의 숫자를 헤아릴 수가 없다. 거리에 나온 남녀들은 밤이 깊어가는 것을 꺼리지 않고 절에 들어와 행사에 참여하였다. 사람들은 연등 앞에 형편에 따라 돈을 내었다. 여러 절의 법당과 원에서는 모두가 앞을 다투어 연등을 밝혔다. 내방객은 반드시 돈을 내고 갔다. 무량의사에서는 시죽등을 다는데, 그 수효가 천 개는 되었다. 시죽등의 나무는 그 구조가 마치 탑과 같았고, 그 얽어 맨 모습이 아주 정묘하였으며, 그 높이는 7~8자가 넘었다. 행사는 이날로부터 17일 밤까지

3일 동안 계속된다.

이어서 같은 해 1월 17일의 기록이다.

재를 마친 후 절의 법당 앞에 진기한 물품들을 벌여 놓고 42현성의 초상화를 안치하고 귀한 비단을 펴놓았는데 이루 헤아릴 수가 없었다. 현성의 얼굴을 보니 어떤 사람은 눈을 감고 명상에 잠겨 있으며, 어떤 사람은 얼굴을 들고 먼 곳을 바라보고 있었고, 어떤 사람은 모서리로 돌아 앉아 말을 하고 있는 것 같았고, 어떤 사람은 얼굴을 숙이고 땅을 내려다보고 있었는데 42명의 모습이 제각기 달랐다. 앉아 있는 모습도 저마다 달라서 어떤 사람은 결가부좌를 하고 앉아 있었고, 어떤 사람은 반가부좌를 하고 앉아 있었다. 42명의 현성 이외에도 별도로 보현보살, 문수보살, 공명조, 가릉빈가조의 그림도 있었다. 해가 지자 등을 밝히고 여러 현성의 초상 앞에 공양을 드렸다. 밤이 되자 그들은 예불하고 아울러 범어로 된 찬탄을 외웠다. 작범법사가 들어오자 어떤 사람은 금련옥번을 들고 성인의 그림 앞에 앉아 같은 목소리의 범어로 찬탄을 부르는데 밤이 새도록 그치지 않았다. 모든 성인의 그림 앞에는 완등이 켜져 있었다.

『세화기려보』에는 보다 자세한 내용이 보인다.

상원절에는 방등을 한다. 옛 기록에 당나라 현종 때에 정월 보름날 경사에서 상원절 방등행사를 거행하였는데 매우 성대하였다. 섭법

선이 아뢰기를, '성도의 방등행사도 성대합니다'라고 하고 황제를
모시고 성도에 와서 부춘방에서 술을 샀다고 하였는데 이는 방외의
말로 전해지지만 논의할 것은 못된다. 함통 10년 1월 2일 거리의
가게에서 등을 밝히고 음악을 연주하였으며 밤낮으로 거리에 사람들
이 떠들썩하였다고 하는데 이는 대개 대중 연간의 태평시대 풍속에
서 생긴 것이다. …중략… 아침에는 대자사에서 연회를 베풀고
저녁에는 오문의 누각에서 연회를 베풀었다. 갑야에는 산붕에서
행하는 등불놀이를 구경하는데 등불이 모임과 흩어짐을 빨리 하고
천천히 하는 것은 오로지 태수의 뜻에 따른다. 비단 옷을 입은
자들이 가득하고 거리에 등불이 성대한 곳으로는 소각사가 제일이
다. 또 전등회를 행하는데 이것은 장영 때에 시작하였다. 대개 등석에
는 2명의 도감이 융복을 입고 나누어 순찰하며 간사한 짓과 도적질을
규찰하게 하고 일이 끝나면 연회를 베풀어 이들의 수고를 위로하
였다.

한편, 『동경몽화록』에는 1월 16일에 대궐에서도 등을 밝히며, 특히
상국사에서는 화려한 등불놀이가 있었다고 전한다.

1월 16일에는 어가가 대궐을 나가지 않고 조반을 마치면 대궐 문에
오른다. 이때 음악을 연주하고 주렴을 걷으며 난간에 올라 어좌에서
백성들에게 선포한다. …중략… 한밤중에 이르러 문루 위에 붉은
비단으로 만든 작은 등구가 줄에 매여 공중으로 오르면 사람들은
모두 어가가 대궐로 돌아갈 것임을 알게 된다. 곧이어 누각 밖에서

정편 소리가 들리면 등산과 문루의 위아래에 밝혀 놓았던 수십만 개의 등촉이 일시에 꺼진다. 이때 수많은 귀족들의 거마들이 모두 대궐에서 줄지어 나와 남쪽의 상국사로 놀러간다. 상국사의 대전 앞에는 악붕을 설치하고 여러 군사들은 음악을 연주한다. 양쪽 행랑에는 시패등이 걸려 있는데 다음과 같이 적혀 있다.

푸른 하늘 은하수 쏟아질 듯하고
물 같이 맑은 달빛은 누대를 비추네
나무에 걸린 등은 은빛 꽃과 조화롭고
굳게 잠긴 오작교 문이 열리네

그 등은 목패에다 글자를 새기고 얇은 비단으로 덮었으며, 그 안에 등불을 밝혀 나란히 걸어 두면 참으로 볼 만하다. 자성각 앞에는 불아佛牙를 안치하고 수등水燈을 설치하였는데 이 수등의 대부분은 재상과 척리, 그리고 근신들이 설치한 것이다. 가장 요란한 것으로는 구자모전, 동서탑원, 혜림사, 지혜사, 보범사로 다투어 등촉을 설치하여 화려한 광채가 아침까지 이어진다. 그밖의 궁관과 사원에서도 백성들이 향을 사룬다. 개보와 경덕과 대불사 같은 곳에서는 악붕을 설치하고 음악을 연주하며 연등놀이를 즐기는데 오직 궁궐 안에 있는 궁관과 사원에서만 등촉을 밝히지 않는다. …중략… 또 스님들의 도량에서 행하는 타화발과 농추고는 구경꾼들의 발길을 멈추게 한다. …중략… 19일에 이르러서는 등을 거두고 오야까지 성문 출입을 금하지 않으니 일찍이 등을 달고 놀이하는 날짜를 늘리도록

한 성지가 있었기 때문이다.

『동경몽화록』에 "정월 15일은 원소절이다. …중략… 채산의 좌우에
는 문수보살과 보현보살이 사자와 흰 코끼리를 타고 있는 형상으로
꾸몄는데, 각각 손가락으로 오도[16]로 나아가는 곳을 가리키고 있으며,
그 손이 움직인다."고 하여, 당시 불교에서는 상원절을 기하여 해탈법문
을 설하고 있었음을 알 수 있다.

한편 『율원사규』에 의하면, 중국의 사원에서는 상원절에 각 전당에
서 참법수행을 하거나 불공을 드리는 등 정성을 다하여 일년의 복을
빌었다고 한다.

선원에서는 큰스님의 상당법어도 있었다. 밀암화상의 어록을 살펴
본다.

상원절에 당에 올라서, 오늘 아침은 상원절입니다. 이곳 등구에
걸린 연등이 백천등입니다. 등과 등이 상속하고 서로 서로 겹치는
것이 다함이 없는 것이 마치 보석그물의 망과 같습니다. 삼세의
모든 부처님께서 빛을 향하여 그림자 속에서 출현하시었고, 육대조
사가 빛을 향하여 그림자 속에서 설법하여 중생을 구제하시었고,
사성과 육범이 빛을 향하여 그림자 속에서 출몰하시었으며, 산하대
지가 빛을 향하여 그림자 속에서 성립하였으며, 모든 사람이 만약
믿으면 어찌 그 빛과 그림자가 오는 곳을 얻지 못하리요. 문득

---

16 중생이 선악의 업보에 따라 나아가는 세계이다. 천도, 인도, 축생도, 아귀도,
　지옥도를 말한다.

이에 보신불과 화신불의 머리에 그대로 눌러앉습니다. 만약 믿지
못하면 12시중에 빛과 그림자를 얻고자 노력함이 일곱 번 넘어지고
여덟 번 거꾸러야 합니다.

상원절의 변천

『입당구법순례행기』에는 상원절이 삼장재월을 대신한 경위에 대해서
설명하고 있다. 회창 4년(843)의 기록이다.

> 재상인 이신과 이덕유가 상주하여 삼장재월을 폐지하고, 도사의
> 가르침을 일으켜 새로이 삼원월을 제정하였다. 곧 정월을 상원,
> 6월을 중원, 10월을 하원이라 한 것이다. 당나라의 항례적인 의식에
> 는 삼장월에는 살생을 허락하지 않았는데 지금의 천자는 그렇지
> 않다.

삼장재월에 대한 기록은 『범망경』, 『불공견색신변진언경』, 『관정
경』 등에 보인다. 삼장재월이 1월, 5월, 9월이라고 하는데, 이는 원래
인도 재계의 습속과 중국의 월령과 음양설이 습합한 것이라고 생각되
며, 육조 이후 당송 시대에 이르는 사이에 사회에서 널리 행해졌다.
당에서도 행형과 도조를 금지하였으며, 이후 역대 황제들도 그 금지를
이어갔다. 재일은 육재일인 8일, 14일, 15일, 24일, 29일, 30일을
말한다.

그 후 회창 6년(845)년 5월 1일에 삼장재월을 다시 정하고 이 기간
동안에는 도살을 금했다.

『세화기려보』에는 보다 자세한 내용이 보인다.

함통 10년 1월 2일 거리의 가게에서 등을 밝히고 음악을 연주하였으며 밤낮으로 거리에 사람들이 떠들썩하였다고 하는데 이는 대개 대중 연간의 태평시대 풍속에서 생긴 것이다. 이로써 본다면 당나라의 방등은 비단 상원 때만 있었던 것은 아니다. 촉왕 맹창 시절에도 간간이 방등을 행하였으니 정해진 날이 있는 것은 아니었다. 개보 2년에 내년 상원부터는 3일 동안 방등하라고 명하니 이때부터 해마다 14일에서 16일까지 행하였다.

상원연등의 기간

『희조락사』에는 1월 15일을 상원절이라고 하며 이때를 전후로 5일 밤 동안 계속하여 등불을 밝혔다고 한다. 이는 송나라 때에 3일에 그쳤던 것을 전왕이 땅을 바치고 돈을 헌납하여 이틀 밤을 더하게 되었다고 한다. 전왕은 중국 5대 10국 가운데 하나인 오월국의 왕으로 송나라에 땅을 바쳤다.

상원절을 전후로 한 5일은 『연경세시기』에 날짜가 기록되어 있다. "1월 13일부터 17일까지를 등절이라고 하는데, 오직 15일만이 정등일이라고 할 수 있다. 매년 등절이 되면 궁궐에서 잔치를 열고 폭죽을 터뜨리며, 저자 가게에서는 등을 죽 걸어 놓는다. …중략… 처음에는 8일에 시작해서 18일에 끝나서 10일 동안 하였으며, 5일 동안이 아니다."고 하였다.

한국의 상원절

『삼국사기』 경문왕 6년조에 연등에 관한 가장 오랜 기록이 있다. "정월 15일 왕이 황룡사에 가서 연등회를 구경하고 그 자리에서 백관들을 위하여 잔치를 베풀어주었다." 연등회의 원래 모습은 알 수는 없으나 상원절 행사였던 것은 분명하다.

『동국세시기』에 의하면 "이날은 온 집안에 등불을 달아 놓고 밤을 지새니 마치 섣달 그믐날 밤의 수세守歲와도 같다."고 했다. 전국적으로 널리 지켜졌던 습속으로는 오곡밥을 먹고 호두나 밤 등과 같은 부럼을 깨 먹었으며 귀밝이술을 마시기도 하였다. 또 쥐불놀이를 한다거나 '더위팔기'도 있었다고 한다.

『태종실록』에 의하면, 태종 10년(1410)에는 궁중에서 연등을 하였는데, 태종 15년에는 상원일의 연등을 혁파하였다. 이듬해 태종 16년에는 상원의 장등을 없애고, 태종이 말하기를 "상원일은 고제와 중국 조정의 법에 의하여 하고자 하나, 본국에서는 이 제도를 좇지 아니한 지 오래되었으니, 이제부터는 상원의 장등을 없애고, 이미 준비한 등은 4월 8일에 쓰게 하라."고 하여, 한국의 상원 연등 행사는 태종대에 사라지게 되었다.

상원절과 방야

방야란 상원절에 야간통행금지를 해제한 것을 말한다. 『동국세시기』에 내용이 전한다.

이날은 순라를 맡고 있는 군문에서 야간통행금지를 해제한다. 당나라 위술이 쓴 『서도잡기』에 정월 보름날 밤에 의금부에서 황제의 명을 받아 보름날 전후로 각 하루씩 야간통행금지를 해제하였는데 이것을 방야라고 하였으며, 우리나라도 이를 본 뜬 것이다.

『열양세시기』에도 일년 중에 도읍이 구경꾼들로 성황을 이루는 날은 1월 15일과 4월 8일로 이 두 날만은 임금의 명으로 통금을 해지하였다고 전한다.

◉ 여래대신변월만如來大神變月滿

옛 기록에 의하면 인도와 중국, 양국이 사용하는 달력이 같지 않았다. 여래대신변월만은 인도의 12월 30일을 말하는데, 이는 중국의 달력으로는 1월 15일에 해당하였다. 『석가방지』에서는 '불대신변원', 『속고승전』 등에서는 '대신변월'이라고 하였다.

이날 마게타국의 마하보리사에서는 부처님의 육사리를 친견하는 법회를 가졌다고 『대당서역기』는 전한다.

마게타국에는 보리수의 북문 밖에 마하보리승가람이 있다. 이것은 본래 승가라 국왕이 세운 것이다. 뜻을 갖춘 건축물 6원이 이어져 있고, 관각은 3층이며, 둘레에 쳐진 울타리는 높이가 3~4길에 달한다. 장인의 미묘한 솜씨는 극에 달하였고 단청의 장식도 그 아름다움의 극치를 이룬다. 불상은 금은으로 주조하였고 진귀한 보배를 함께 어울려 장엄하게 만들었다. 모든 솔도파(탑)는 높고

넓으며 아름답게 장식되어 있는데, 그 속에는 여래의 사리가 들어 있다. 골사리의 크기는 손가락 마디만한데 빛이 나고 윤기가 돌며 선명한 흰색이고 그 속이 훤히 들여다보인다. 육사리는 커다란 진주와도 같은 크기인데 색은 붉은색과 담청색을 띠고 있다. 해마다 여래대신변월만의 날(이날은 인도의 달력으로는 12월 30일이며, 중국 당나라의 정월 15일에 해당한다)이 되면 이것을 꺼내어 대중들에게 보여준다. 이때에는 이따금 빛을 발하거나 꽃이 비처럼 쏟아져 내리기도 한다.

◉ 약밥

약밥은 약식이라고 하여 현대인들도 즐겨먹는 음식이다. 또한 약밥의 조리법은 변함없이 그대로 지켜지고 있는데, 한 가지 음식이 천 년을 넘게 전승되고 있음은 참으로 소중한 문화유산이 아닐 수 없다. 『경도잡지』에는 약밥의 재료와 조리법, 그리고 유래에 대하여 기록하고 있다.

1월 15일에 찹쌀밥에 씨 발린 대추, 감떡, 그리고 찐 밤과 잣을 섞은 다음 다시 꿀, 기름, 간장 등으로 조리한 것을 약밥이라고 한다. 신라의 오래된 풍속이다. 내 생각에는 『동경잡기』에 신라 소지왕 10년 1월 15일에 왕이 천주사에 행차했을 때 까마귀가 날아와 왕을 일깨워주어 반역을 꾀한 스님을 사살한 일이 있었는데, 우리나라 풍속에 보름에 찰밥을 만들어 까마귀에게 먹임으로서 그 은혜에 보답한 것이다.

『경도잡지』에서 말하는 약밥의 유래는 『삼국유사』「기이」편의 사금갑 설화에 자세하게 설해져 있다. 다소 길지만 한번 보도록 하겠다.

제21대 비처왕(소지왕이라고도 한다)이 즉위한 10년에 천천정에 거동했다. 이때 까마귀와 쥐가 와서 울더니 쥐가 사람의 말로, "이 까마귀가 가는 곳을 찾아보시오."라고 하였다. (혹은 말하기를, 신덕왕이 흥륜사에 가서 행향하려 하는데 길에서 보니 여러 마리 쥐가 꼬리를 물고 있었다. 괴상히 여겨 돌아와 점을 쳐 보니 "내일 제일 먼저 우는 까마귀를 따라가 찾아보라."고 했다 한다. 하지만 이 설은 잘못이다) 왕은 기사에게 명하여 까마귀를 따르게 했다. 남쪽 피촌(지금의 양피사촌이니 남산 동쪽 기슭에 있다)에 이르러 보니 돼지 두 마리가 싸우고 있었다. 이것을 한참 쳐다보고 있다가 문득 까마귀가 날아간 곳을 잊어버리고 길에서 서성거리고 있었다. 이때 한 늙은이가 못 속에서 나와 글을 올렸는데, 그 글 겉봉에, '이 글을 떼어보면 두 사람이 죽을 것이요, 떼어 보지 않으면 한 사람이 죽을 것입니다'라고 적혀 있었다. 기사가 돌아와 비처왕에게 바치니 왕이 말하기를 "두 사람을 죽게 하느니보다는 차라리 떼어 보지 않고 한 사람만 죽게 하는 것이 낫겠다." 하였다. 이때 일관이 아뢰었다. "두 사람이라 한 것은 서민을 말한 것이요, 한 사람이란 바로 왕을 말한 것입니다." 왕이 그 말을 옳게 여기고 글을 떼어 보니 '금갑을 쏘라'고 적혀 있을 뿐이었다. 왕은 곧 궁중으로 들어가 거문고 갑을 쏘았다. 그 거문고 갑 속에는 내전에서 분향수도하고 있던 승려가 궁주와 은밀히 간통하고 있었다. 이에 두 사람을 사형에 처했다. 이런 일이 있은 뒤로 나라 풍속에 해마다 정월 상해, 상자, 상오일에는 모든 일을 조심하여 하고, 감히 움직이지 않았다. 그리고 16(5)일을 오기일이라 하여 찰밥을 지어 제사지내고 이는 지금까지도 계속 행해지고 있다. 이언에 이것을 달도라고 한다. 슬퍼하고 조심하며 모든 일을 금하고 꺼린다는 뜻이다. 또 노인이 나온 못을 이름하여 서출지라고 했다.

◉ 부럼과 이명주

1월 15일에는 새벽 일찍 일어나 눈을 뜨자마자 그 전날 밤에 머리맡에 두었던 밤이나 피땅콩 등을 "부스럼" 하고 소리 내어 말하고 깨물어서 방문을 열고 멀리 던진다. 이를 '부럼깨물기'라고 하는데, 부럼을 깨는 것은 일년 동안 부스럼이 나지 않기를 바라는 마음에서라고 하는데, 지방 등의 영향분이 부족했던 당시의 식단을 고려하면, 호두, 밤, 잣 등의 견과류를 섭취하여 부족한 영향분을 보충하는 역할도 하였으리라 생각된다.

『경도잡지』에는 무를 깨물기도 하였다고 전한다.

1월 15일 이른 새벽에 일어나 밤이나 무를 깨물면서 1년 동안 무사태평하게 해달라고 비는데 이것을 작절嚼癤이라고 한다. 또 소주 한 잔을 마시면서 귀를 밝게 해달라고 한다. 섭정규가 쓴 『해록쇄사』에 사일社日에 치롱주를 마신다고 하였는데 지금 이 풍속이 보름으로 옮겨진 것 같다.

한편 『동국세시기』에는, 평안도 의주에서는 엿을 깨물어 치아의 건강상태와 치아의 힘을 겨루기도 하였다고 전한다.

정월 보름날 이른 아침에 생밤, 호두, 은행, 잣, 무 등을 깨물면서, '1년 동안 아무 탈 없이 평안하고 부스럼이 나지 않게 해 주십시오' 하고 축원한다. 이를 부럼깨물기라고 한다. 혹자는 이것이 이를 튼튼히 하기 위한 방법이라고도 한다. 평안도 의주지방 풍속에 어린 남녀들이 이른 아침에 엿을 깨무는데 이를 이빨겨루기라고 한다. 청주 한 잔을 데우지 않고 마시면 귀가 밝아진다고 하는데, 이 술을 귀밝이술이라고 한다. 송나라의 섭정규가 쓴 『해록쇄사』에 사일에 치롱주를 마신다고 하였는데 지금 이 풍속이 보름으로 옮겨진 것 같다.

또, 식전에 술(보통 청주)을 한 잔 마시는데, 술을 전혀 마시지 못하는 사람도 입술에 살짝 대고 마시는 시늉이라도 한다. 이 술을 마시면 귀가 밝아져서 소리를 잘 듣는다고 하여 이명주, 즉 귀밝이술이라고 한다.

현재 한국 사찰에서도 정월 보름에는 오곡밥과 갖가지 묵은 나물을 먹으며, 부럼도 깬다. 사찰에 따라서는 이날만 특별히 공양시간에 이명주를 나누는 곳도 있다.

◉ 줄다리기

줄다리기는 일명 삭전索戰, 결하전潔河戰, 발하拔河라고도 불리며 세계적으로 통용되고 있는 스포츠다. 'Tug of War'라고 하는데 '당기는 경기'라는 의미로 볼 수 있다. 줄다리기는 풍농과 관련된 민속놀이로 인식하여 왔다. 한국에서는 1월 15일을 전후로 농사철이 시작되기 전에 풍농기원 의례로 동제에서 행하였으며, 일본의 큐슈나 오끼나와 지방에서는 8월 15일을 전후하여 행하였다.

줄다기리의 유래는 정확하지 않으나, 6세기 양나라 시대의 세시기인 『형초세시기』에는 입춘에 시구놀이를 하였다고 하는데, 이는 『열반경』의 투륜견삭에서 유래한 것이 아닐까 추측하고 있다. 이것이 줄다리기에 대한 최초의 문헌자료라고 한다. 『형초세시기』의 내용을 살펴보자.

입춘일에는 시구놀이를 한다. 대나무 껍질을 꼬아 서로 연결하였는데 그 길이가 몇 리에 이르고 북이 울리면 잡아당긴다. 시구놀이는 여러 외전을 찾아보아도 그 전례를 발견할 수 없다. 동수가 초나라에 가서 배 싸움 놀이를 하였는데 물러나면 구로 당기고 나아오면 강으로 밀기 때문에 이를 구강이라고 하였다. 구를 가지고 놀이를 하게 된 것은 아마도 여기에서 비롯된 듯하다. 『열반경』에 투륜견삭이라는 말이 있으니 이 시구놀이는 외국에서 들어온 것인 듯하다. 지금의 추천도 시구놀이의 일종이다.

『열반경』은 용수가 150년에서 250년경에 저술하였기 때문에 줄다리기의 기원이 매우 오래되었음을 알 수 있다. 투륜견삭의 투륜은 올가미를 던진다는 뜻이며, 견삭은 올가미가 달린 줄을 말한다. 사천왕상 가운데 동아줄을 감아쥐고 있는 상을 볼 수 있는데, 바로 이 줄이 견삭이다. 『방광대장엄경』에는 "2만의 훌륭한 군사 모두 씩씩하여 원수와 적을 물리치고 진영을 호위하기 위하여 각기 갑옷, 투구, 무기를 버리고 투륜을 잡고 견삭까지 같이 가져"라는 경전의 내용으로부터 인도에서는 전쟁의 무기였음을 알 수 있다. 『일체경음의』에는 "인도의 전쟁도구로 탑삭이라고도 하는데 밧줄을 멀리 던져 적의 머리나 다리를 얽매어 잡는 것"이라고 설명하고 있다.

일반적으로 밧줄은 범죄자를 체포하는 무기로 활용되지만, 불교에서는 윤회의 속박과 번뇌를 없애는 해탈의 길로 인도하는 상징물이다. 이처럼 불교의 궁극적 목표인 해탈을 위하여 윤회의 사슬을 끊고, 번뇌를 체포하고 포박하여 해탈의 길에 다다를 수 있다는 믿음 속에서 견삭의례가 발생하였다.

줄다리기와 관련된 한국 최초의 기록은 성종17년(1486)에 편찬된 『동국여지승람』이다.

조리희 매년 8월 15일이면 남녀가 함께 모여 노래하고 춤추며 왼편 오른편으로 나누어 큰 동아줄의 두 끝을 잡아당겨 승부를 결단하는데, 동아줄이 만일 중간에 끊어져서 두 편이 땅에 자빠지면 구경하는 사람들이 크게 웃는다. 이것을 조리의 놀이라고 한다. 또는 추천이라고도 한다. 이날에 또 그네 뛰는 것과 닭 잡는 놀이를 한다.

위의 내용에 따르면 조리지희는 '마을을 밝게 하는 놀이'라는 뜻으로 마을 사람들이 줄다리기를 하다가 줄이 끊어지면 양편이 모두 넘어지는 광경을 보고 사람들이 크게 웃을 수 있다고 해서 붙여진 명칭임을 알 수 있다.

불경에서 연원을 찾을 수 있는 줄다리기는 윤회해탈과 중생구제를 위한 의미로 조선시대에는 스님들도 즐겼다고 하는 기록이 『동국세시기』에 전한다. 그러나 『동국세시기』 이외에 스님들이 줄다리기를 하였다는 사료를 찾기는 어려우며, 지금은 전승되고 있지 않다.

충청도 풍속에 화전이 있다. 또 편을 둘로 갈라 마주서서 동아줄을 서로 잡아당기게 하여 상대에게 끌려가지 않고 끌어당겨 이긴 편이 그 해 풍년이 든다고 점치는데 이는 곧 옛날의 결하희와 같은 것이다. 경기도 지방에도 이런 풍속이 있으며 스님들도 이런 놀이를 한다.

결하는 중국 창주 남피현에 있는 하천 이름이며, 결하희 역시 줄다리기를 말한다.

송화섭은 줄다리기의 기원을 인도의 우유바다젓기 힌두신화를 묘사한 것이라 보고, 8세기경의 힌두이즘의 밀교문화가 동아시아로 확산되면서 밀교의례로 전파해 간 것이라고 하였다. 나아가서 인도의 힌두이즘이 당에 전하여지고, 당의 문화가 일본으로 전래되고, 일본에서 한반도로 유입되었다고 설명하고 있다.[17] 하지만 이는 불교교리의 발달과정과 동아시아 불교문화의 전래를 충분히 이해하지 못하고 내린

---

17 송화섭, 「동아시아권에서 줄다리기의 발생과 전개」, pp.129~130.

잘못된 견해라고 하겠다.

한편, 베트남에서는 15세기경에 매년 1월 3일에 부처님께 공양을 올린 뒤 남녀가 나뉘어서 줄다리기를 하였고, 캄보디아의 사찰에서도 남녀가 풍년을 기원하며 줄다리기를 하였다고 전한다.

◉ 법화회

법화회는 법화원에서 『법화경』을 독송한 법회다. 법화원은 신라시대에 장보고가 중국에 세운 신라 사찰로 산동반도 문등현 청녕향 적산촌에 자리하였다.

법화회는 개성 4년(839) 11월 16일부터 다음 해인 개성 5년(840) 정월 15일까지 『법화경』을 강의하였는데, 매일 참석자가 40여 명이었다. 이 법회에 참석한 대중은 승속과 남녀노소, 빈부귀천을 막론하고 모두 신라 사람이었다. 경전을 강의하는 것과 부처님께 참회하여 예배하고 복을 비는 방법은 모두 신라의 풍속과 말과 노래로 하였는데, 다만 저녁과 아침 두 차례의 예참은 당나라 풍속으로 하였다. 이에 대한 설명은 없으나, 예참 때에는 법회에 참석하지 않은 다른 대중들, 그 가운데에는 중국인들도 참석하기 때문에 당나라의 예법을 따랐을 것이라고 추측한다.

이 법화회가 끝날 무렵에 하루는 250명, 다음날은 200명의 신라인 남녀신도들이 참석했었다. 이 집회에서 보살계가 주어졌다는 점으로 미루어 보아 250명, 200명이 서로 다른 신자들이었을 것으로 추측된다. 법화원에 상주한 스님 27명도 물론 신라인이었다.

법화회를 처음에는 강법화경이라고 하였으나, 후에 법화회라고 명칭을 바꾸었다. 개칭을 한 이유에 대해서 김영태는 법화회가 단순한 『법화경』 강의가 아닌 대중 교화 불사로서의 법회였기 때문이었다고 한다.[18]

『입당구법순례행기』에는 법화회의 입제일과 회향일에 대하여 서술하고 있다. 개성 4년(839) 11월 16일의 기록이다.

산원은 법화경을 강하기 시작하였는데, 내년 1월 15일까지를 그 기한으로 삼는다. 시방의 중승과 유연의 시주는 모두 와서 보게 된다. 이 중에서 성림화상이 강경의 법주가 되고 다시 돈증스님과 상적스님이 논의가 되었다. 남녀도속이 모두 내원에 모여서 낮에는 청강하고, 저녁에는 예참과 청경을 차례로 한다. 대중은 40여명이 되었으며, 강경과 예참은 모두 신라의 풍속에 의한 것이다. 다만 오후 8시경과 새벽 4시경 두 차례의 예참은 당 나라 풍속에 의거하였다. 그 밖의 것은 모두 신라 말로 행하였다. 그 집회에 참석한 승려, 속인, 노인, 젊은이, 귀한 사람, 천한 사람 할 것 없이 모두 신라인이었다. 단지 3명의 승려와 행자 1명만이 일본국 사람이었다.

개성 5년(840)년 1월 15일의 내용이다.

오늘은 적산원의 법화회가 마치는 날이다. 집회에 모인 사람이 어제는 250명이었고, 오늘은 200명이었는데, 결원을 한 뒤 모인

---

18 김영태, 「법화신앙의 전래와 형태」, p.33.

대중들에게 보살계를 주었다. 재를 마친 뒤 모두 헤어졌다.

◉ 달력

달력은 예나 지금이나 한 해를 살아가는 중요한 생활도구의 하나이다.
옛날에는 '하선동력'이라고 하여, 여름에는 부채를 겨울에는 달력을
서로 주고받았다. 지금도 사찰에서는 동짓날 달력공양을 하고 있다.
『입당구법순례행기』에는 달력을 1월 15일에 얻었다는 기록이 있다.

올해 책력 초본을 얻었다. 그것을 베껴 적은 것은 아래와 같다.
개성 5년의 역일 천간은 금, 지지는 금, 납음은 목이다. 모두 355일이
다. 음양이 합치된 날은 을사에 있으니, 흙으로 고치고 짓거나 하면
길하다. 태세는 신에 있고 대장군은 오에 있다. 태음도 오에 있고,
세덕은 신유에 있으며, 세형은 인에 있고 세파도 인에 있다. 세살은
미에 있고 황번은 진에 있고 표미는 술에 있고 잠궁은 손에 있다.
정월은 큰 달이다. 1일 무인은 토와 건, 4일은 득신, 11일은 우수,
26일은 경칩이다.
2월은 작은 달이다. 1일 무신은 토와 파, 11일은 사와 춘분, 26일은
청명이다.
3월은 큰 달이다. 1일 정축은 수와 폐, 2일은 천사, 12일은 곡우,
28일은 입하이다.
4월은 작은 달이다. 1일 정미는 수와 평, 13일은 소만, 28일은 망종
이다.

5월은 작은 달이다. 1일 병자는 수와 파, 14일은 하지, 19일은 천사이다.

6월은 큰 달이다. 1일 을사는 화와 개, 11일은 초복, 15일은 대서, 20일은 입추이다.

7월은 작은 달이다. 1일 을해는 토와 평, 2일은 음복, 15일은 처서이다.

8월은 큰 달이다. 1일 갑진은 화와 성, 백로, 5일은 천사, 15일은 사, 16일은 추분이다.

9월은 작은 달이다. 1일 갑술은 화와 제, 2일은 한로, 17일은 상강이다.

10월은 큰 달이다. 1일 계묘는 금과 집, 2일은 입동, 18일은 소설, 22일은 천사이다.

11월은 큰 달이다. 1일 계유는 금과 수, 3일은 대설, 20일은 동지이다.

12월은 큰 달이다. 1일 계묘는 금과 평, 3일은 소한, 18일은 대한, 26일은 납일이다.

17일

◉ 백장기百丈忌

백장기는 백장스님의 기일을 말하며 1월 17일이다. 『칙수백장청규』, 『열조제강록』, 『회수화상광록』 등의 문헌에 백장기일의 의례를 상세히 기록하고 있다.

『칙수백장청규』의 내용을 수록한다.

백장기

기일 전날 당사는 대중에서 재보를 거두어서 공양을 마련한다. 다음 날 기일이 되면 여법하게 법당에 펴서 베풀되, 좌상에 진영을 건다. 중간에 제사 음식, 상하간의 탁자에 공양구를 단정하게 설치한다. 당일 밤에 풍경한다. 정일산기, 특위다탕, 염향선소, 출반상향 및 대중이 드리는 예 등은 모두 달마기례와 동일하다. 다만 염송은 없으며, 초야의 회향에서는 다음과 같이 송한다.

청정한 법계의 몸은 본래 나고 죽음이 없도다.
대비원력으로 오고 감이 있음을 나타낸 것뿐이로다.
우러러 바라건대 자비를 내려 보살핌을 드리우소서.
정월 17일 엎드려 백장대지각조홍종묘행선사대화상 시적의 날을 맞아,
비구대중과 함께 향수를 준비하여 공양을 올리나이다.
대불정만행수능엄신주를 풍송하나이다.
모인 바 공덕으로는 위로 자비에 답하나이다.
엎드려 원컨대 우담발화가 재현하여, 거듭 깨달음을 열게 하며,
지혜의 해는 그 밝음을 오래하여 길이 어두운 밤을 밝혀 주시옵소서.
시방삼세일체운운

1월내[19]

◉ 백탑사 그네타기

『제경세시기승』에 "1월 1일부터 16일까지 정양문의 서쪽에서 열리는 유리창점 때에, 백탑사에서는 그네타기를 한다."고 전한다.

◉ 입춘立春

입춘은 원래 불교풍속이 아니지만, 불교에 유입되어 한 해의 중요한 행사로 정착되었다. 『희조락사』에 의하면, 입춘의례는 현에서 준비하여 성대하게 치뤘는데, 의례장소는 사찰이었다. 입춘행사에 대비하여 공연연습을 하는 것을 연춘이라고 하였다.

입춘의 의례는 성곽 가까이에 있는 두 현에서 매년 번갈아 가면서 맡아서 준비하니, 인화현은 선림사, 전당현은 영지사에서 행한다. 입춘 10일 전에 현관이 방갑을 독려하여 입춘의례에 소용되는 여러 가지 물건들을 정리하고 준비한다. 우인, 희자, 소기 등을 뽑아 사과로 분장하는데, 소군이 변방을 나가고 학사가 영주에 오르며 장선이 거문고를 타고, 서시가 연꽃을 채집하는 등과 같이 한다. 여러 가지로 그 모습을 변화시키고 기예를 겨루며 화려함을 다투는 교습을 여러 날 하는데 이를 연춘이라고 한다.

---

19 月內는 『동국세시기』 서문의 표현을 따른 것이다. 그달에 행해지지만 정확한 날짜를 기준하기 어려운 행사들을 포함하였다.

『입당구법순례행기』에도 입춘에 대한 기록이 2번 있다.

839년 1월 14일 오늘은 입춘이다. 사람들은 꾀꼬리 상을 만들어 시장에 내다 팔고, 이를 사서 가지고 논다.

841년 1월 6일 오늘은 입춘이다. 황실에서 개떡과 절 음식을 내렸다. 속인들과 함께 개떡을 먹었다.

『형초세시기』에 "입춘일에는 시구놀이를 한다. 대나무 껍질을 꼬아 서로 연결하면 그 길이가 몇 리에 이르고 북이 울리면 잡아당긴다."고 하는데, 이는 앞의 줄다리기에서 살펴보았으므로 간략히 한다.

　현재는 입춘일에는 불전에 입춘불공의식을 행하고, 사찰에 따라서 는 일년 동안 집안에 병고와 장애가 없기를 바라는 마음에서 '입춘대길' 등의 입춘부적을 나누어주기도 한다.

1일

◉ 폐로閉爐

폐로는 중국 선원의 풍습으로 겨울에 사용하였던 난방기구를 정리하여 닫는 것이다. 『칙수백장청규』에 2월 1일에 승당 내의 화로를 닫는다고 전한다.

◉ 영등할머니 모시기

농촌과 어촌을 살핀다는 영등할머니는 『법화경』의 약왕보살과 같은 존재로 여겼으며, 불교적인 사상을 담고 있다. 고려시대에는 2월 15일의 연등제와 결합하여 성대하게 진행되기도 하였다.

조선시대에는 긴 겨울 동안 쉬었던 노비들이 2월이 되면 농사 준비를 시작하는데, 힘든 농사를 시작하기 전에 그들을 위로하는 차원에서 술과 음식을 베풀어 배불리 먹게 하고 하루를 즐겁게 해주는 것으로 풍속의 성격이 변하였다.

8일

◉ 출가일出家日

2월 8일은 석가모니 부처님의 출가일이다. 『어정월령집요』에는 "수경주에 정반왕 태자가 3월 15일 밤에 출가하였다."고 하여 지금의 출가일과는 달리 3월 15일을 출가일이라고 하기도 한다.

현재는 출가일에 특별한 법회를 하지는 않는다. 다만 서울의 불광사에서는 사찰에 거주하는 스님들을 모두 법상에 모시고 신도들이 공양을 올리는 풍습이 있다. 이는 석가모니 부처님의 출가일이지만, 부처님의 제자가 된 스님들에게 그 의미를 부여하여 이루어지는 법회이다.

◉ 행성行城

행성은 2월 8일 이른 아침에 향화를 들고서 성을 따라 한 바퀴 도는 행사로, 후에 탑돌이로 발전되었다. 행성과 더불어 불자들은 이날 팔관재계를 지켜야 하는 날로, 이는 『본행경』, 『아나경』 등의 경전 내용에 의한 것이다.

『형초세시기』에 상세한 내용이 있다.

2월 8일은 석가모니가 인간 세상에 내려온 날이다. 석가모니가 도를 깨달았을 때에 신도들의 집에서는 팔관재계를 하고, 차륜과 보개와 칠변팔회의 등을 단다. 이른 아침에 향화를 들고 성을 따라 한 바퀴 도니, 이를 행성이라고 한다. …중략…『본행경』에 "귀성이 달과 겹쳐진 날에 제석천의 여러 천신들이 소리 높여 말하기를 '때가 왔습니다.'라고 하니 태자가 듣고 손으로 머리카락을 뽑아 깨달음을 얻었다. 여러 천신들이 말의 다리를 받들어 나가고 그 소식이 궁성 안에 퍼지자 사람들이 성안을 두루 돌아다녔다."라고 하였다. 요즘 2월 8일 이른 아침에 향을 들고 성을 한 바퀴 도는 것은 여기에서 비롯되었다. 또『아나경』에 "2월 8일에는 마땅히 팔관재계를 행해야 한다."라고 하였고, 또 다른 불경에도 "재가보살 들은 마땅히 팔관재계를 행해야 한다."고 하였다.

● 복회福會

복회

복회는『삼국유사』에 전하는 법회이다. "신라 풍속으로 해마다 2월이 되면 8일에서 15일까지 장안의 남녀가 다투어 흥륜사의 전탑을 도는 법회를 하였는데, 이를 복회라고 하였다."고 한다.

문헌에서 복회라는 용어를 찾아보면 여러 곳에 보인다.

『대당서역기』에는 마게타국의 파라아질다왕이 왕위를 잇자 동북쪽에 가람을 세우고 완공 후에 승속을 청하여 잔치를 열어서 경축하였는데 이를 복회라고 하였다. 또한 현장이 번역한『대아란한제밀다라소설법주기』에는 스님을 청하거나 절에 가서 대복회를 설하였다고 한다.

『법원주림』에는 진나라 태시 5년(359)에 조부모와 두 형제를 위하여 스님들을 청하여 복회를 열었다고 하는데, 이때 날짜가 7월 13일인 것으로 보아 우란분절 법회로 행하였음을 알 수 있다. 이후 송대가 되면 『역대편년석씨통감』에 한 집안의 사람들이 발심하여 봉불하고, 조부모와 형제를 위하여 당과 번개 등을 만들어서 복회를 가졌다고 하는 기록도 있다.

그런데 위에서 살펴본 것처럼, 복회는 인도와 중국에서 법회의 성격을 달리하고 있음을 알 수 있다. 즉 인도에서는 가람 완공 등의 축하법회로, 중국에서는 조상천도를 위한 우란분절 때 조상천도를 위한 법회를 말하고 있다. 한편, 『삼국유사』에 전하는 한국의 복회는 인도나 중국과는 달리 탑돌이가 중심이 되어 있는 것이 특징이다.

우요불탑右遶佛塔

복회의 중심이 탑돌이라고 하는 사료를 근거로, 경전에서 설하고 있는 탑돌이에 대하여 고찰해보자.

『비니일용절요향유기』에는 탑에 대한 설명과 함께 탑돌이에 대하여 설하고 있다.

요는 주변을 돈다는 뜻이다. 탑은 일체제불의 사리의 궁전이니라. …중략… 서역에서는 합장하고 탑 주위를 돌며 공양하느니라. 중국에서는 예배로서 덕을 찬하여 공경하느니라. …중략… 보탑이 있는 곳은 모든 부처님의 법신이 머무는 곳과 같으므로, 마땅히 공경해야 하느니라. 『서역기』에 말하기를, 서천의 종사들이 하는 것을 따르면, 예배 후에 모두 모름지기 탑 주변을 돌아야 하느니라.

한편, 『승기율』에서 말하기를 "불탑에 예불할 때는 마땅히 오른쪽으로 돌아야 한다. 마치 해와 달과 별이 수미산을 도는 것과 같다. 왼쪽으로 돌지 말아야 한다."고 하였는데, 오른쪽으로 도는 이유는 『살바다비니비바사』에서 "불법에 순응하기 때문"이라고 하였다. 『우요불탑공덕경』이라는 경이 생겨날 정도로 오른쪽으로 탑을 도는 것, 즉 우요불탑은 불교의 교리, 의식, 문화 등에 있어 매우 중요한 의미를 지닌다.

『사문일용』에서는 탑돌이에 대하여 보다 상세하게 서술하고 있다. 이로써 당시의 스님들에게 탑을 도는 것이 중요한 수행이었음을 알 수 있다. 『사문일용』의 내용이다.

먼저, 탑을 보면 '견불탑시 당원중생 존중여탑 수인천공'이라고 하며, 탑에 예배를 드릴 때는 '정례어탑 당원중생 일체인천 무능견정'이라고 게송을 읊는다.

탑을 돌 때는 '우요어탑 당원중생 소행무역 성일체지'라고 하며, 탑을 3번 돌 때는 '요탑삼잡 당원중생 근구불도 심무해갈'이라고 게송을 외운다.

그리고 마지막으로 요탑멸죄다라니를 송한다.

나모발타야 나모달라마야 나모승가야 나모아리야 바로기제사바라야 보리사다바야 마하사다바야 마하가로니가야 다냐타 가라반저 수하반저 가반저 사바하이 다라니를 7번 외운 후에 오른쪽으로 돈다. 만약 어떤 사람이 지극한 마음으로 일념으로 7일 동안 1만2천 편을 외우면서 탑을 돌면, 관세음보살의 위신력을 얻어서, 모든 죄업을 소멸하고, 모든 소원을 얻을 것이다. 지켜야 할 것은 머리에 모자를 쓰지 말며, 가사는 통견으로 수해야 한다.

한편, 『율학발인』이나 『비니일용절요향유기』에서는 탑을 돌 때 '우요어탑 당원중생 소행무역 성일체지'라고 하고, '나무 삼만다 못다남 도바도바 사바하'라고 다라니를 외운다고 하여, 『사문일용』에서는 설명하고 있지 않은 다라니를 덧붙이고 있다.

탑돌이의 공덕과 주의점

경전에서는 탑돌이가 지니는 상징을 비롯하여 그 공덕과 탑돌이를 할 때 주의해야 하는 사항에 대해서도 설명하고 있다. 『사문일용』에서는 탑을 도는 횟수에 따라서 숫자가 의미하는 상징성에 대한 설명이 있다.

예를 마치고, 탑을 도는데 3번, 7번, 10번, 100번, 1,000번 한다. 탑을 도는 횟수만큼 각기 표상하는 바가 있는데, 3번을 돌면 삼독이 멸하고 삼덕이 원만함을 상징하고, 7번을 돌면 칠지계가 청정하여 칠각의를 얻는다. 10번을 돌면 십사를 끊고 십력을 얻는다. 나머지도 모두 이와 같다.

탑돌이의 공덕과 관련해서는『제위경』에 "부처님께 묻기를, 산화,
연향, 연등, 예배와 같은 공양과 선요(탑돌이)는 어떠한 복을 얻는
것입니까? 부처님께서 말씀하시되, 다섯 가지 복이 있는데, 『승기
율』에서 말한 것과 같다."고 하여 요탑의 공덕이 꽃과 향, 등을 공양하는
공덕과 다르지 않음을 말하고 있다. 『승기율』에서 말하는 탑돌이의
5가지 복은 다음과 같다.

첫째, 후세에 단정하고 잘생긴 모습을 얻는다.
둘째, 음성이 좋다.
셋째, 천상에 태어난다.
넷째, 왕가에 탄생한다.
다섯째, 열반을 얻는다.

그리고 『비니일용절요향유기』 등에서는 탑을 돌 때 지켜야 하는
행동으로 5가지를 들고 있다.

첫째, 머리를 숙여 땅을 본다.
둘째, 벌레 등을 밟지 않는다.
셋째, 좌우로 시선을 돌리지 않는다.
넷째, 침을 뱉지 않는다.
다섯째, 사람과 더불어 말하지 않는다.

『사문일용』에서는 "탑에 예를 올리면 무량한 죄가 멸하고, 무량한

복이 생긴다."고 하여, 탑돌이를 강조하였다.

복회의 역사

원래 복회는 불교의 윤회사상에서 비롯된 것이다. 신라에서 전탑을 돌았던 복회는 살아 있는 사람과 죽은 사람의 복을 비는 것으로 33번을 왼쪽으로 돌고 이어 33번을 오른쪽으로 돌았다.

원각사탑의 복회는 고려시대의 전경법을 세조가 부활시킨 것이다. 전경법은 불상을 모신 가마를 신도들이 뒤따르며 장안을 돌아다닌 것으로, 장안을 돌고 난 후에 원각사로 들어가 13층의 탑돌이로 이어졌다. 그런데 장안의 젊은 남녀들이 함께 탑을 도는 원각사의 복회가 어찌나 문란했던지 요염한 눈매를 '원각사 탑돌이에 눈 돌아가듯 한다'는 말이 생겨날 정도였다.

복회는 민속화되어 불상과 돌미륵, 그리고 탑을 세 번 돌면 소원이 성취된다 하여 좌우로 세 번씩 돌았다. 특히 태기를 원하는 부녀자들은 밤 세워 돌미륵을 돌며 빌었으며, 동해안 해변의 여인들도 남편이 바다에 나가면 인근 절의 탑을 돌며 안전을 빌었다. 성 밟기 풍습도 마찬가지이다. 봄날 성벽을 따라 세 번만 돌면 무병장수하며 극락왕생한다 하여 진달래꽃이 필 무렵 성돌이를 했다. 또 상여가 나갈 때 세 번씩 반원을 그리고, 사십구재 및 백일재 등에도 고인의 영정과 불기 등을 들고 탑을 돈다.

상례나 제사에도 향불 위에 술잔을 세 번 돌린다. 향불로 술잔에 달라붙은 잡귀를 떨쳐내고 제주를 청결히 하며, 중생이 지옥·아귀·축생·아수라·인간·천상의 육도를 돌고 돈다는 불교의 윤회사상을 망자에게 시현·위령하는 것인데, 후세에는 망자는 물론 후손들의 복과 소원까지 비는 의식이 되었다.

한편, 심야에 벌거벗은 부부가 집 둘레를 엉금엉금 기어서 세 바퀴를 돌아 택신을 모시는 경상도 해안지방의 택신제와, 남녀간에 벌거벗고 말 시늉을 하며 방안을 도는 『파수록』이야기도 복회습속과 성신性神숭배의 복합적 습속으로 불교의 윤회사상이 민속화된 것이다.

탑돌이의 변천

탑돌이는 불교가 전래되면서부터 시작된, 즉 불교의식에서 유래된 민속놀이다. 불교명절이나 큰 재가 있을 때 많은 신도들이 참가하여 행하였다. 스님을 따라 염주를 들고 탑을 돌면서 염불을 하고 부처님의 공덕을 찬양하며, 등을 밝히고 자신의 소원을 빌며 극락왕생을 기원하였다. 신도뿐만 아니라 일반 서민들도 불덕을 믿고 국태민안과 개인의 가호를 바라는 뜻에서 모두 참가했다. 행사 때는 사물(범종, 북, 운판, 목어)을 쳤고 삼현육각을 연주하고 포념布念, 백팔정진가와 민요 등이 불려졌다. 의식은 삼귀의례를 한 후 십바라밀정진도에 따라 탑을 돈다.

탑돌이는 먼저 삼귀의례를 선창하고 시작되는데, 십바라밀정진도를 그리면서 돌게 된다.

①보시는 단월형을 그려 왼쪽에서 오른쪽으로 둥근 달을 그리면서 돈다.

②지계는 반월형을 그려 왼쪽에서 오른쪽으로 반달을 그리면서 돈다.

③인욕은 혜경형을 그려 오른쪽에서 왼쪽으로 신날 모양을 그리면서

돈다.

④정진은 전자형을 그려 왼쪽에서 오른쪽으로 가위 모양을 그리면서 돈다.

⑤선정은 구름 모양을 그리면서 돈다.

⑥지혜는 금강저형을 그려 오른쪽에서 왼쪽으로 절구 모양을 그리면서 돈다.

⑦방편은 좌우쌍정형을 그려 상하에서 두 우물 모양을 그리면서 돈다.

⑧원願은 전후쌍정형을 그려 상하에서 두 우물모양을 그리면서 돈다.

⑨력力은 탁환이주형을 그려 두 개의 이중고리 모양을 그리면서 돈다.

⑩지智는 성중단월형을 그려 작은 원 세 개를 싼 큰 원 모양을 그리면서 돈다.

근래에 탑돌이가 쇠퇴하였는데, 1970년 법주사의 탑돌이가 재현되면서 그 명맥을 유지하고 있다.

요불繞佛

요탑과 관련하여 요불의식도 있다.

요불은 요당, 행도라고도 하며, 여러 스님들이 경을 읽으면서 불상 주위를 도는 것을 말한다. 도는 방법은 오른쪽으로부터 불상 뒤를 돌아 다시 앞으로 도는 방법을 취한다. 오른쪽으로 도는 것은 고대 인도에서 귀인의 주위를 돌 때 오른쪽으로 돌았던 관습을 따른 것이다.

　불교의 교리상에서 보면 정진할 때 도는 방법은 체용을 표하는 것인데, 아침에 돌 때에는 종체기용이라 하여 용에 해당하는 오른쪽으로 돌게 되어 있다. 도는 횟수는 일정하지 않으나 3번을 돌면 삼업을 의미하고, 7번을 돌면 7각지를 의미한다.

　요불시에 지켜야 하는 다섯 가지 사항은 요탑과 동일하다. 이와 같이 하여 불상 주변을 돌면 현생 또는 다음 세상에서 5복을 얻는다고 하여 신도들 사이에 요불이 크게 성행하였다. 요불은 탑돌이 등의 민속놀이를 발전시켰고, 또한 농악놀이의 집법에도 영향을 미쳤다.

◉ 무애다반無礙茶飯

무애다반은 승속과 귀천을 가리지 않고 공양하는 평등법회를 말한다. 무애공無礙供, 무차다반無遮茶飯, 무차재無遮齋이라고도 한다. 다만, 무사하기를 기원하는 법회인 무장회無障會와는 다르다.

　『입당구법순례행기』에는 부처님의 치아를 공개하는 법회에 무애다반을 마련하였다.

　대장엄사에서 석가모니 부처의 치아를 공개하고 공양했는데, 2월 8일부터 15일까지이다. 천복사도 부처의 치아를 공개하고 공양하였고, 남전현에서도 8일부터 15일까지 공양하였다. 천복사에서는 무애다반을 마련하여 여러 곳에서 승려와 속인 할 것 없이 다 와서 먹었는데, 좌가 승록인 체허법사가 법회의 주관자가 되었다. 여러 절에서 모여들어 각각 진귀한 공양물을 마련하고 온갖 종류의 약식과 진기하고도 묘한 과일과 꽃, 그리고 다양한 향을 엄숙히 갖추어 부처의 치아를 공양하였다. 공양함에 이르러 누각의 회랑 아래에 자리를 펴고 음식을 베풀었는데, 공양을 드는 사람은 이루 헤아릴 수 없었다. 부처의 치아는 누각의 가운데 뜰에 모셔져 있다. 성 안의 고승들은 모두 누각 위에서 기뻐하며 찬탄하였다. 온 성안의 사람들이 와서 예배하고 공양했다. 어떤 사람은 갱미 100석과 속미 20석을 보시하였고, 어떤 사람은 무애공양에 염두를 넉넉히 보시했 다. 어떤 사람은 무애공양에 잡용전을 넉넉히 희사하였고, 어떤 사람은 무애공양에 박병을 넉넉히 희사하였으며, 어떤 사람은 여러 절의 고승과 노승의 공양물을 넉넉하게 보시하였다. 이와 같이 각각 발원하고 보시하여 부처 치아 공양법회를 장엄하게 하고, 부처 치아를 모신 누각을 향하여 비 오듯이 돈을 던졌다. 우리 구법승 등은 10일에 그곳으로 가서 마음으로 기뻐하며 부처 치아를 모신 누각 위로 올라가 직접 부처의 치아를 보고 머리 위로 받들어 예배하였다.

무애다반에 사람들은 곡식이나 떡, 또는 돈 등을 보시하기도 하였다. 갱미는 멥쌀이며, 속미는 좁쌀이다. 염두는 밀가루와 쌀가루를 반죽해 만든 떡의 일종이며, 박병은 얇은 밀전병을 말한다.

남전현은 섬서성에 속하며 오대산, 종남산 등이 있다. 종남산은 신라의 자장율사가 선덕 12년(643)에 종남산 운제사에 모셔져 있는 문수보살의 석상 앞에서 7일간의 정진기도 끝에 문수보살을 친견하고 문수보살로부터 부처님의 진신사리와 가사, 발우 등을 전수받은 곳이다. 옛부터 중국의 오대산은 문수보살의 도량으로 누구에게나 평등공양을 하였던 전설이 전해지는 곳으로, 이 전통이 9세기에 무애다반이라는 법회로 자리잡은 것이라고 본다.

◉ 불아회佛牙會

불아회

불아는 석가모니 부처님의 치아를 말하여, 불아회는 불아에 공양을 올리는 법회를 말한다.

한편, 불아와 관련하여 함께 기록되고 있는 것은 불아누각이다. 『감주집』에는 '연명유구'라고 하여 9가지의 유명한 볼거리를 수록하고 있는데, 그 가운데 8번째가 불아를 친견하고 불아누각에 올라간다고 한다.

『전촉예문지』에는 마영경이 쓴 「보은사불아루기」가 수록되어 있는데, "부처님의 진신사리를 얻기 위하여 널리 진압하였으며, 중생들이 큰 이익을 짓게 하기 위하여 불아루를 건립하였다."고 불아누각을 건립한 연유를 설명하고 있다.

『촉중광기』와 『매계집』의 "왕이 보은사에 행차하여 불아루에 올라 주변의 뛰어난 아름다운 경치를 감상하였다."고 한 것에서 불아루의 높이를 가늠할 수 있으며, 『모정객화』에는 불아루에서 더위를 피하기도 하였다고 전한다.

대장엄사 불아공양의 유래

불아공양을 대표하는 사찰은 대장엄사이다. 대장엄사의 불아에 대한
기록은 『개원석교록』에 전한다.

사문 달마마제는 제나라 말로는 법의이다. 서역인으로 중생을 깨치
게 하려는 뜻이 깊었으므로 그가 가는 곳마다 인도하고 깨우쳐
주었다. 무제 영명 8년(490)에 법헌스님을 위하여 양도의 와관사에
서 『묘법연화경』「제바달다품」 등 2부를 번역하였다. 법헌은 그때에
승정이었다. 이보다 앞서 법헌은 송나라의 원휘 3년(475)에 서역으
로 가서 우전국에서 범본의 경전과 불아를 얻고 가비라신의 호위를
받아 송나라로 돌아왔다. 경전은 제나라 영명 연간(483~493)에
법의스님과 함께 번역하였으며, 불아는 종산의 상정림사에 안치하
였다. 불아는 길이가 3촌이고 둘레도 또한 그만큼 컸으며, 빛깔은
황백색을 띠었다. 그 치아는 끝이 조그맣게 볼록 나온 것이 마치
지금의 도장 무늬 같아서 온화하고 윤택하면서 깨끗하여 주옥과
같았다. 『내경』을 살펴보면 부처님 치아는 4개가 있는데 하나는
도리천에, 하나는 용왕궁에, 하나는 사자국에, 하는 오장국에 있다
고 한다. 지금의 치아는 오장국에 있었던 것이다. 후에 갑자기 잃어버
렸는데, 이것이 우전국에 나타났으므로 법헌이 우전국에서 청하여
모시고 돌아온 것이다. 양나라 보통 3년(522) 1월에 홀연히 대여섯
사람이 모두 무기를 가지고 초야에 문을 두드리면서 임천전 아래의
노비들이 반란을 일으켰다고 하였다. 그중 한 사람이 말하였다.
"부처님의 치아가 각에 모셔져 있으므로 각을 열어 조사해 보아야겠

다." 스님이 그 말을 따르자, 그중의 우두머리가 부처님 치아 앞으로 가서 함을 열고 치아를 꺼내 세 번 예배하고 나서 비단 수건에 싸서 동쪽 산을 돌아서 떠났다. 그런데 후에 정림사에 안치되어 있었다. 수나라 문제가 진나라를 병합하고 그대로 종악에 있었다. 인수 3년(603)에 내사령 예장왕 간이 양주로부터 가져와 문제에게 바쳤으므로 그해 5월 15일에 칙명으로 동선정사로 보내어 불아공양을 하게 하였다. 신령스러움이 구족하기를 이와 같다. 승우의 『불아기』에 상세히 기록하고 있어 여기서는 다시 널리 말하지 않는다. 동선정사는 지금의 대장엄사이다.

송나라 때 법헌스님이 범본의 경전과 함께 모셔온 부처님의 치아는 처음에 상정림사에 안치하였다가 후에 동선정사로 이전하였는데 이 동선정사가 바로 대장엄사이다. 나아가 불아공양은 7세기 초에 동선정사에서부터 행하여졌음을 알 수 있다.

또한 부처님 치아의 구체적인 크기와 색깔을 알 수 있으며, 4개의 치아가 안치되어 있는 곳이 도리천, 용왕국, 사자국, 오장국이라고 밝히고 있다. 그런데 역시 9세기 무렵 대장엄사의 불아회에 대해 상세히 기록하고 있는 『입당구법순례행기』의 회창 원년(841)의 기록에는 4개의 치아가 안치되어 있는 장소를 대장엄사, 숭성사, 장엄사, 흥복사라고 하여, 『개원석교록』의 내용과 일치하지는 않는다.

대장엄사에서는 석가모니의 불아에 대한 공양이 있다. 이때 여러 절이 초대를 받는데 온갖 진기한 공양을 차린다. 100가지의 약식,

진기한 과일과 꽃, 그리고 온갖 향을 엄숙히 갖추어 불아에 공양하는데, 그 차린 것이 공양루의 복도까지 차려져서 얼마나 되는지를 헤아릴 수 없다. 불아는 누각 가운데에 안치되어 있는데, 성안의 모든 대덕들이 누각에 올라 기뻐하며 찬양한다. …중략… 거리 서쪽에 있는 홍복사에서도 역시 2월 8일부터 15일까지 불아를 위한 공양이 있다. 숭성사에서도 불아를 위한 공양이 있다. 성안에는 모두 4개의 불아가 있는데, 하나는 숭성사의 불아로서 나타태자가 하늘에서 가져와 종남산의 도선율사에게 준 것이며, 두 번째는 장엄사의 불아인데 호법인 가비라신이 넓적다리에 넣어 인도에서 가져온 것이며, 세 번째는 법계화상이 우진국에서 가져온 것이며, 네 번째는 티베트에서 가져온 것이다. 이렇게 하여 불아들은 예로부터 전해지고 있으며 지금은 성 안의 네 절에서 공양하고 있다.

또한 『입당구법순례행기』에는 회창 원년(841) 숭성사 불아회에 대해 "숭성사를 찾아가 석가모니의 불아회에 참례했다. 사람들의 말에 의하면, 종남산의 도선화상이 비사문천의 태자로부터 이 불아를 받았으며, 나타태자가 이것을 하늘로부터 가져와 그 화상에게 준 것을 지금 이 절에서 모시고 있다고 한다."고 하며, 천복사의 불아회에 대해서는 회창 2년(842)에 "천복사에서 불아에 대한 공양이 있기에 그곳을 방문하여 수희를 나누었다. 거리 서쪽의 홍복사에서 불아집회를 열었다."고 한다. 3일 후에 "홍복사를 방문하고 불아에 참례했다."고 한다.

그러나 회창 4년(844)에 천자는 불아공양에 대한 금령을 내려서

이후로는 불아회가 사라지게 되는데, 이에 대한 기록이 역시 『입당구법
순례행기』에 남아 있다.

천자는 불아에 공양하는 것을 허락하지 않았다. 그리고 다음과
같은 칙령을 내렸다. "대주의 오대산과 사주의 보광왕사, 종남산의
오대, 그리고 봉상부의 법문사에서는 부처님의 손가락에서 나온
사리에 대한 예배가 있는데, 이것에 공양이나 순례 등을 모두 금지하
며 만약 이에 1전이라도 보시하는 사람이 있다면 척장 20도에 처할
것이며, 만약 비구승이나 비구니가 위와 같은 일로 1전이라도 받는
일이 있다면 그 또한 척장 20도에 처할 것이며, 각 도 주현에서
공양을 바치는 자가 있다면 그 자리에서 체포하여 척장 20도에
처할 것이다." 이로 인하여 4곳의 영경에는 사람의 왕래가 끊어지고
공양을 바치는 사람이 없었다.

『삼국유사』의 불아

『삼국유사』에도 불아에 대한 기록은 있으나 불아에 공양을 하였다는
기록은 전해지고 있지 않다.

대중 5년(851)에 당나라로 갔던 사신 원홍이 당에서 가지고 온
부처님의 어금니(지금은 어디 있는지 알 수 없으나 신라 문성왕 때의
일이다)와 후당의 동광 원년(923), 신라 태조 6년에 당나라로 보냈던
사신 윤질이 가지고 온 오백나한상은 지금 북숭산 신광사에 있다.
송나라의 선화 원년(1119)에 입공사 정극영과 이지미 등이 가지고

온 부처님의 어금니는 지금 내전에 모셔 둔 것이 바로 이것이다.

9일

◉ 현장법사 예불문

『불가일용집』에 2월 9일 계명시에 남쪽을 향해서 4번 절을 하면 100겁의 죄가 소멸된다고 한다.

15일

◉ 열반절涅槃節

열반절

열반은 석가모니 부처님께서 돌아가신 것을 말하며, 열반절은 이날을 기리기 위한 행사이다. 불기佛忌, 상락常樂, 열반기涅槃忌, 『몽양록』에서는 불열반승회佛涅槃勝會라고도 한다.

　현대 한국불교의 4대 기념일[20] 중 하나이다. 일정한 의식절차가 전하지 않으므로 사찰에 따라서 법요식이 다르다. 그러나 일반적으로는 불탄법회와 절차가 같으며, 아미타불정근을 하거나, 묵언수행을 하거나, 『열반경』이나 『유교경』을 강설하기도 하며, 등을 달기도 한다.

---

20 4대 기념일은 열반일(2월 15일), 초파일(4월 8일), 출가일(2월 8일), 성도일(12월 8일)을 말한다.

열반일에 관해서는 몇 가지 설이 있는데, 2월 8일, 2월 15일, 4월 8일, 8월 8일 등이다.

『장아함경』에는 2월 8일, 『반니원경』은 4월 8일을 열반일로 기록하고 있다. 두 경전 모두 불성佛星이 나타났을 때라고 한다. 『대당서역기』에서는 8월 8일에 입적법회를 하는데, 이는 설일체유부의 율장 『살파다비니파사』에서도 "부처님은 8월 8일 불성이 나타났을 때 열반에 드셨다."고 하는 경문에 의하고 있다.

한편 우리나라는 『중성점기』에 기록되어 있는 기원전 486년 설과 『대반열반경』의 2월 15일 설을 쓰고 있다. 동남아의 상좌부는 『선견율비바사』에 의해, 일본은 『대반열반경』에 의해 열반일을 2월 15일로 하고 있다.

열반일의 역사적 기록

열반일에 대한 상세한 기록은 신라의 혜초스님이 쓴 『왕오천축국전』에서도 볼 수 있다. 위에서도 설명하였듯이 인도에서는 8월 8일을 열반일로 하였기 때문에 부처님의 입멸처인 구시나가라에서 모여서 대대적인 행사를 치뤘다. 『유방기초』에 수록되어 있는 『왕오천축국전』의 내용이다.

시나국에 도착하다. 부처님이 열반에 드신 곳이다. 성은 황폐되어 사람이라곤 살지 않는다. 부처님이 열반에 드신 곳에 탑을 세웠는데 한 선사가 그곳을 깨끗이 청소하고 있다. 매년 8월 8일이 되면 비구, 비구니와 재가자들이 모두 그리로 모여 대대적으로 불공을 드린다. 그때 공중에 깃발이 휘날리는데 그 수를 헤아릴 수가 없다. 모든 사람들이 그것을 함께 보고 이날을 당하여 불교를 믿으려고 마음먹는 사람이 하나 둘이 아니다.

『몽양록』에 "2월 15일에 장명사 등의 사찰에서는 열반회를 연다."고 하며, 또한 "장명사를 비롯한 사찰에서 불열반승회를 열어 번과 당을 줄지어 세우고, 종종의 향화와 갖은 과일을 공양하고, 명인들의 글과 그림을 걸고, 각종 진귀한 놀이감도 마련하여 도량을 장엄한다. 이것을 보려고 하루 종일 사람들이 모여드는 것이 끊이지 않는다."고 기록하고 있다.

『남송잡사시』에는 2월 15일을 화조절이라고 하였는데, 『어정월령요집』은 "원래는 『한묵대전』에 2월 2일이었던 것을 낙양에서 2월 15일로 상정하였다."고 한다.

『희조락사』에는 화조절의 행사는 사라지고, 다만 이날 사원에서는 열반회를 열고 『공작경』을 독경하였는데, 이는 화조절의 풍속이 남아 있기 때문이라고 하였다.

흥미로운 것은 『송사』에 "고려에서는 2월 15일에 승속이 연등회를 하는데 중국의 상원절과 같다."고 하여 고려에서는 열반일에 연등을 밝혔음을 알 수 있다.

◉ 백산개白傘蓋

백산개

백산개는 범어 '실달다반달라'의 번역으로 오불정[21]이라고 한다. 혹은 불정존이라고도 하는데, 불정은 여래의 살상투를 인격화한 것을 말한다. 밀교에서, 부처님이 자비로써 중생들을 뜨겁고 괴로운 번뇌로부터 구해 주는 것이, 마치 일산이 사람을 덮어 가려서 뜨거운 태양으로부터 보호해 주는 것과 같다는 의미다.

『대불정경서지미소』에 "마하실달다반다라는 번역하여 대백산개이다. 백은 상대, 개산은 용대이다."라고 하였다. 『수능엄경강록』에는 "모든 망념을 끊으니 백이라고 하고, 일체를 덮어서 보호하여 주니 개산이라고 한다."고 설한다.

『수능엄경요해서』에는 "실달다반달라는 백산개이다. 즉 여래장심이다. 광대무념하고 법계를 두루 덮는 체이다. 이 경은 즉 심인이며, 심안이며, 보인의 인이다. 칠대만법으로 하여금 모두 본심에 계합하게 하며, 이는 해안海眼을 비춘다. 요음입처계 모두 여래장이다."라고 하였다.

백산개 법회

백산개 법회의 유래는 『석교부휘고』의 기록에서 알 수 있다.

---

21 백산개白傘蓋, 승승, 최승最勝, 광취光聚, 제장除障을 말한다.

지원 7년 …중략… 이 해에 백산개 불사를 열어서 매년 행하였다. …중략…『제사지』를 살펴보니, 지원 7년에 체사황제가 대명전의 옥좌에 앉아서 백산개 하나를 두었는데, 금으로 칠하였으며, 맨 위에는 범자를 장식하여, 삿된 마를 제압하고 나라를 보호하기 위함이었다. 이후부터 매년 2월 15일에 대전에서 백산개 불사를 열었다. 모든 색으로 의장을 장식하고 개산을 영인하고 황성의 내외 주변을 돌면서 백성과 더불어 액과 상서롭지 못한 것을 막고 복을 맞이하기 위함이었다.

이외에『어정월령집요』,『어제율려정의후편』,『담원예기』등에도 백산개 법회에 대한 내용이 기록되어 있다.

한편,『흠정속문헌통고』에는 당시에 백산개 불사에 참여한 사람들의 역할과 인원수를 기록하고 있다. 북, 피리, 비파 등의 악기를 부는 사람이 4백여 명, 장고 등을 치는 사람이 5백여 명, 잡희를 하는 남녀가 150여 명 등으로 많은 인원이 참가하고 있다.

백산개 법회의 내용은『백산개대불정왕최승무비대위덕금강무애대도량다라니염송법요』[22]에 상세하게 기록되어 있다.

◉ 삭발

2월 15일에 삭발하면 500겁의 죄가 소멸된다.

---

[22] 『白傘蓋大佛頂王最勝無比大威德金剛無礙大道場陀羅尼念誦法要』(『대정장』 19, 399상~401상)

19일

◉ 영유마詠維摩

『법원주림』에 문선왕이 꿈에 『유마경』을 읽고 감응한 내용이 있다.

제나라 안락사의 승변스님은 성은 오씨, 건강 사람이다. 출가하여 안락사에서 머물렀다. 젊어서부터 경전 읽기를 좋아하여 슬픔과 아름다움을 절충하여 제나라 초년에는 독보적인 존재였다. 일찍이 신정의 유소택의 서재에 있으면서 초저녁에 경을 읽다가 비로소 제1계를 얻었다. 갑자기 학들이 내려와 섬돌 앞에 모여 있다가, 승변스님이 한 권을 다 읽고 나자 학들이 한꺼번에 날아갔다. 이후로 그의 명성은 천하에 떨쳤으며, 후대의 학자들도 모두 그를 높이 평가하였다. 영명 7년 2월 19일에 사도 경릉 문선왕은 꿈속에 그가 부처님 앞에서 『유마경』을 읊는데 소리를 내다가 꿈을 깨었다. 그는 곧 일어나 법당에 가보니 꿈에서 본 것과 같았다. 다시 묵은 『유마경』1계를 읊다가 곧 음운을 깨닫고 그 교묘함을 좋아하였다. 그래서 "내일 아침 경사에 모두 모이게 하여라." 하였다. 즉시 승변 등이 차례로 소리를 내었다. 승변은 옛 『유마경』1계를 전하니 7언게에서 상서로운 감응이 있었다. 이것은 가장 뛰어난 명가의 지음이었다. 후대의 사람들이 잘못하여 그 모습을 잃은 것이다.

위의 내용은 『어정월령요집』에도 수록되어 있으며, 『법원주림』에서도 후대 사람들이 잘못하여 그 모습을 잃었다고 하는 것으로 보아,

5세기 후반에는 매년 행사를 하였을 것으로 추측된다. 한편, 이 『유마경』 독송을 성명聲明의 유래와 범패의 시작으로 보는 학자도 있다.

◉ 관음생신觀音生辰

2월 19일은 관세음보살의 탄생일이라 전한다. 『제경세시기승』의 내용이다.

> 19일은 관음대사 탄신일로 정양문 월성 안에 있는 관음묘에서 하는 향불이 가장 성대하다. 성 안팎의 백의암, 관음원, 대비단, 자죽림 등 1천 군데가 넘는 사당에서 모두 경전을 외우고 법회를 연다. 6월 19일 연화대에 오른 날과 9월 19일 오묘한 도를 전한 날에도 이처럼 행한다. 대비주를 독실하게 믿어서 훈채나 술을 경계하는 자는 2월, 6월, 9월의 3달 동안에 소식을 한다.

『희조락사』에는 "2월 19일에 상천축에서 관음회를 여는데 성안의 남녀들이 모두 참여한다. 그때에 마승의 원정들은 다투어 이름난 꽃들을 가지고 다니며 소리쳐 파는데, 그 소리가 율려에 맞다."고 한다. 원정은 지금의 정원사를 말한다.

상천축은 중국 절강성 항주 천축산에 있는 사찰이다. 중천축사, 하천축사와 함께 삼천축이라고 한다. 마승은 절강성 여항현의 서쪽에 있는 곳으로 꽃이 많이 생산되는 지역이다. 관음회가 열리는 날 이 지역의 사람들은 꽃을 팔 때 아름다운 소리를 내었으며, 많은 사람들이 꽃 공양을 올렸음을 알 수 있다.

『어정월령요집』에서는 불경과 도주공의 글을 인용하고 있다. 도주공은 중국 민속에서는 널리 알려진 이름이다. 춘추시대 월왕 구천의 신하인 범여를 말한다.

한편 『석문자해선』에는 관음생신을 6월 26일이라고 하여 다른 세시기의 기록과는 날짜를 달리하고 있는데, 연유는 알 수 없다.

위의 기록들은 현재 한국의 사찰에서 매달 24일에 법회를 갖고 있는 관음재일과는 무관함을 알 수 있다.

1일

◉ 산신제

3월 1일은 산신제를 지낸다. 산신은 산왕, 산령, 산제 등의 이름을
가진다.

산신신앙은 한국 고유의 민속신앙이었는데, 불교의 전래와 더불어
불교에 습합되었다. 사찰에는 산신을 모신 전각을 산령각, 산신각이라
하며, 대웅전 안에 함께 모시는 경우는 산왕단, 산제단이라 한다.
현재 산신기도 도량은 계룡산을 중심으로 몇 군데가 있다.

◉ 초단草單

초단

초단이란 선원에서 안거하는 대중스님들의 법명을 적어 놓은 책을 말한다. 하안거는 4월 15일에 시작되지만, 3월 1일에 초단을 내는 것은 사실상의 방부(안거대중을 받는 것)가 끝났다는 의미이다.

초단을 작성하는 이유는 안거대중에게 자신의 법명을 비롯하여 출가 본사, 법랍 등의 신상에 대하여 잘못 기록된 사항은 없는가 확인을 받는 것이며, 나아가서 대중생활에 필요한 법랍순으로 자리를 정하는 순차를 공개적으로 정하는 일이기도 하다. 이로써 좌차에 문제가 없기를 바라는 것이다.

한국불교에서는 초단을 대신하여 선원의 방암록을 발행한다. 방암록은 결제를 하고 나서 결제대중들이 자신의 신상을 적어 내면 사중에서 전국수좌회에 보낸다. 전국수좌회에서는 전국선원에서 보낸 신상서를 참고하여 그 해의 방암록을 여름과 겨울, 두 번 발행한다.

『칙수백장청규』의 내용

한편, 『칙수백장청규』에 초단의 형식이 수록되어 있어 참고가 된다. 초단을 기입할 때, 계차, 즉 법랍은 붉은 글씨로, 법명은 검은 글씨로 쓰도록 되어있다. 법랍을 붉은 글씨로 기입하게 하는 것은 선원의 좌차는 법랍을 우선시하고 있음을 말하는 것이다. 『칙수백장청규』의 내용이다.

총림에서는 3월 1일에 초단을 내며, 방장은 괘탑 받는 일을 그친다. 당사는 계랍패에 의하여 승수를 베껴 적고, 행자로 하여금 먼저 수좌에게 보이고 다음에 주지와 양서에게 보여서 승당 앞에 내건다. 탁자를 마련하고 아래에는 붓과 벼루를 늘어놓되, 3일 동안 재를 지낸 후에 낸다. 혹시 착오가 있으면 각자 개정하기를 청하기 위함이다. 대개 처음부터 상력에 올려서 일시에 착란이 있을까 이를 막기 위한 것이리라. 그리고 대중이 많을 때는 혹은 누락도 있게 된다. 도장[23]을 베껴 만들려고 할 때는 그래서 먼저 초단부터 갖추는 것이다. 각기 스스로 본명과 계차의 고하를 살펴보라. 근래에 다툼을 좋아하여 시끄럽게 하는 이가 왕왕 강함을 믿고 사견을 갖고 명자를 다투고 비교하며 시비하여 서로 칠해서 지우기도 하고, 시끄럽게 하여 대중을 어지럽게 한다. 범하는 이는 배척하여야 한다. 결단코 이름을 무릅쓰고 법랍 순서를 어기는 자가 있으면 그대로 유나와 수좌에게 상표하고 주지에게 알려 처리해야 한다.

『칙수백장청규』의 초단의 형식
○ 초단식 (계차는 붉은 글씨, 이름은 검은 글씨를 쓴다.)
　　청중의 계납
　　위음왕계
　　진여존자
　　당두화상

---

23 능엄도, 염송순당도 등의 도상에, 법랍의 순으로 立定, 巡行座位를 도식화한 게시용의 榜을 말한다.

지원기계 모갑상좌

원정기계 모갑상좌

대덕기계 모갑상좌

지대기계 모갑상좌

위와 같이 갖춤. 혹시 착오가 있을지 모르니 청컨대 스스로 개정하기 바람. 엎드려 바라건대 대중께서 알아주시면 감사하겠습니다.

금월 일 당사 某 具

『칙수백장청규』에 초단의 형식을 수록하고 있어 참고가 된다.『선림비용』의 내용도 대동소이하며,『증수교원청규』에는 초단식의 형식의 그림이 수록되어 있다.

3일

◉ 삼짇날

양의 기수가 합치는 3월 3일, 5월 5일, 7월 7일, 9월 9일을 중양절이라 한다.

3월 3일은 상사上巳, 원사元巳, 중삼重三, 상제上除라고 하며, 한글로는 중삼절, 삼월삼짇날이라고 한다.

새로운 생명의 기운이 생기기 시작하는 3월에는 생명의 탄생과 관련된 의례가 행해진다. 이날 민가에서는 여인들이 무당을 초빙하여 우담의 동서 용왕당과 삼신당을 찾아 아들을 낳게 해 달라는 추복의 정성을 올리며 또한 장승제를 올린다.

특히 불가에서는 생명을 놓아주는 방생을 비롯하여 차를 올리는 헌다공양, 산신제 등이 행해진다.

『입당구법순례행기』에 "이 주에서는 3월 삼짇날의 명절을 쇠지 않는다."고 하여, 9세기에는 삼짇날을 명절이라고 여겼음을 알 수 있다.

◉ 답청절踏靑節

답청절은 답백초踏百草라고도 하며 당나라 시대에 기원을 찾아볼 수 있는 중국 풍속이다. 새봄에 들판에 나가 꽃놀이를 하고 새 풀을 밟으며 즐기는 풍속이다. 현대적 용어로는 '꽃놀이' 또는 '봄나들이'다.

봄이 오면 장안 사람들은 들에 나가 자리를 마련하고, 악기를 가지고 놀았다. 남방에서는 2월 2일, 북방에서는 5월 5일, 9월 9일에 하는 예도 있으나, 대개는 청명절에 행하는 풍류 행사이다. 묘제를 마친 남녀가 함께 교외로 나가 술을 마시면서 즐기는데, 『백공육첩』에 의하면 오락으로 투백초라는 놀이를 하였다. 투백초는 5월 5일에 네 사람이 한 팀이 되어 백 가지 풀을 밟기도 하며, 또는 사람이 백 가지 풀을 던지며 노는 놀이였다고 한다.

『두산백과사전』에는 『천록각식록』의 기록을 인용하여 "북을 가지고 교외에서 즐기며 아침에 가서 저녁에 돌아온다. 이것을 영부迎富라고 한다."라고 한다고, 장안 근교의 답청의 모습을 묘사하고 있다. 영부는 『태평환우기』에 만주의 풍속으로 2월 3일에 이와 같이 놀이를 즐겼다고 하는데, 『어정월령요집』을 비롯한 문헌에서는 2월 2일이라고 한다.

『제경경물략』에 "이날 머리에 버드나무 비녀를 꽂고 교량교에 놀러 가니 이를 답청이라고 한다. 대부분의 사람들이 집에 들어가지 않는 것은 조상의 묘를 돌아보고 느끼는 감회가 있기 때문에 나와서 노는 것이다."

한편, 조선시대에도 답청을 풍속으로 한 내용이 『세조실록』 세조 11년(1429)에 우의정 유관이 아래와 같이 상서하였고, 답청을 영절 삼는 것을 윤허하였다.

삼가 상고하오니, 당나라 덕종이 정원 연간에 조서를 내려 말하기를 2월 1일, 3월 3일, 9월 9일에는 마땅히 문무 관료들을 경치 좋은 곳을 골라 가서 감상하고 즐기게 하여야 하겠다고 하였습니다. … 중략… 고려에서는 당나라의 법을 본받아 3월 3일, 9월 9일을 영절로 정하고 문무대소 관원들과 일반서민에 이르기까지 모두 마음대로 즐기게 하였습니다. 3월 3일은 평원이나 들에서 노니는데 이를 답청이라고 하고, 9월 9일은 산봉우리에 올랐는데 이를 등고라 고 하였습니다. 이것은 태평성시를 즐기게 하기 위한 것이었습니다. 우리나라의 인정이 미치는 곳인 섬 오랑캐는 바다를 건너 와서 보물을 바치고, 산융은 가죽옷을 입은 채 조정에 와서 복종합니다. 변방에서는 전쟁하는 소리가 끊어지고 백성들은 피난 다닐 노고가 없어졌습니다. 더군다나, 이제는 오곡이 모두 풍년이고 온 백성이 함께 즐거워합니다. 태평성세의 모습은 당나라나 송나라보다 뛰어 납니다. 노신이 한가하게 살면서 옛 일을 상고하고 지금 일을 징험하 여 가만히 말합니다. 오늘이야말로 선비는 학교에서 노래하고 농부

는 들에서 노래하여 태평을 즐겨 하기에 알맞은 때입니다. 엎드려
바라건대, 성상께서 밝게 살피소서.

3월 3일과 9월 9일은 영절로 하고, 여러 대소 관원들과 중외의
선비와 백성들로 하여금 각각 그날에는 경치 좋은 곳을 택하여
즐겁게 놀게 하여 태평한 기상을 형용하도록 윤허하였다.

한편, 그에 앞서 세조 6년(1424)의 기록에 의하면, 윤허를 받기
전에 백성들은 물론 스님들까지도 답청놀이를 하였음을 알 수 있다.

이번에 흥천사 승려들이 승과고시를 행할 때 감히 유밀과를 사용하
였으며, 금령을 범하여 술을 마셨으며, 분향하면서 도를 닦는 승려의
인원수를 감하여, 그 남는 것으로 답청의 오락과 중양절의 비용에
써서 방자하게도 망령된 행동을 하고, 금법을 꺼리지 아니하고
가벼이 국법을 범하여, 그 문초 받을 때에는 서로 해치기를 꾀하여
참소하여 그들의 스승을 헐뜯으니, 자못 청정의 가르침을 잃었으며,
제 자신을 반성하여 착하지 못하니, 어찌 마음을 닦고 법을 세워
국가에 도움이 되겠습니까.

또한 승가에서 분에 넘치는 과다한 비용지출과 음주를 하는 등 파계적
인 행위들로 인하여 오히려 조정의 비난을 받았음을 알 수 있다.

◉ 사고救孤

사고는 돌보아 줄 후손이 없는 외로운 영혼들에게 은혜를 베풀어 주어 좋은 곳으로 가도록 하는 것이다. 『제경세시기승』의 기록이다.

광영문 밖 보제당에서는 외롭고 가난하고 병든 타향사람들을 보살피는데 겨울에는 죽을 나누어 주고 여름에는 시원한 차를 베풀어 준다. 육영당에서는 버려진 어린 아이를 보살핀다. 두 당에서는 청명일에 길에 버려진 해골과 어린아이의 시체를 거두어 염습하여 장사를 지내고 혹은 화장하여 묻어 주기도 하며, 다시 스님을 모셔 음식을 차려 놓고 극락으로 인도하니 이를 사고라고 한다.

7일

◉ 현장법사 예불문

3월 7일 인정시에 서쪽을 향해서 4번 절을 하면 100겁의 죄가 소멸된다.

14일

◉ 점찰법회占察法會

점찰법회의 의미

점찰법회는 『점찰경』에 의한 참회법회다. 지극한 마음으로 귀의하게 하고 원하는 바를 이루도록 하여서 중생의 어리석은 마음과 무명을 저지할 뿐 아니라, 청정행을 실천할 수 있도록 하는 불법수행의 중요한 의미가 있다.

우리나라에서는 신라의 원광이 최초로 점찰법으로 귀계멸참의 법을 행하였으며, 점찰보를 설치하였다. 그밖에도 안흥사, 도장사, 흥륜사 등에서 점찰법회를 열었다는 기록은 있으나 그 이상의 내용은 알 수 없다. 그런데 『삼국유사』의 진표스님과 관련된 사료에는 구체적인 방법이 기록되어 있다.

이 법회의 소의경전인 점찰경의 원명은 『점찰선악업보경』으로, 『지장보살업보경』 또는 『대승실의경』이라고도 한다. 상하 2권으로 되어 있는 이 경전은 지장보살이 설주가 되어 있으며, 경의 내용은 말법시대의 중생을 교화하고 제도하는 방편을 교시하고 있다. 그 방편으로 목륜상법木輪相法이라 하는 점찰법을 제시하고 있다. 말법중생의 숙세의 업보와 현재의 고락길흉을 점찰하여 참회하고 반성하면서 자심의 안락을 얻도록 하기 위하여 점찰법을 행하는 것이다.

점찰법회 방법

점찰법회의 방법은 다음과 같다. 점찰법의 도구인 목륜은 나무를 손가락 정도의 크기로 하여 한가운데를 4면으로 모나고 평평하게 하고, 양 끝은 비스듬하게 다듬어서 잘 구를 수 있도록 한다. 점찰법에는 세 종류가 있다.

① 10륜상법으로, 10개의 목륜으로 숙세에 지은 선악업종의 차별을 점찰한다.

② 3륜상법으로, 3개의 목륜으로 숙세에 지은 업의 경중과 크기의 차별을 점찰한다.

③ 6륜상법으로, 6개의 목륜으로 삼세 중에 받아야 할 바의 차별상을 점찰한다.

① 의 10륜은 십선과 십악을 의미하며, 십선은 곧 일체중생의 업의 근본이 된다. 10륜상을 점할 때는 시방의 일체중생이 속히 정법을 얻도록 원하며, 시방의 일체 법장과 현성에게 지성으로 예를 올려 숙세의 업보를 참회하고 6바라밀과 4무량심을 얻는다는 것이다.

② 는 3개의 목륜에 신·구·의 3자를 각각 기입한다.

③ 은 6개의 목륜에 1에서 18까지의 숫자를 기입한다. 이 기입은 일체중생의 6근취가 여래장의 자성청정신 일실—實경계에서 일어나기 때문이다. 그러나 무명에 의한 업에 집착하여 6근이 생기고, 6진이 있으며, 6식이 일어나 18종의 수受를 생한다. 이 윤상을 3번 던져서 거기에 기입된 수를 합한 총수에 의해서 선악을 점찰한다.

사복과 진표스님

『삼국유사』에는 점찰 관련 내용이 비교적 자세하게 기록되어 있다.

"후세 사람들이 그(사복)를 위해서 금강산 동쪽에 절을 세우고 절 이름을 도량사라 하여 해마다 3월 14일이면 점찰법회를 여는 것을 상례로 삼았다고 한다. 사복이 세상에 나타낸 일은 오직 이것뿐이다."고 하여, 점찰법회의 날짜가 3월 14일임을 알 수 있다.

한편, 신라 진평왕 때 고승이었던 원광은 가서사에 점찰보를 설치하였는데, 설치 목적이나 시기가 분명하지 않지만, 점찰법회를 운영하기 위한 재원을 마련하는 데 있었던 것으로 보인다. 당시 원광이 설치한 점찰보에 어느 정도의 기금이 모였는지는 정확히 알 수 없으나, 한 청신녀가 이곳에 전답 100결을 시납하였으며 그것이 고려 후기까지도 보존되었다는 사실이 확인되고 있다.

또한 『삼국유사』 「선도성모수희불사」조 역시 진평왕대의 점찰법회에 대한 기록이 있다.

진평왕조에 지혜라는 유명한 비구니스님이 있었다. 안흥사에 살았는데, 새로 불사를 하려고 했으나 힘이 모자랐다. 어느 날 꿈에 머리를 구슬로 장식한 아름다운 선녀가 와서 말하였다. "나는 선도산의 신모이다. 네가 불전을 수리코자 하는 것이 반가워서 금 열 근을 시주하여 돕고자 하니 내가 앉은 좌석 밑에서 금을 찾아다가 주장 부처님 세 분을 꾸미고 벽에다가 오십삼불과 육류성중과 여러 천신들과 오악의 신들을 그리도록 하라. 또한 매년 봄과 가을의 10일에는 남녀 신도들을 많이 모아 널리 모든 함령을 위해서 점찰법회를 베푸는 것으로써 일정한 규정을 삼도록 하라."

성모사는 경주시 서악의 선도산에 위치해 있다. 이 성모사는 신라 시조 대왕의 모후인 선도를 모신 사당이다. 신모의 이름은 사소로 중국 제실의 딸이며, 일찍이 신선술을 배워 해동에 강림하여 오랫동안 돌아가지 않았다.

점찰법회와 관련해서는 진표율사의 기록이 가장 상세하다. 아래는 『삼국유사』의 내용이다.

진표의 나이 23세에 뜻이 자씨에게 있었으므로 감히 중지하지 않고 영산사(혹은 변산, 또는 능가산이라 한다)로 옮겨가서 또 처음과 같이 부지런하고 용감하게 수행했다. 과연 미륵보살이 감응해 나타나 『점찰경』 2권 (이 경은 진나라와 수나라 시절에 외국에서 번역된 것이니 지금 처음으로 나타난 것은 아니다. 다만 미륵보살이 이 경을 진표에게 주었을 뿐이다)과 증과의 간자 189개를 주면서 일렀다. "이 가운데서 제8간자는 새로 얻은 묘계를 비유한 것이요, 제9간자는 구족계를 얻은 것에 비유한 것이다. 이 두 간자는 내 손가락뼈이며, 나머지는 모두 침향과 단향나무로 만든 것으로, 이것은 모두 번뇌에 비유한 것이다. 너는 이것으로써 세상에 법을 전하여 남을 구제하는 뗏목을 삼으라." 진표는 미륵보살의 기별을 받자 금산사에 가서 살면서 해마다 단석을 열어 법시를 널리 베풀었는데, 그 단석의 정결하고 엄한 것이 이 말세에는 보지 못하던 일이었다. …중략… 그의 제자 중에서 불법을 얻은 영수로는 영심·보종·신방·체진·진해·진선·

석충 등이 있는데, 모두 산문의 개조가 되었다. 영심은 진표가 간자를 전했으므로 속리산에 살았는데 그가 진표의 법통을 계승한 제자다. 그 단을 만드는 법은 점찰육륜과는 조금 다르지만 수행하는 법은 산 속에 전하는 본규와 같았다. 『당승전』을 상고해 보면 이러하다. 개황 13년에 광주에 참법을 행하는 스님이 있었다. 그는 가죽으로 점자 두 장을 만들어 선과 악 두 글자를 써서 사람에게 던지게 하여 선자를 얻은 자를 길하다고 했다. 또 그는 스스로 박참법을 행해서 지은 죄를 없애게 한다고 하니 남녀가 한데 어울려서 함부로 받아들여 비밀히 행해서 청주에까지 퍼졌다. 동행 관사가 이것을 조사해 보고 요망스러운 일이라 하니 이에 그들은 말했다. "이 탑참법은 『점찰경』에 의한 것이고, 박참법은 여러 경속의 내용에 따른 것으로, 온몸을 땅에 던져 마치 큰 산이 무너지는 것과 같이 한다." 이때 사실을 위해 아뢰자 황제는 내사시랑 이원찬을 시켜서 대흥사로 가서 여러 대덕들에게 물으니, 대사문 법경과 언종 등이 대답했다. "『점찰경』은 두 권이 있는데, 책머리에 보리 등이 외국에서 번역한 글이라고 하였으니 근대에 나온 것 같습니다. 또한 사본으로 전하는 것이 있는데, 여러 기록을 검사해 보아도 아무 데도 바른 이름과 번역한 사람과 시일이나 장소가 모두 없습니다. 탑참법은 여러 가지 경과는 다르기 때문에 여기에 의해서 시행할 수는 없습니다." 이리하여 칙령을 내려 이것을 금지시켰다.

진표스님은 미륵보살에게 『점찰경』과 189개의 간자를 받아서 금산사로 가서 그곳에서 머물며 법석을 열었는데, 법석이 점찰법회라고

기록되어 있지는 않다. 점찰법회의 기원은 한 스님이 개황 13년(593)에
행한 참법으로, 박참법과 탑참법이었다. 탑참법은 『점찰경』을 근거로
행하였다고 기록하고 있으나, 점찰경을 위경이라고 생각한 조정에서
는 칙령을 내려서 탑참법을 금지하였다. 여기서 『당승전』의 기록은
『속고승전』 2권의 달마급다, 즉 법밀스님조의 내용을 말한다.

　한편 『삼국유사』의 「관동풍악발연수석기」에는 진표가 금강산에서
점찰법회를 열었다고 전한다.

　진표는 금강산으로 들어가서 비로소 발연수를 세우고 점찰법회를
　열었다. … 중략 … 이때 속리산의 고승 영심이 대덕 융종, 불타
　등과 함께 율사가 있는 곳에 와서 청했다. "저희들은 천릿길을 멀다
　하지 않고 와서 계법을 구하오니 법문을 주시기 바랍니다." 율사가
　잠자코 아무 대답도 하지 않으니 세 사람은 복숭아나무 위에 올라가
　거꾸로 땅에 떨어지면서 맹렬히 참회했다. 이에 율사가 교를 전하여
　관정하고 드디어 가사와 바리때와 『공양차제비법』 1권과 『점찰선악
　업보경』 2권과 간자 189개를 주었다. 다시 미륵진생 아홉째 간자와
　여덟째 간자를 주면서 경계했다. "아홉째 간자는 법이요, 여덟째
　간자는 신훈성불종자다. 내가 이미 너희들에게 주었으니 가지고
　속리산으로 돌아가라. 그 산에 길상초가 난 곳이 있으니, 거기에
　정사를 세우고 이 교법에 의해서 널리 인간계와 천상계의 중생들을
　건지고, 후세에까지 전하도록 하라." 영심 등이 가르침을 받들고
　바로 속리산에 가서 길상초가 난 곳을 찾아 절을 세우고 길상사라고
　했다. 영심은 여기에서 처음으로 점찰법회를 열었다.

특히 그의 제자 영심이 속리산에서 처음으로 점찰법회를 열었다는
기록은 위의 「진표전간」조의 기록과 일치하고 있다.

그 후 9세기에 심지스님이 점찰법회에 참여하였다는 기록이 『삼국유
사』「심지계조」조에 전한다.

심지스님은 진한 제41대 헌덕대왕 김씨의 아들이다. 나면서부터
효성과 우애가 깊고 천성이 맑고 지혜가 있었다. 학문에 뜻을 두는
나이에 불도에 부지런했다. 중악(지금의 공산)에 가서 살고 있는데
마침 속리산의 심공이 진표율사의 불골간자를 전해 받아서 과정법
회[24]를 연다는 말을 듣고, 뜻을 결정하여 찾아갔으나 이미 날짜가
지났기 때문에 참여할 수가 없었다.

◉ 삭발

3월 14일에 삭발하면 100겁의 죄가 소멸된다.

15일

◉ 출가일

『수경주』, 『어정월령요집』, 『속박물지』 등의 사료에 석가모니불의

---

24 果證의 잘못인 듯하다. 과증은 부처가 되려고 몸을 닦아 그 수행으로 도를 열
경지에 들어가 진리를 깨닫는 것.

출가일을 3월 15일이라고 하였다.

21일

◉ 해운모석海雲摸石

해운모석은 여성들이 연못에서 돌을 찾아 아들을 낳을 수 있는가의 여부를 점쳤던 것을 말한다. 『세화기려보』의 기록을 보자.

> 3월 21일에는 대동문 밖으로 나가 해운산 홍경사에서 연회를 베풀고 중춘각에 올라 돌을 만지는 것을 구경한다. 개원 23년(735) 영지선사가 이날 입적하였기 때문에 이 고을 사람들이 그를 공경하여 산에 들어가 구경하고 예를 행하였는데 그것이 풍습이 되었다. 산에는 작은 연못이 있는데 남녀들이 연못 속의 돌을 더듬어 찾으면서 아들 낳기를 기원하였다. 또 저녁에는 대자사의 설청에서 연회를 베풀었다.

개원 23년(735) 홍경사에 주석하던 영지선사의 입적날에 법회를 베풀고, 이때 돌을 만지는 것을 구경하였던 것에서 유래하는데, 어떠한 형태의 돌을 찾았는지는 알 수 없다.

23일

◉ 길상사관화吉祥寺觀花

길상사에서는 3월이 되면 경내에 일천 송이나 되는 꽃들이 만발하여 일반인들이 관람하였다. 『어정월령집요』에 "희녕 5년 3월 23일, 나는 태수 심공을 따라가서 길상사에서 꽃을 관상하였다. 수린스님의 정원에 꽃이 1,000송이가 피어 있었는데, 수백 가지 종류였다. 술을 마시며 즐거웠다. 고을 사람들이 많이 모여서 금 쟁반과 비단 바구니에 담아 53인에게 올렸다."고 하였다.

길상사가 화엄도량이었는가는 알 수 없지만, 꽃을 53인에게 공양한 것은 『화엄경』의 53선지식을 상징하는 것은 분명하다.

3월내

◉ 한식寒食

한식은 동지로부터 105일째가 되는 날이다. 4대 명절의 하나로 청명절 다음날이거나 같은 날에 든다. 계절적으로는 한 해 농사가 시작되는 철이기도 하며, 겨우내 무너져 내린 무덤을 보수하는 때이기도 하다.

한식은 원래 우리 전통 풍습이 아니고 중국에서 들어온 절기이나 한국에 토착화되었다. 지역적으로는 한반도 북쪽지역이 남쪽지역에 비해 한식을 더 중요시하는 경향이 있다. 중국 춘추시대 제나라 사람들은 한식을 냉절 또는 숙식이라고도 불렀다.

최남선은 한식의 풍속을 고대의 종교적 의미로 해석하여, 해마다 봄에 새 불을 만들어 옛 불을 금지하던 예속에서 나온 것으로 보았다.

한식의 유래

한식의 유래는 중국 옛 풍속에 "이날은 풍우가 심하여 불을 금하고 찬밥을 먹는 습관에서 왔다."는 개자추전설이 전해진다.

중국 춘추시대에 공자 중이가 망명·유랑하다가 진나라 문공이 되어 전날의 충신들을 포상했다. 이때 과거 문공이 굶주렸을 때 자기 넓적다리 살을 베어서 바쳤던 충신 개자추가 이 포상자들 중에 들지 못하자 개자추는 부끄럽게 여기고 산중에 들어가 숨어 버렸다. 문공이 뒤에 잘못을 뉘우치고 그를 찾았으나 산중에서 나오지 않으므로 불을 놓으면 나올 것이라는 생각에서 불을 질렀다. 그러나 끝내 나오지 않고 홀어머니와 함께 서로 껴안고 버드나무 밑에서 불에 타 죽었다. 이에 그를 애도하는 뜻에서 이날은 불을 쓰지 않고 찬 음식을 먹는 풍속이 생겼다고 한다.

『입당구법순례행기』에 "2월 14일에서 16일까지의 3일은 한식날이다. 이 기간에는 전국에서 연기를 피우지 않으며 모두 찬밥을 먹는다."고 기록하고 있다.

한편 『율원사규』에 의하면, 선원에서는 한식날 조사당에 나아가 공양을 올리고 독경을 하고 청소하였음을 전한다.

한식의 모습

우리나라 한식의 시초는 당나라에서 전래되어 신라 때부터 전해지는데, 고려시대에는 대표적 명절로 숭상되었고 조선시대에 들어와서는 그 민속적 권위가 더욱 중시되었다.

이날 나라에서는 종묘와 각 능원에 제향을 지내고 관공리들에게 휴가를 주어 성묘하도록 했다. 민간에서는 산소를 돌보고 제사를 지낸다. 농가에서는 이날 농작물의 씨를 뿌리기도 한다.

조선시대 내병조에서는 느릅나무와 버드나무에 구멍을 뚫고 삼으로 꼰 줄을 꿰어 양쪽에서 톱질하듯이 잡아당겨 불을 만들어 임금께 올린다. 임금은 그 불을 홰에 붙여 관아와 대신들의 집에 나누어주었는데, 이는 불의 주력을 이용하기 위해 불을 소중히 여기는 숭배사상의 전승이기도 하다.

◉ 청명淸明

청명은 24절기의 다섯 번째 절기이다. 음력 3월 절기이며, 양력 4월 5, 6일경이 된다. 한식과 같은 날(6년에 한 번씩) 또는 하루 전날이 된다. 그래서 "청명에 죽으나 한식에 죽으나 매일반"이라 했다. 때로는 식목일과 겹치기도 한다.

옛 사람은 청명 15일 동안을 5일씩 3후로 세분하여, 초후에는 오동나무의 꽃이 피기 시작하고, 중후에는 들쥐 대신 종달새가 나타나며, 말후에는 무지개가 처음으로 보인다고 하였다.

청명이 되면 비로소 봄 밭갈이를 한다. 예부터 "한식날 논물은 비상보다 더 독하다."고 했다. 농가에서는 논물을 가두어 두면 지력이 소진되고, 논갈이에 지장이 있어 이를 기피해 왔다. 그러나 관에서는 이를 모른 채 일방적으로 봄철 논물 가두기를 강력하게 추진하는 바람에 논물 가두기는 농민을 무시한 전시행정의 표본이 되었다. 현재는 저수지의 확충, 농업용수의 개발, 양수기의 보급 등으로 논물 가두기는 사라졌다.

사화

『동국세시기』에 의하면 청명날 버드나무와 느릅나무를 비벼 새 불을 일으켜 임금에게 바친다. 임금은 이 불을 정승, 판서, 문무백관 3백60 고을의 수령에게 나누어준다. 이를 사화라 했다. 수령들은 한식날에 다시 이 불을 백성에게 나누어주는데, 묵은 불을 끄고 새 불을 기다리는 동안 밥을 지을 수 없어 찬밥을 먹는다고 해서 한식인 것이다. 이렇게 하여 온 백성이 한 불을 씀으로써 동심일체를 다지고 같은 운명체로서 국가 의식을 다졌던 것이다. 『열양세시기』에 좀 더 상세한 내용이 있다.

우리나라 국전에는 『주례』를 따라 한 해 다섯 번 개화한다는 문구를 넣었는데, 이 중 청명 때 하는 개화를 제일 중요하게 여긴다. 내병조에서는 청명절에 들어가는 시각을 기다렸다가 버드나무에 구멍을 뚫고 비벼서 불을 만들어 올리면 임금은 이것을 내외의 모든 관청과 대신 집에 내린다. 『주례』「하관」을 보면 사관이 화령을 관장한다고 하였다. 장자가 말하기를 "『주례』에는 사계절을 따라 불을 바꾸는데 오직 3월을 제일로 치는 이유는 큰 불을 일으키는 심성이 이때 제일 높게 뜨기 때문이다."라고 하였다.

청정반

『어정월령요집』에 의하면, 청정반은 도가에서는 청정건석기반이라고
한다. 양동의 새잎으로 만드는 밥이다. 양동은 염전죽鹽田竹이라고도
하며, 매자나무과의 식물인 남천죽의 열매로 맛은 시큼하고 달며 독성
이 없다. 그 잎을 넣어서 밥을 지으면 푸른색이 나며 양기를 북돋을
수 있어, 이를 먹으면 장수한다고 한다.

한편 『통지』에는 "남촉, 오초, 후약, 남속, 후초, 유나목이라고도
하는 흑반초로 밥을 지으면 검은 밥이 되는데 이를 청정반이라고 한다."
고 하여 푸른색이 아닌 검은색이라고 하고 있다.

도가에서 시작된 청정반은 사찰에서도 먹었다. 『희조락사』에 "청명
에 불가에서 버드나무와 오동나무 잎을 따서 밥을 지으면 밥 색깔이
짙푸르게 물드는데 이를 청정반이라고 하여 시주하는 사람들에게 먹인
다."고 하였다.

청정반을 먹으면 양기를 도와주기 때문에 한식 때 찬밥을 먹어 차가워
진 체력을 강화하기 위하여 도가뿐만이 아니라, 사찰에서도 중하게
여겼다고 한다. 『명의고』에 의하면, 후대에 사찰에서는 4월 8일에
청정반을 지어서 먹었다고 하며, 『별아』에는 4월 8일에 먹는 오반이
청정반이었다고 하는 기록이 있다.

◉ 경 행 經行

경행

경행은 걸으면서 경전을 독송하는 의식으로 가구경행街衢經行이라고

도 한다. 큰 법회가 있을 때, 법사를 앞세우고 경문을 외우면서 부처님의 주위를 우측으로부터 여러 번 계속해서 도는 사원의 전통의식이다. 민간에서는 질병과 재앙을 물리치고 복을 빌었던 불교행사의 하나이다.

당나라 선도의 『전경행도원왕생정토법사찬』에는 전경과 행도를 중심으로 한 의식으로 경행의 앞뒤로는 봉청, 발원, 참회, 주원 등의 의식을 거행한다고 전한다.

고려시대의 경행

신라시대에 전탑을 돌던 복회를 고려 정종 때 국가 행사화하여 성안을 돌게 하였는데 이를 경행이라고 한다.

경행은 고려 정종 12년(1046)에 처음으로 행해졌는데, 당시 시중이었던 최제안이 왕을 대신하여 『반야경』을 공양한 뒤, 대중을 세 집단으로 나누어서 개경 시내를 돌았다. 그때 각 무리마다 반야경을 모셔놓은 가마를 여러 가지 예쁜 꽃으로 화려하게 단장하였고, 그 뒤에는 법복으로 장엄한 승려들이 걸어가면서 반야경을 외웠으며, 승려의 행렬 뒤에는 관복을 입은 관원들이 따랐다. 이 행사에서 반야경이 중시된 것은 경전에 국왕이 망령된 잡귀를 쫓아 뜻대로 국토를 수호하려면 반야바라밀을 완성시키지 않으면 안 된다는 사상이 짙게 깔려 있기 때문이다.

경행의식의 목적은 호국 이외에 천재지변과 질병, 화재, 가뭄과 그 밖의 고통에 빠지지 않기 위해서이며, 외적의 침입을 방어하고 국토의 파괴를 막기 위해서는 하루에 2번씩 이 경을 외워야 한다고 한다. 이에 근거하여 가뭄이 심했던 예종 원년(1106)에는 장녕전에서

담진스님이 기우설법을 하고 개경의 시민들이 중심이 되어 경행불사를
한 결과 비가 내리고, 왕은 기뻐하며 하사품을 내리고 경행을 권장하
였다.

조선시대의 경행

고려 말에 사라졌던 경행은 조선시대 태조 때 부활되었다. 태조 2년
(1393)에 승록사에서 상언하였다.

> "고려 왕조의 법에는 해마다 3월에 선교의 복전을 모아서 성중의
> 가로에서 경을 외게 하고, 이를 경행이라 하였사오니, 원하옵건대,
> 거행하기를 허가하소서." 그대로 따랐다.

한편 정종 1년(1399) 예조에서 상소하여 경행을 파하자고 청하였으
나 왕은 윤허하지 않았다. 소의 내용은 아래와 같다.

> 예조에서 상소하여 여리에서 경행하는 것을 파하자고 청하였는데,
> 그 소는 대략 이러하였다. "고려에서 불도를 숭신하여 마을에서
> 경행하는 제도를 설치하여, 명령을 받은 감찰이 공복을 갖추고
> 승도를 영솔하여 마을과 동네를 돌아다니면서, 번을 달고 나각을
> 불며, 경문을 외우고 작법을 행하였습니다. 원하건대, 봄·가을에
> 장경하는 예에 의해 혁파하소서." 임금이 윤허하지 아니하였다.

그러나 태종 6년(1406)에 경행이 폐지되는데, "다시 호조에서 '마을

에서 경행하는 것이 예전과 합하지 못하니, 청하건대, 그만두고 국행을
설치하소서.' 하니, 그대로 따랐다."고 한다.

한편 세종 1년(1419)에 "각종의 승려가 거리에 다니면서 불경을
외웠다. 고려의 구속을 인습한 것이다."고 하여 경행이 부활되었음을
알 수 있다. 그러나 이는 세종의 즉위를 기하여 잠시 조정에서 백성들의
뜻을 따른 것이라고 추측된다.

3년 후인 세종 4년(1422)에 다시 왕이 명령으로 도성 안에서 행하는
경행을 폐지하였다.

도성 안에서 행하는 경행을 폐지하였다. 전조 때로부터 매년 봄·가
을의 중월에 각 종파의 스님들을 모아서, 대반야경을 외게 하고,
나발을 울리고, 번과 개를 늘어 세우고 향불을 들고 앞에서 인도하여
길거리를 돌아다니면서 질병과 재액을 물리친다고 하는데, 2품
이상의 관원이 명령을 받아 향불을 피우고, 감찰이 이를 살피고
모두 걸어서 따라다니게 되니, 이를 경행이라 불렀다. 이때에 와서
임금이 특명으로 이를 폐지하게 하였다.

이해에 폐지되었던 경행이 언제 부활되었는지 알 수 없으나 문종
1년(1451)에 다시 경행에 대한 기록이 있다.

의정부에서 예조에게 말하기를, "경성으로부터 진관수륙사까지 향
을 받들고 경행하는 길에 혹 버려진 주검이 있으면 매우 불편합니다.
청컨대 한성부 및 소재관으로 하여금 엄중히 고찰하게 하고, 아울러

진관사 동구의 좌우에 사람의 매장을 금하여 길을 깨끗하게 하소서."
하니, 그대로 따랐다.

선조 16년(1583)에 우옹은 학제를 고쳐 정하기 위하여 7개 조항
① 학령, ② 독법, ③ 경행재 설치, ④ 사유선택, ⑤ 생도선발, ⑥ 공사,
⑦ 취사를 제시하였다. 그러나 다른 관직으로 옮겨가는 바람에 성사되
지 못했다.

경행불사의 경비

한편 많은 인원이 참가하는 경행법회의 경제적 지원에 대한 기록이
『성종실록』에 단편으로 보인다.

호조에서 강원도 은계도 역리의 장고에 의거하여 아뢰기를, 본도의
은계역, 풍전역, 생창역, 직목역, 창도역, 신안역 등의 여섯 역은
쇠약하기가 가장 심합니다. 앞으로는 경행하는 사명 외에, 군관이
내왕할 때의 양료는 경기의 녹양역 등의 예에 의하여 군자미두로
공급하는 것이 어떻겠습니까 하니 그대로 따랐다.

강원도의 은계도(지금의 양구에 본역이 있었다)는 경제가 열악하기
때문에 군민이 식량으로 경행의 경비를 충당하고 있음을 알 수 있다.
경행경비 외의 군관의 식량은 군자감의 미두로 보충하고자 원을 내고
있다. 녹양역은 지금의 의정부 일대이다.

현대 한국불교에 있어 경행의 잔존

조선시대 이후 오늘날의 경행은 고려와는 달리 주로 사원 내의 염불과 행도에서 벗어나지 못하고 있다. 행도는 본존불 또는 탑의 주위를 돌면서 공경과 존경의 마음을 지니게 하는 의식으로 탑돌이나 요불이 그것이다. 탑이나 불상 주위를 도는 의식은 십바라밀정진이라고 하는 의식으로 전해지고 있다. 그러나 현대 한국불교 의식을 살펴보면 행도의 잔존으로 천도재 때 법성게를 하면서 법당 안이나 도량을 짧게 도는 정도로 남아 있다.

또 한 가지 주목해야 할 점은, 조선시대의 왕들이 폐지되었던 경행법회를 자신의 즉위년에 조정이나 백성의 뜻에 따라서 잠시 부활시키기도 한 점이다. 이는 당시 유교를 숭상하는 왕과 대신들이 백성들의 민심을 얻는 좋은 방법으로 이를 이용하였다고 할 수 있다. 이는 경행에서 보여지는 수많은 스님들의 독경소리와 장엄구들, 그리고 그 뒤를 따르는 대신들의 장엄한 모습이 백성들에게 어필하는 효과가 매우 컸음을 알 수 있다.

I일

◉ 단과ㅌ過

단과는 단과료日過寮를 말한다. 『동소도지』에 "단과료는 유행승이 잠시 쉬었다 가는 승당"이라고 하여, 객스님이 저녁 무렵에 와서 숙박하고 이튿날 떠나는 사원 내의 숙박시설이다. 사찰에서 머무르려고 하는 경우에도 우선 단과료에 들어와 기다린 뒤 허가를 얻으면 대중방으로 이동한다.

『칙수백장청규』에 "4월 1일은 단과를 닫는다."고 하는데, 이는 4월 15일에 하안거가 시작되므로 수행승들이 행각을 그치고, 선원에서 안거 준비를 하여야 함을 말한다.

현대에는 스님들의 생활방식과 모습도 많이 변화하여, 자동차를 갖고 움직이는 경우가 많기 때문에 시간이 늦어도 가능한 한 자신의 처소로 돌아간다. 사찰측에서도 객실을 마련해 두기는 하지만, 객스님들이 거의 숙박을 하지 않고 돌아가기 때문에 객실의 사용처가 변경되거나 없어지기도 하여 객실문화가 사라져 가고 있다.

4일

◉ 문수탄신일

『어정월령집요』과 『옥지당담회』에 "불경에 전하기를 4월 4일은 문수보살이 탄생하였다."고 하지만, 경전에서 전거를 찾기는 어렵다.

7일

◉ 세존항마世尊降魔

세존항마는 4월 7일에 세존이 모든 마구니들을 항복받고 4월 8일에 도를 이루시었음을 말한다. 『법원주림』 「항마부」에 다음과 같이 말한다.

> 『인과경』에 말한 것과 같다. "4월 7일에 세존은 마구니들을 다 항복받았다. 이때에 지는 해는 빛을 멈추고 밝은 달은 환하며, 동산의 꽃과 열매들은 봄을 기다리지 않고 피고 지었다." 『지도론』에서는 말하였다. "그때 천마는 그 무리 18만을 거느리고 와서 부처님을

괴롭혔다. 부처님은 눈썹 사이의 광명을 비추어 그들을 모두 물리쳤다." 또 『관불삼매경』에서 말하였다. "마왕은 화를 내어 곧 앞으로 나가려 하였다. 그 아들이 말하기를, 부왕은 아무 허물도 없으면서 긁어 부스럼을 만들지 마십시오. 보살은 행이 깨끗하여 움직이기 어렵기가 대지와 같습니다. 그런데 어떻게 쳐부수려 하십니까?"

『법원주림』에는 『잡보장경』과 『불본행경』에서도 인용하고 있으나 여기서는 내용을 생략한다.

◉ 행불行佛

행불은 불상을 절에서 모시고 나와 시내를 도는 것을 말한다. 이는 경전을 독송하며 시내를 도는 경행과 비슷한 성격의 법회이다. 행불법회를 4월 8일에 행하는 것은 부처님의 탄생을 축하하고, 부처님께서 중생을 구제한다고 하는 의미가 내포되어 있다. 『낙양가람기』에 4월 8일 행불법회와 관련한 기록이 있다.

소의니사 …중략… 절에는 불상 한 구와 보살상 두 구가 있었다. 매우 정교하고 절묘하게 만들어서 낙양에 비견할 만한 것이 없었다. 4월 7일 이 삼존상이 경명사에 이르면 경명사의 삼존불도 항상 나와서 맞이하였다.

경명사 …중략… 당시는 복을 빌기를 좋아하여 4월 7일에는 도성의 모든 불상들이 이 절로 모여들었다. 상서사부조에 등록된 불상은 모두 천여 구나 되었다.

천여 구의 불상이 경명사로 모여드는 행불법회의 행사진행 인원이나 법회에 필요한 물품 및 재정적인 규모에 대하여 언급되어 있지 않지만, 상당한 규모였다는 것은 충분히 추측할 수 있다.

8일

◉ 불탄일 佛誕日

불탄일

불탄일은 석가모니 부처님의 탄생일이다. 불탄절이라고도 하며, 보통 초파일, 4월파일이라고도 한다. 『동국세시기』에서는 욕불일이라고도 한다.

불교행사를 대표하는 4대 명절의 하나이다. 4대 명절은 부처님 탄생일(4월 8일), 출가일(2월 8일), 성도일(12월 8일), 열반일(2월 15일)을 말한다.

불탄일의 날짜는 경전에 따라 다르다. 『불설십이유경』 등에는 4월 8일, 『과거현재인과경』 등에는 2월 8일이라 하는데, 한국에서는 4월 8일 설을 채택하고 있다.

불탄일에는 사찰에서 행하는 법회가 매우 다양한데, 이에 대해서는 항목을 달리하여 상세하게 설명하고자 한다.

현대의 봉축법회 식순

① 33번 타종

② 개회사

③ 삼귀의례

④ 찬불가

⑤ 독경

⑥ 헌공

⑦ 기념사

⑧ 청법가

⑨ 입정

⑩ 설법

⑪ 축사

⑫ 석가모니불 정근

⑬ 발원

⑭ 관불

⑮ 사홍서원

⑯ 산회가

불탄일의 음식

불탄일은 사찰의 일년 행사 중 가장 큰 잔칫날이다. 불전에 올리는 공양물의 종류와 양도 많으며, 초파일 행사를 즐기러 오는 대중수가 너무 많아 공양은 대부분 비빔밥으로 하고 있다. 초파일 음식은 다음과 같은 것들이 있다.

『칙수백장청규』는 "고사는 미리 흑반을 짓고, 방장은 대중을 하안거 결제 전에 사시공양에 청한다."고 하는 매우 소박한 기록이다. 『연정일 하구문고』에서도 "연도유람지에 4월 8일에 범사에서 오반을 먹는다." 『악양풍토기』에도 "4월 8일에 오동나무 잎과 물에 불린 쌀로 밥을 지어서 신과 선조에게 제사를 지냈다."고 한다.

위의 사료에 보이는 흑반, 오반, 양동엽반은 모두 청명날 먹은 청정반 을 일컫는다.

『제경세시기승』(165)에는 당시의 도성 사람들은 사찰에서 마련한 음식을 먹는 것이 아니라, 반대로 대부분의 사람들은 민충사를 찾아가 서 음식을 베풀어 스님에게 대접하고, 강당에서 설하는 경전강의에 참석하였다고 한다. 그리고 이날 용화대회에도 참석한다.

민충사는 당나라 정관에 건립되었는데, 태종이 동쪽으로 출정나갔 다가 죽은 병사들을 불쌍히 여겨 그들의 유골을 수습하여 유주성 서쪽에 장사를 지낸 다음 민충사를 건립하였다. 절 가운데 높은 전각이 있는데, 속언에 '민충사의 높은 전각이 하늘과 한 뼘 차이'라는 말이 이것을 가리킨다. 성조가 쓴 대웅보전, 각로진량, 불이법문, 장경각 등 4개의 편액이 있으며 옹정 12년(1734)에 법원사로 이름을 고쳤다.

한편 『경도잡지』에, 4월 8일 세속에서는 "손님을 초청하여 음식을 차릴 때 느릅잎떡, 볶은 콩, 삶은 미나리 등을 내놓는데, 이것을 부처탄 신일에 먹는 소찬이라고 한다."고 전한다.

『열양세시기』와 『동국세시기』에서는 "아이들은 각각 등대 밑에 석남 잎을 넣은 시루떡과 삶은 검정콩, 그리고 삶은 미나리 등의 음식을 차려 놓는데, 이것은 석가탄신일을 맞아 간소한 음식으로 손님을 맞이해 즐기는 뜻이라고 한다."고 한다.

◉ 수고水鼓

수고는 『열양세시기』에서는 수부라고도 하는 물장구놀이를 말한다. 4월 8일에 어린아이들이 동이에 물을 떠다가 등간 아래에 놓고 바가지를 물위에 띄우고 빗자루로 바가지 등을 두드리며 노는 놀이를 말한다.

한편 『경도잡지』에서는 수고의 유래에 대하여 『제경경물략』에서 전하는 태평고를 들고 있다. "정월 보름에 아이들이 저녁 무렵부터 새벽이 될 때까지 북을 친다. 이것을 태평고라고 하는데 지금 풍속의 수고는 태평고와 유사한 것으로 부처탄신일에 등석행사가 있으므로 옮겨온 것이다."고 한다. 그리고 『동국세시기』에서는 "지금 풍속에 물장구는 태평고와 유사하며, 석가탄신일에 행사를 하므로 결국 1월 15일에 하던 것을 4월 8일로 옮긴 것이다."고 하여, 원래 태평고는 1월 15일에 행해졌던 것임을 알 수 있다.

『홍제전서』에 수록된 등석이라는 시에 수고를 표현하고 있다.

등석
오늘 밤만 가호에 등을 다니
달빛과 구름 그림자 함께 높고 멀기만 하네
구슬 같은 별은 찬란하게 땅 위에 드리우고
화수는 흔들흔들 하늘에까지 닿았도다
취한 말소린 멀리 꽃 밖의 길에서 나고

행인의 노래는 버들 가의 다리에서 들리네
맑고 화창한 기상이 번화함과 아우르니
마을마다 물장구 소리가 적막하지 않구나

◉ 호기呼旗

호기는 4월 8일에 아이들이 연등행사를 하기 위하여 비용을 마련하는 것을 말한다. 고려시대부터 있었으며, 이때의 연등은 사찰이 아닌 각 가정에 등을 밝히는 것이다.

『고려사』에, 공민왕 13년(1366)에 "왕이 호기동의 놀이를 대궐 뜰에서 구경하고 베 1백 필을 내려 주었다. 나라 풍속에 4월 8일 석가의 생일에, 집집마다 등불을 달고 여러 아이들이 종이를 오려서 장대에 붙여 기를 만들어 성중의 거리로 돌아다니고 소리치면서 쌀과 베를 구하여 그 비용에 충당하였는데, 이를 호기라 하였다."고 전한다.

이는 조선시대에도 전승되어 『연려실기술』과 『용재총화』와 세시기 등에 기록되어 있다. 『용재총화』의 내용이다.

4월 8일의 연등은 속설에 석가여래의 생일이라 한다. 봄이 되면 아이들이 종이를 베어 기를 만들고, 어물의 껍질을 벗겨 북을 만들어 서로 다투어 무리를 지어 동네를 돌아다니며, 연등의 도구를 얻어 모으는데, 이름을 호기라 한다. 이날이 되면 집집마다 장대를 세우고 등을 단다. 부호집에서는 채붕을 설치하고, 층층에 야단스럽게 등을 달아, 마치 하늘에 별을 벌여 놓은 것 같았으며, 사람들이 밤새도록 구경하며 놀았는데, 무뢰배 소년들은 혹 쳐다보고 돌을 던지면서 즐겨한다.

『동국세시기』와 『경도잡지』는 위의 『고려사절요』의 내용을 그대로 인용하여 호기를 설명하고 있다.

◉ 연등회 燃燈會

연등회의 의의

연등회는 부처님 앞에 등불을 밝히는 의식이다. 이는 부처님께서 열반에 드시기 전 제자들이 '부처님께서 열반에 드시면 무엇을 의지하여 수행을 합니까?'라고 묻자 부처님께서 말씀하신 '자등명 법등명'의 의미를 되새기는 것이다. 즉 등을 밝혀서 부처님의 공덕을 높이 기리고 자신의 마음을 맑고 밝고 바르게 하여 부처님께 귀의하는 의미가 있다.

불전에도 등과 관련한 많은 이야기들이 있는데, 부처님 당시에 빔비사라왕이 1만 등을 켜서 공양한 예가 있고, 가난한 여인의 등 이야기는 너무도 유명하다. 『법화경』의 「약왕보살품」에 등 공양의 공덕이 무량하다고 하며, 『삼국유사』 5권 감통편에도 불등 관련 설화가 있다.

한편, 선종에서는 스승과 제자 사이에 법을 전하는 것을 등불로 상징하고 있다.

『허당화상어록』에 "선문 중에 오등이 있다. 전등, 광등, 보등, 속등, 연등으로 등과 등이 서로 상속하여 순환함이 끝이 없다."고 전한다.

연등을 보면서 마음을 밝히는 것을 간등看燈, 관등觀燈이라 하는데,

관등은 갖가지 등을 만들어 강에 연등배를 띄워 온 누리가 환한 축제를 이루었다. 『동국세시기』에서는 이날 등불을 켜기 때문에 '등석'이라고 하였다.

한국불교의 연등의 역사

연등의 시원은 고대사회에서는 농경과 밀접한 관련을 갖고 있으며, 신라의 1월 15일의 연등은 풍우신인 용신에 대한 시농기원제가 불교 전래 후 불교의 등 공양인 연등과 습합하여 팔관회와 함께 국가적 행사가 된 것이다.

연등회는 신라 진흥왕 12년(551)에 팔관회의 개설과 함께 국가적 행사로 열렸다. 연등행렬은 중국 남북조 시대 이래 행향의 풍습이 이어진 것으로 『삼국사기』 「신라본기」에는 관등행사가 매년 1월 15일에 있었다고 한다. 신라 때는 사월 초파일에 가까운 절에 가서 재를 올리고 등을 켰으며, 절과 여염집 및 관청에 이르기까지 모두 등을 밝혔다고 한다.

연등회는 고려시대에 와서 특히 성행했는데, 태조의 「훈요십조」에 의거하여 연등회가 거국적인 행사로 성대하게 시행되었다. 의종 때 백선연이 4월 8일 점등한 이후로 궁중에서 서민층에 이르기까지 초파일에 연등을 달았다. 고려시대의 본격화된 연등은 어린이의 참여에까지 이른다. 어린이들은 연등비용을 마련하기 위해 한 달 전부터 종이를 오려서 대나무에 기를 만들어 달고 성중을 다니면서 쌀과 베를 구하는 호기풍속이 본격화되고, 공민왕도 2번에 걸쳐 어린이에게 쌀을 하사하였다는 기록이 전한다. 연등은 성종 6년(987)에 잠시 쉬었다가 현종

2년에 다시 설해지는데, 현종 이후 고려사를 통한 연등회 관련 기록이 104번이나 된다.

『경도잡지』에 "『고려사』에 왕궁이 있는 수도에서 시골 읍에 이르기까지 정월 보름의 연등행사는 2일 동안 하였다. 그러나 최이에 의해 이 행사가 4월 8일로 옮겨졌다."고 하여 기원을 알 수 있다.

조선시대 초기까지도 연등회가 성하여 소회와 대회로 나누어 의식을 거행하였다. 이 연등회의 사무를 담당하기 위해서 연등도감을 설치하기도 하였다. 이와 같이 연등회는 일종의 민속이었고, 이때는 국가적 축제행사였다. 『열양세시기』에 "중국에서는 상원, 즉 정월 보름에 연등행사를 하는 반면 우리는 사월 초파일에 한다. 그 기원은 불교에서 나온 것으로 이날이 석가의 탄신일이기 때문이다."라고 하였다. 그런데 『중종실록』을 보면 16세기 중반까지도 조선이 중국의 관습을 따르지 않는 것에 대하여 우려심을 갖고 있었음을 알 수 있는 흥미로운 기록이 있다. 중종 34년(1539)의 일이다.

천사가 초8일 개성부에서 유숙할 것인데 이날은 바로 관등하는 날인 바, 개성은 고도라 반드시 이 풍속이 있을 것이다. 중국에서는 상원에 관등하고 우리나라에서는 4월 초파일에 관등하여 풍속이 서로 다르다. 풍속이 다른 것은 진실로 해로울 것이 없으나 천사가 만약 이를 보고서 묻는다면 어떻게 대답할 것인가? 이는 미처 생각하지 못한 일이라 필시 대답할 바를 알지 못할 것이다. 개성부에 하유하는 것이 옳다.

조선시대 연등의 모양

불교가 배척당했던 조선시대에도 궁궐 내에서 왕이 관등을 하였다. 그러나 세종 5년(1423)에 예조에 전지하여 "지금부터 4월 8일에 대궐 안의 연등을 없애라."고 하였다. 나아가 세종 10년에는 사헌부에 명하여 부녀자들이 흥천사에서 불을 켜고 유람하는 것을 금지하였으며, 세종 13년에는 사헌부에 하교하여, "지금부터 사찰 이외의 도성 안팎에서 밝히는 연등은 일체 금하라."고 하였다. 하지만, 궁궐 내에서의 관등은 연산군 12년(1506)에 다시 열리게 되었다.

왕이 경복궁에 미복으로 잠행하여 경회루에 올라가 만세산에 관등을 배설하고 잔치를 끝낸 다음, 승정원으로 하여금 들어와 보게 하였는 데, 밤 2경이었다. 왕이 사약황소로·공효련에게 명하여 청란·자봉· 연화·모란·고소대·봉래산·금오·옥토·은즉·황룡 등의 등을 좌우 부로 나누어 다니, 천태만상으로 기교를 다하여 금은과 진주와 비취로 꾸몄으며 비용이 1만 냥이나 들었는데, 만세산 밑에 달고, 왕이 황룡주에 올라 구경하였다. 부용향 수백 다발을 태우고 밀납초 1천 자루를 늘어 세워 밤이 낮처럼 밝은데, 흥청 수백 명이 늘어 앉아 풍악을 연주하였다.

위의 내용에는 당시의 궁중에서 만들었던 등의 명칭이 기록되어 있다. 청란등, 자봉등, 연화등, 모란등, 고소대등, 봉래산등, 금오등, 옥토등, 은즉등, 황룡등 등이다. 등의 재료도 금과 은 등의 보석을 사용하였으며, 등과 함께 향과 밀납초도 사용하였다. 그 후 순조가

궁중 내에 화려한 연등을 대신하여 소박한 연등을 달은 일에 대한
내용이 『열양세시기』에 기록되어 있다.

모든 궁가와 내사, 내영에서는 초파일에 등을 만들어 임금에게
바쳐 정교함과 화려함을 경쟁하는 것이 오랜 관례였다. 선왕이신
정조 임금께서도 대비전과 혜경궁에서 이를 좋아하시기 때문에
그 뜻을 따라 시절의 유풍을 없애지도, 생략하지도 못했다. 그런데
한 번은 이러한 일이 있었다. 임금이 여러 신하들과 누각에 올라
관등을 하는데, 내영에서 먼저 들어온 등은 제작법이 매우 기이하고
유리와 운모와 쇠붙이와 옥으로 등 깃을 장식하니 광채가 번쩍이므
로 보는 사람들이 주목하고 아름다움을 칭송하였다. 그런데 다음으
로 내사에서 등을 올리겠다고 청하자 왕이 이를 허락하여 잠시
후에 등이 들어오는데 시골에서나 파는 싼 종이로 붙여 만든 오이
모양의 등이었다. 모두들 경악을 금치 못하고 임금 또한 잠시 그
천함을 괴히 여겼는데, 이때 내관 일을 맡은 노황문이 나와 엎드려
아뢰기를 "등은 이와 같은 수준 정도면 족한 줄로 압니다. 불을
살라 밝음을 얻을 수 있는 점은 피차 한가지입니다." 하였다. 임금이
잠자코 말없이 있다가 내영의 등은 걷어 내보내고 나중에 온 등을
대궐안 뜰에 걸라고 명을 내렸다.

불교를 숭상하지 않았던 조선시대에도 궁중 내에 초파일 연등을
밝혔다. 임금도 누각에 올라서 관등을 하였는데, 유리와 쇠붙이를
소재로 한 화려한 연등이었다. 노황문은 궁중에 오래 거하여 임금이

예우하던 원로인데, 역사적으로는 알려지지 않은 신하이다.

한편 사도세자를 죽인 영조가 관등을 하면서 읊조린 말이 실록에 기록되어 있는데, 왕의 쓸쓸한 내심이 엿보인다.

임금이 집경당에 나아가니, 약방에서 입진하였다. 임금이 도제조에게 말하기를, "오늘 저녁은 연등하는 밤이다. 도민들은 부자와 형제가 서로 이끌면서 관등하련만 나만 혼자니, 이 무슨 팔자인가."

조선시대의 다양했던 연등의 모양과 민가에서 등 대를 세운 것 등이 『동국세시기』에 상세히 기록되어 있다.

수 일 전부터 각 가정에서는 각기 등 장대를 세우는데, 맨 위에 꿩장목을 세우고 색을 넣은 비단으로 만든 깃발을 매단다. 형편이 넉넉하지 못한 집에서는 장대 꼭대기에 대개 오래된 솔가지를 맨다. 각 집에서는 자녀 숫자대로 등을 달아 주위를 밝히면 길하다고 생각한다. 이 일은 9일이 되어서야 그만둔다. 사치를 부리는 집에서는 큰 대나무 수십 개를 묶어 세우기도 하고 한강까지 가서 말 짐으로 돛대를 실어다가 시렁을 만들어 놓기도 한다. 혹은 해와 달 모양을 한 일월권을 장대에 꽂아 바람을 받아 현란하게 돌아가게 하며, 혹은 빙빙 도는 전등을 매달아 마치 탄알이 날라 가는 것처럼 불빛이 왔다 갔다 하게 한다. 혹은 화약을 종이에 싸서 새끼줄에 매어 승기전처럼 쏘아 올리는데, 이렇게 하면 불줄기가 마치 비처럼 흩어져 내린다. 혹은 장대 끝에 수십 줌 되는 긴 종이쪽들을 매달아

용 모양으로 펄럭이게 하며, 혹은 광주리를 매달기도 하고, 혹은 허수아비를 만들어 바지저고리를 입혀 새끼줄을 매어 놀리기도 한다. 줄지어 늘어선 시렁들은 높게 보이도록 각각 새끼줄 수십 가닥을 벌려 끌어 일으켜 세울 수 있도록 만드는데, 그렇게 하는 이유는 시렁이 낮고 작으면 사람들이 모두 빈정거리기 때문이다. …중략… 등의 이름에는 수박등·마늘등·연꽃등·칠성등·오행등· 일월등·공등·배등·종등·북등·누각등·난간등·화분등·가마등· 머루등·병등·항아리등·방울등·알등·용등·봉등·학등·잉어등· 거북등·자라등과 수복·태평·만세·남산 등의 글자를 넣은 등이 있는데 모두 그 모양을 종이로 만들어 등에 바른다. 혹은 붉고 푸른 갑사에 운모를 박아 날아가는 신선이나 꽃, 또는 새를 장식하며 등의 면과 모마다 삼색 종이를 길게 오려붙여 바람에 너울너울 나부끼게 한다. 북등에는 주로 말 탄 장군이나 『삼국지』의 내용을 그렸다. 또 그림자등이 있는데 안에다 회전하는 기구를 장치해 놓고 말을 타고 매와 개를 데리고 호랑이·이리·사슴·노루·꿩·토끼 등을 사냥하는 모습을 종이에 그려 오린 다음 그 기구에 붙인다. 그러면 바람결에 그 기구가 돌면서 바깥으로는 이것들의 그림자가 비쳐 나오게 된다. …중략… 시내 저자거리에서 파는 등은 천태만상으로 오색찬란하고 값이 비싸며 기이함을 자랑한다. 종로 거리에는 이 등불을 보려고 구경꾼들이 담장처럼 둘러선다. 또 난새[25]·학·사자·호랑·거북·사슴·잉어·자라 등에 신선들이 올라 탄 형상을 인형으로 만들어 팔면 아이들은 다투어 구입하여 장난감으로 가지고

[25] 봉황의 일종이다.

논다.

『열양세시기』에도 비슷한 내용을 서술하고 있지만, 등 대의 높이와 등 설치방법 등에 관하여 좀 더 상세하게 설명되어 있으며, 등의 모양도 기록하고 있다.

인가는 물론 관청과 시전에서 모두 등 대를 세운다. 등 대는 대나무를 잇대어 묶어 만드는데, 높은 것은 10여 길이나 된다. 비단을 잘라 만든 깃발을 등 대 위에 단다. 깃발 아래에는 막대기를 가로 대어 고리를 단 다음 양쪽으로 줄을 달아 그 끝이 땅까지 내려오게 한다. 밤이 되면 점등하는데 많을 때는 10여 등을, 적을 때는 서너 등을 단다. 등의 수는 집의 아이 수를 따른 것이다. 등은 재갈 물리듯 층층이 쌓기 때문에 구슬로 꿴 듯이 보인다. 먼저 줄 한 끝을 제일 꼭대기 등 머리에 잡아매고 다음에 제일 아래 등 꼬리에 매어 줄을 서서히 잡아당기면 고리까지 올라가 멈춘다. 높은 곳에 올라가 보면 빛나는 모습이 마치 하늘을 가득 채운 별 같다. 등 모양은 마늘형, 오이형, 꽃잎형, 날짐승형, 들짐승형, 누대형 등 가지각색으로 일일이 다 말할 수 없다.

『조선왕조실록』의 연등회 관련 사료

○태조 1년(1392) 8월 5일

도당에서 팔관회와 연등회를 폐지하도록 청하다.

○정종 2년(1400) 4월 6일

문하부에서 상소하여 초파일에 연등의 설치를 정지하도록 청하니 회답하지 않다.

○태종 12년(1412) 4월 3일

금년 4월 초8일의 연등은 금년 상원일의 예에 의하라고 명하고, 또 옛 물건을 고쳐서 쓰고 지나치게 낭비하지 말라고 명하였다.

○태종 12년(1412) 4월 8일

해온정에서 관등하고, 이튿날도 또한 그와 같이 하였다. 좌우로 나누어 기둥을 세우고 등을 달았는데, 내자시, 내섬시로 하여금 판비하게 하였다.

○태종 15년(1415) 1월 25일

4월 8일의 연등제를 혁파하다.

○세종 10년(1428) 3월 22일

좌사간 김효정 등이 상소하기를, "본조의 풍속에 4월 8일을 부처의 생신이라 하여 연등으로 복을 구하며, 남녀들이 떼를 지어 모여 밤새도록 놀이를 구경하니, 이는 진실로 전조의 폐습을 그대로 따른 것입니다. 전하께서는 하늘이 내신 성군으로서 밝으신 학문으로 터무니 없고 망령됨을 밝게 아시고 궐내의 연등을 일찍이 폐할 것을 명하셨으니, 그 이단을 배척하시는 뜻이 지극하였습니다. 그러나 여항의 불량한 무리들이 아직껏 구습을 그대로 따라 기를 들고 북을 치며 떼를 지어 큰 소리로 떠들어 마을에 구걸하며 다니면서 사람들을 꾀어 재물을 취하여 연등의 비용으로 삼는데, 금년에 더욱 성하니 신 등은 폐법이 다시 행하여질까 두렵나이다. 삼가 바라옵건대 명령을 내리시어 일절 금해서 구습을 없애소서." 하였으나, 윤허하지 아니하였다.

○ 세조 9년(1463) 4월 9일
충순당에 나아가 관등하니, 종친과 재추가 모시었다.

○ 세조13년(1467) 4월 8일
원각사의 탑이 완성되니 연등회를 베풀어 낙성하다.

◉ 관불의식灌佛儀式

관불의식은 석가모니 부처님의 탄생을 기념하여 탄생불을 장엄하고 관정하는 법회이다. 관불은 부처님을 목욕시켜 드린다는 뜻이 담겨 있는데, 감로수를 뿌리는 것이 향수를 뿌리는 것과 같고 불상을 씻어 드리는 것과 같아서 한량없는 공덕이 있다고 한다.

관불회는 후한시대부터 시작되었으며, 우리나라에서도 초파일 행사 중에 연등회와 더불어 중요한 행사로, 지금도 스님과 신도가 함께 관욕의식에 참석, 정수리에 향탕수를 부으며 공덕을 쌓는 풍속으로 대중화되었다. 이 의식은 탄생불을 불단에 모시고 룸비니 동산의 화원을 상징하는 꽃바구니를 만들고 향탕수, 즉 감로다를 정수리부터 쏟는다.

욕불회浴佛會, 용화회龍華會, 석존강탄회釋尊降誕會, 불생회佛生會 등으로 불린다.

『서호유람지여』에 "4월 8일은 세속에서 석가모니 부처님의 생신이라고 한다. 사찰에서는 용화회를 연다."고 한다. 또한 『어저패문운부』, 『어정월령요집』, 『형초세시기』 등 다수의 문헌에서 용화회라고 말하고 있다. 그런데 『어저패문운부』에서는 4월 8일의 용화회는 미륵보살이 성불한 후에 중생을 제도하기 위하여 사바세계에 하생한 것을 상징하는 것이라고 하여 『형초세시기』에서 인용하였다고 하지만, 『형초세시기』에는 이와 같은 기록이 없다.

『관세불형상경』에는 이 의식에 대하여, 초파일은 만물이 모두 새로 생하되 아직 독기는 나타나지 않으며 춥지도 덥지도 않은 시절이므로 관불에 적당하다는 것이다.

『보요경』에 의하면, 부처님이 탄생하셨을 때 용왕이 공중에서 향수를 솟아나게 하여 신체를 목욕시켰다고 한 데서 유래한다. 때문에 법요식 가운데 욕불의식이 있는데, 부처님이 탄생하신 것을 축복하며 향탕수로 목욕시키는 의식이다. 탄생불을 불단에 모시고 룸비니동산의 화원을 상징하는 꽃바구니를 만들고 향탕수, 즉 감로다를 준비해서 봉행하는 순서로 진행된다.

『현우경』에는 수타회천에서 부처님과 제자들을 목욕시키고 수기를 받은 공덕에 대하여 설하였다.

어느 때 부처님께서는 사위국의 기수급고독원에 계셨다. 그때 수타

회천은 염부제에 내려와 부처님께 나아가 부처님과 스님들을 목욕시
키는 공양을 청하였다. 부처님께서는 잠자코 허락하셨다. 그는 곧
음식을 장만하고 또 몸에 알맞은 따뜻한 방과 따뜻한 물을 준비하고
소유와 씻는 물을 모두 준비해 두었다. 그리고 부처님께 아뢰었다.
"공양이 준비되었습니다. 성인께서는 때를 알아 하소서." 이에 부처
님과 비구들은 그 공양을 받아들여 모두 목욕하고, 음식을 공양하였
다. 그 음식 맛은 세상에 드물었다. 공양을 끝내고 손을 씻고 양치질
한 뒤에 본래의 자리로 돌아갔다. 그때 아난은 꿇어앉아 합장하고
부처님께 여쭈었다.

"저 하늘은 옛날 어떤 공덕을 지었기에 형체는 묘하고 좋으며, 위엄스
런 모양은 기이하고 특별하며, 그 광명은 큰 보배산처럼 빛납니까?
원컨대 부처님께서는 그 사정을 자세히 말씀하여 주소서."

부처님께서는 말씀하셨다. "자세히 듣고 잘 기억하라. 내가 설명하
리라. 먼 옛날 비바시 부처님 때에 저 하늘은 그 세상에서 가난한
집의 아들로 태어나 늘 품을 팔아먹고 살았다. 그는 비바시 부처님께
서 스님들을 목욕시키는 공덕을 말씀하시는 것을 듣고 마음으로
기뻐하여, 곧 공양할 생각을 내어 부지런히 품을 팔아 조금 얻은
돈과 곡식으로 목욕 기구와 음식을 준비한 뒤에 부처님과 스님들을
청하여 모두 공양하였다. 그래서 그 복된 행으로 말미암아 목숨을
마친 뒤에는 수타회천에 났으며, 저런 빛나는 모양을 받았느니라.
저 하늘은 금생에만 부처님과 스님을 청한 것이 아니라 시기부처님
때에도 이 세상에 와서 부처님과 스님들을 공양하였고, 나아가서는
가섭 부처님 때에까지도 그러하였느니라. 저 하늘은 그와 같이

일곱 부처님만 받들어 공양한 것이 아니라, 미래 세상과 이 현겁에 1천 부처님이 세상에 나올 때에도, 그 낱낱 부처님과 스님을 목욕시키는 것이 마치 오늘과 다름없을 것이다." 그때 부처님께서는 곧 그 하늘에게 수기를 주셨다. "미래 세상 아승기를 채우면 또 백겁 동안에 부처가 되어 호를 정신이라 하고, 10호를 완전히 갖추며, 그 교화하는 중생은 한량이 없을 것이다."

위의 경전의 내용이 욕불공양, 욕불회의 유래임을 알 수 있다. 또한, 『잡비유경』에서는 난타가 스님들을 목욕시킨 공덕으로 6신통을 얻었다고 한다.

부처님의 아우 난타는 옛날 유위부처님 때의 사람으로 여러 스님들을 한 번 목욕시킨 복을 지었다. 그 공덕이 저절로 따라와 그는 석씨 종족에 태어나서, 몸에는 대여섯 가지 좋은 상을 갖추었고 신기로운 얼굴은 금색처럼 빛났었다. 그리고 그 전생의 복으로 말미암아 부처님과 한세상에 나서 도량에서 수행하여 6신통을 얻었다.

또, 『복전경』에서는 아난이라는 비구가 목욕공양의 공덕으로 종기를 고치고, 태어나는 곳마다 단정한 몸매를 얻었다고 한다.

아난이라고 하는 또 한 비구가 곧 자리에서 일어나 옷깃을 바로하고 장궤하고 합장하여 세존께 여쭈었다. "제가 숙명을 생각하니 나열기 나라에 태어났을 때에 서민의 아들이었습니다. 몸에 나쁜 종기가 나서 치료하여도 낫지 않더니, 어떤 친구 되는 도인이 와서 제게 말하기를 '마땅히 스님들을 목욕하게 하고 그 물을 갖다가 종기를 씻으면 곧 나을 것이며, 또 복도 얻을 수 있을 것이다' 하기에, 제가 기뻐서 절에 이르러 지극히 공경스러운 마음으로 새로 우물을 파고, 향유와 목욕하는 기구를 장만하여 스님들을 목욕하게 하고, 그 물로써 종기를 씻었더니 이내 나았습니다. 이 인연으로 하여 나는 곳마다 몸매가 단정하고, 금빛이 찬란하며, 티끌과 때를 받지 않았습니다. 91겁 동안 항상 맑은 복을 얻었으며, 스님들의 도움이 오래도록 넓어져서 다시 부처님을 만나 마음의 때가 없어지고, 응진을 얻었습니다."

『고승전』에는 중국에서 관불이 시작된 것은 축불도징에 의한 것임을 알 수 있는 기록이 있다.

유요를 평정한 후에 석륵은 조천왕이라 칭하고 연호를 건평이라고 하였다. …중략… 석호에게는 빈이라는 아들이 있었는데 석륵이 그를 매우 사랑하였으나 갑작스러운 병으로 죽었다. 이틀 후에 축불도징이 버들가지를 갖고 와서 주문을 외우니 빈이 살아났다. 이로 말미암아 석륵은 4월 8일마다 몸소 절을 찾아 부처님을 관욕시키며 아이들을 위하여 발원하였다.

『마하찰두경』(『관불형상경』이라고도 한다)에서 4월 8일 욕불을 하는 의미에 관하여 설하고 있다.

부처님께서 말씀하셨다. "시방의 모든 부처님께서는 모두 4월 8일 밤중에 태어나셨고, 모두 4월 8일 밤중에 집을 떠나 부처님의 도를 증득하셨으며, 모두 4월 8일 밤중에 불도를 증득하셨고, 모두 4월 8일 밤중에 열반에 드셨느니라." "4월 8일을 사용한 것은 봄과 여름이 바뀌는 시기이고 죄의 재앙이 다 끝나며, 만물이 널리 생하고 독기가 유행하지 못하며, 춥지도 않고 덥지도 않아 당시 기후가 온화하고 알맞았기 때문에 지금 이 부처가 태어나신 날이 된 것이다. 그러므로 모든 사람들이 다 함께 부처님의 공덕을 생각하고 부처님의 형상을 목욕시키되, 마치 부처님께서 세상에 계실 때처럼 하는 것이다. 내가 보살이 되었을 때에 서른여섯 번 되풀이하여 제석천왕이 되었고, 서른여섯 번 되풀이하여 금륜왕이 되었으며, 서른여섯 번 되풀이하여 날아다니는 황제가 되었었다. 오늘 여러 현인들 중에 누가 좋은 마음이 있어 석가부처님의 은덕을 생각하거든 향과 꽃으로 부처님의 형상을 목욕시켜 제일의 복을 구하라. 여러 하늘과 여러 신들이 증명하여 알 것이니라."

한편 관불의식에 사용하는 물을 욕불수라고 하는데 이는 향을 이용하여 고운 빛깔을 띤 향수를 말한다. 『마하찰두경』에는 4월 8일 부처님을 목욕시키는 법과 사용하는 향에 대하여 설명하고 있다.

4월 8일 부처님을 목욕시키는 법이 있으니, 그때에는 세 가지 향을

써야 하느니라. 첫째는 도량향이요, 둘째는 곽향이며, 셋째는 애납
향이다. 이 세 가지 풀향을 모아 손으로 비벼 물에 담그면 이것은
푸른색의 물이 된다. 만약 향이 적으면 검푸른 진피를 방편으로
대신 써도 된다. 또 울금향을 손으로 비벼 물속에 담그면 그것은
빨간 물이 된다. 이 깨끗한 물로 부처님 상을 목욕시키고 목욕이
끝나면 흰 비단 수건이나 흰 솜으로 닦는다. 끝난 뒤에 스스로
날을 잡아 다시 목욕시키는 것을 청정이라고 말하나니, 그 복이
으뜸이 되느니라.

후세가 되면 향수의 종류가 3가지에서 5가지로 늘어나는데, 이는
중국의 오행사상에서 비롯된 것이 아닐까 추측해본다. 『형초세시
기』의 내용이다.

4월 8일에는 오색의 향수로 불상을 씻으며, 그때 함께 용화법회를
연다. 『고승전』에 4월 8일에 불상을 씻는데 도량향으로 청색물,
울금향으로 적색물, 구릉향으로 흰색물, 부자향으로 황색물, 안식
향으로 흑색물을 만들어 불상의 정수리에 붓는다고 하였다.

다시 후세가 되면 욕불수는 향수에서 향기 나는 설탕물로 변화한다.
『동경몽화록』에서는 "경사의 십대선원에서는 욕불재회에 사용할 욕불
수로 향약을 달인 당수(설탕물)를 서로 보냈다."고 한다. 또 『희조락
사』에는 "4월 8일에 스님들은 동이에 동불을 안치하여 당수를 부으며
꽃으로 장식한 정자를 만들어 덮고, 징과 북을 치며 맞이하여 간다.

부유한 집에서는 작은 국자로 부처에게 물을 뿌리며 게송을 제창하고 재물을 보시한다."고 한다.

『온실경』에서는 목욕시에 사용하는 7가지 물건과 7가지 병을 제거함과 7가지 복을 짓는 것에 대하여 설하고 있다.

부처님께서 기역장자에게 말씀하셨다. 목욕시키는 법은 마땅히 일곱 가지 물건을 써야 하나니, 그렇게 하면 일곱 가지 병을 제거하고 일곱 가지 복의 과보를 얻느니라. 어떤 것을 일곱 가지 물건이라고 말하는가?

첫째는 연화요, 둘째는 깨끗한 물이며, 셋째는 가루비누요, 넷째는 소고며, 다섯째는 순수한 재요, 여섯째는 버드나무가지이며, 일곱째는 내의이니 이것이 바로 목욕시키는 법이니라.

어떤 것을 일곱 가지 병을 제거한다고 말하는가?

첫째는 4대가 편안함이요, 둘째는 풍을 제거함이며, 셋째는 습비濕痺를 제거함이요, 넷째는 한빙을 제거함이며, 다섯째는 열기를 제거함이요, 여섯째는 더러운 때를 제거함이며, 일곱째는 몸이 가볍고 눈이 청명함이니, 이것이 일곱 가지 병을 제거하는 것이니라.

일곱 가지 복을 얻는다는 것은 첫째는 4대에 병이 없고 태어나는 곳마다 늘 편안함이요, 둘째는 태어나는 곳이 청정하고 얼굴과 머리가 단정함이며, 셋째는 신체가 항상 향기롭고 의복이 청결함이요, 넷째는 피부가 부드럽고 윤택하며 위엄과 광명과 덕이 큰 것이며, 다섯째는 많은 사람들이 따라다니며 먼지와 때를 털어주고 씻어주는 것이요, 여섯째는 입 안과 치아가 향기롭고 말하는 것이 엄숙함이며,

일곱째는 태어나는 곳마다 저절로 의복이 생기는 것이니라.

『십송율』에서는 목욕을 시키면 다섯 가지 이익을 얻는다고 하였는데, 첫째는 먼지와 때를 제거하는 것이요, 둘째는 피부를 다스려 한 빛으로 만드는 것이며, 셋째는 추위와 더위를 없애는 것이요, 넷째는 풍을 내리고 기운을 고르게 하는 것이며, 다섯째는 병의 고통이 적은 것이니라.

◉ 행상行像

행상

행상은 서역지방에서 불탄일에 불상을 장식하여 수레에 싣고 성안을 돌아다니는 행사이다. 석가모니가 열반한 후에 부처님을 친견하지 못함을 애석하게 여겨, 불강생상佛降生相, 태자순성상太子巡城相을 만들어서 석가탄신일에 수레에 싣고 성의 안팎을 돌아다니며 여러 사람들이 우러러보며 예경하였다고 한다. 또한 행상에는 죄를 소멸하고자 하는 의미가 있는데, 이는 『관불삼매해경』을 근거한다.

그때 부처님께서는 대중 가운데에서 문득 일어나서 발로 허공을 걸으셨다. 부왕은 보고 마음에 심히 기뻐하여 또한 부처님을 따라 행하였다. 부처님께서 발을 들 적에는 발밑의 천 바퀴살의 모양과 낱낱 바퀴 모양에서 모두 팔만사천 보배 연꽃이 비 내리듯 하였다. …중략… 이와 같은 꽃에서는 다시 한량없는 작은 티끌 수의 부처님의 발이 허공을 걷고 있었다. …중략… 부처님의 마음은 비고 고요하며, 또한 공적해탈광명왕삼매에 들어가시기 때문에 이 정의 힘으로 여래는 끝없는 몸을 변화하시니, 끝없는 몸은 살바야요, 살바야는 무착삼매라 한다. 무착삼매로서 여래는 다니는 것을 나타내시느니라. 만일 걸식을 나투어 보이며, 만일 혹 경행한다면, 이 두 법은 중생을 이익하게 함이니라. 만일 어떤 중생이 부처님이 세상에 계실 적의 부처님 다니시는 것을 보되 걸음걸음 가운데에서 천 바퀴살의 모양을 본다면 천 겁의 극중한 죄악을 없애리라.

부처님은 공적해탈광명왕삼매의 힘으로 몸을 변화하시니, 이를 무착삼매라 한다. 부처님이 걸식하고, 경행하는 것은 모두 중생을 이익되게 하는 것으로, 어떤 사람이 부처님 다니시는 것을 보면 천 겁의 죄를 소멸할 것이라고 설하고 있다. 때문에 행상은 수레에 안치된 불상을 사람들이 친견하여 죄를 없애고자 하는 의미도 겸하고 있는 행사이다.

행상의 모습

먼저 인도의 행상은 『고승법현전』을 통해서 알 수 있다. 『고승법현전』에는 우전국과 마갈제국의 행상을 기록하고 있다. 아래는 우전국의 행상 모습이다.

혜경, 도정, 혜달은 먼저 갈차국을 향해 떠났으나 법현 등은 행상을 보려고 3개월을 머물렀다. 그 나라에는 네 개의 큰 승가람이 있었고,

헤아릴 수 없을 정도로 많은 작은 사찰들이 있었다. 4월 1일이 되자 성안의 도로들은 깨끗이 청소되고 거리는 장엄하게 꾸며졌다. 성문 위에는 갖가지 장식으로 꾸며진 큰 장막이 쳐지고, 그 아래에 왕과 왕후 그리고 채녀들이 자리를 잡았다. 구마제 사원의 승려들은 대승을 배우고 있어서 왕이 공경하고 존중하는 바이기에 제일 먼저 행상을 하게 된다. 성에서 3, 4리 떨어진 곳에 불상을 모시는, 네 바퀴로 된 수레를 만드니 높이가 3장이 넘었고 형상은 마치 칠보로 꾸민 움직이는 전당과 같았으며 비단으로 된 번과 천개를 매달았다. 불상을 그 수레 안에 세워 두 보살로 하여금 모시게 하였고 여러 천신들을 만들어 모시게 하였는데 모두 금과 은으로 조각하여 공중에 매달았다. 불상의 수레가 성문 100보 앞에 이르자 왕은 왕관을 벗고 새로운 옷으로 갈아입고서 손에 꽃과 향을 들고 맨발로 성문에서 걸어 나와 불상을 맞이하여 이마를 부처님의 발에 대면서 절하고 꽃을 뿌리고 향을 살랐다. 불상이 성으로 들어올 때 문루 위에 있던 왕비와 채녀들이 꽃을 뿌리자 그 꽃들은 나부끼며 밑으로 떨어졌다. 이와 같이 장엄하게 꾸며진 수레들은 저마다 각기 달랐는데, 한 승가람이 하루씩 행상을 했으므로 백월[26] 1일에 시작해서 14일에 행상을 마쳤고 행상을 마치면 왕과 왕비는 궁으로 돌아갔다.

우전국의 행상은 중국과는 달리 4월 1일부터 시작하여 14일 동안 계속되었으며, 왕과 왕비도 참여하였다.

다음은 중인도 마갈제국의 행상에 관한 내용이다.

---

26 인도에서는 월의 전반을 흑월黑月, 후반을 백월白月이라고 한다.

무릇 중인도에서는 이 나라의 도성인 파련불읍이 제일 컸다. 성안
사람들은 부유하고 융성하며 다투어 인의를 행했다. 매년 건묘월의
8일에는 항상 행상을 행했다. 사륜마차를 만들고 그 위에 대나무를
묶어 5층으로 만들었다. 여기에는 승로와 언극이 있으며 높이가
2장 정도로 그 모양은 흡사 탑과 같았다. 그 위를 백첩으로 덮고
제천의 형상을 그림으로 담았다. 다시 금은과 유리로 그 위를 장식하
고, 비단으로 만든 번개를 달며 네 모퉁이에 감실을 만들었다. 감실에
는 모두 좌불이 있고 보살이 서서 시위하고 있었다. 이와 같은
사륜마차는 20개가량 되는데, 수레마다 장식이 각각 달랐다. 행상일
이 되면 경내의 도속은 모두 모여들어 기악을 부르고 연주하며
꽃과 향으로 공양을 올렸다. 그리고 바라문이 와서 불상을 초청하면
불상은 차례차례 성내에 들어와 하룻밤을 묵었다. 그날 밤은 밤새껏
등을 켰고 기악의 공양을 했다. 그러한 것은 나라마다 모두 같았다.

건묘월은 2월을 말하므로, 마갈제국에서는 행상이 2월 8일에 있었음
을 알 수 있다.

『대당서역기』에도 인도의 행상에 관한 기록이 있다. 굴지국의 행상
이다.

대성의 서문 밖 길에는 좌우에 각각 불상이 서 있는데, 높이는
90여 척이다. 이 불상 앞에서 5년에 한 차례씩 대회가 열린다.
해마다 추분의 수십 일 동안 온 나라의 모든 승도들이 빠짐없이
이 모임에 참석하는데, 위로는 군왕으로부터 아래로는 일반 서민에

이르기까지 모두 모인다. 그들은 세속의 일을 잠시 접어두고서 재계를 받들어 모시며 경을 받고 법을 청해 듣는데, 이렇게 하루 종일 하여도 지칠 줄 모른다. 모든 승가람의 장엄 불상들은 진귀한 보석으로 꾸며지고 비단으로 장식되어 가마에 실리는데 이것을 행상이라고 하며, 이런 가마들이 수천 대 동원되어 집회의 장소에 모여든다.

굴지국의 행상의 성격은 다른 행상법회와 조금 다르다. 시기도 매년 열리는 것이 아니라 5년에 한 번씩 추분에 열리는데, 왕으로부터 서민에 이르기까지 모두 참석하여 재계를 지니고 설법을 들었음을 알 수 있다.
한편 중국의 행상에 관해서는 행상 관련 기록이 많이 남아 있는 『낙양가람기』를 통해서 볼 수 있다.

장추사는 유등이 건립하였다. …중략… 4월 4일에 행상을 나갔다. 악을 물리치는 사자가 그 앞을 인도하였다. 칼을 삼키거나 불을 토하고 말을 모는 묘기가 한쪽에서 행해지고, 장대를 오르거나 줄을 타는 등, 평소에는 볼 수 없는 진기한 묘기가 행해졌다. 신기한 재주를 펼치며 이상한 옷을 입은 사람들이 도시를 가득 메웠다. 불상이 멈춘 곳에서는 구경하는 사람들이 둘러쳐진 담처럼 많아서 서로를 밟거나 뛰어넘어 죽는 자가 항상 생겨났다.

성종사에는 삼장팔척 높이의 불상이 있다. …중략… 이 불상이 행상을 나가게 되면 거리는 모두 텅 빈 채 불상만이 환하게 빛을

발하니 세상에서 보기 드문 광경이었다. 그때 펼쳐지는 묘술과
여러 가지 놀이는 유등이 세운 장추사에 버금갔다.

소의니사는 내시들이 건립하였다. …중략… 절에는 불상 한 구와
보살상 두 구가 있다. 매우 정교하고 절묘하게 만들어서 낙양에
비견할 만한 것이 없었다. 4월 7일 이 삼존상이 경명사에 이르면,
경명사의 삼존상도 항상 나와서 맞이하였다.

경명사는 선무제가 건립하였다. 경명 연간(500~503)에 세웠기 때문
에 이름을 이렇게 지었다. …중략… 당시는 복을 빌기 좋아하여
4월 7일에는 도성의 모든 불상들이 이 절로 몰려들었다. 8일에
차례대로 선양문으로 들어가 창합궁 앞을 향하면 황제가 꽃을 뿌려
예를 표했다. 이때 금으로 만든 연꽃에 해가 비치고, 보개는 구름
속에 떠 있으며, 깃발은 숲과 같았고, 향 연기는 안개처럼 피어났다.
범패와 설법소리가 천지에 울렸다. 여러 가지 기예들이 펼쳐져
가는 곳마다 사람들이 늘어섰다. 고승대덕이 석장을 의지하여 한
무리를 이루었고, 꽃을 지닌 신도와 승려들이 또 한 무리를 이루었다.
수레는 도로를 가득 메우고 서로 이어졌다.

경락사는 태부 청하 문헌왕 역이 세웠다. …중략… 이 절에는 불전이
한 채 있었다. 행상 때 사용하는 수레가 그곳에 있었는데 그 조각이
절묘하여 당시에 가장 뛰어났다.

『낙양가람기』에 나타난 행상은 경명사가 중심이 되어 진행되었으며, 4월 8일 하루 전날 모두 이곳으로 운집하였다. 그런데 장추사의 행상은 4월 4일이라고 기록하고 있는데, 이유는 분명하지 않다. 특히 경락사에는 행상 때 사용하는 수레를 보관하는 불전이 있었다고 기록하고 있다.

『고승전』에 소석스님과 관련한 행상 내용이 있다.

> 송나라 민산 통영사에 소석스님이 있었다. …중략… 4월 초파일이 되자 성도에서 불상을 모시고 걸어가는 행사를 하였다. 소석은 대중 가운데로 엉금엉금 기어가면서 사자의 모습을 지어보였다. 그날 비현에서도 소석이 사자의 모습을 흉내내는 것을 보았다고들 하였다. 그러니 곧 그것이 그의 분신임을 깨달았다.

◉ 결연두結緣豆

결연두의 의미

결연두는 4월 8일에 나누어 주는 콩을 말하는데, 불법과 좋은 인연을 맺으라는 의미를 담고 있다. 큰 그릇에 일정 분량의 콩을 준비하여 콩 한 알에 부처님의 명호를 한 번 부르면서 다른 그릇으로 옮기는 것이다. 각자가 이렇게 염불한 콩을 사찰에 가져와서 4월 8일에 볶거나 하여 나누어준다.

결연두를 먹는 사람 역시 한 번 염불하고 콩을 한 알 먹었다고 한다. 지금은 전승되고 있지 않은 풍속이다. 하지만 지금도 신도들에게 쌀을 가지고 염불하여, 그 쌀을 공양미로 올리도록 하는 것은 이러한 풍습의 흔적임을 알 수 있다.

결연두의 유래

결연두의 유래를 『동국세시기』와 『경도잡지』에서는 송나라로 보고 있다.

내 생각에는 중국 송나라 때 장원이 쓴 『오지』에 "서울 풍속에 염불하는 사람들은 염불할 때마다 콩으로 그 횟수를 헤아리며, 4월 8일 석가탄신일에 이르러 그 콩을 볶아 소금을 약간 쳐서 길가는 사람을 맞이해 다 먹기를 권하여 인연을 맺는다."고 하였는데, 지금 우리나라 풍속에 콩을 볶는 것도 여기에서 비롯된 것 같다.

이 내용은 『흠정일하구문고』에 기록되어 있음을 볼 수 있는데, 『어정월령요집』과 『흠정일하구문고』 등은 『제경경물략』에서 인용하고 있다.

4월 8일에 콩을 나누어주는데 결연두라 한다. 18일에도 또한 콩을 나누어준다. 이에 앞서 콩을 집으면서 염불을 하는데 콩 한 알에 부처님의 명호를 1번 외우며, 콩 한 섬이 되도록 염불하는 자도 있다. 이날에 콩을 삶아 여러 사람들에게 두루 나누어주는데 그 사람도 1번 염불하고 콩 한 알을 먹는다. 남편이나 시어머니에게 배척당한 여자 종이나 첩들은 스스로 책망하여 말하기를 '이 몸이

전세에 콩을 베풀지 않아서 인연을 맺지 못하였다'고 한다.

『연경세시기』에는 콩의 색깔과 조리법 등 기록이 좀 더 상세히 되어 있다.

4월 8일에 도성 사람들 중 적선하기를 좋아하는 자는 푸른색 콩과 노란색 콩을 여러 되 가져다 놓고 부처님의 이름을 소리 내어 부르며 콩을 집는다. 다 집고 난 뒤에 집어낸 것을 익혀서 저잣거리의 사람들에게 나누어주니 이를 결연두라고 한다. 이는 내세의 인연을 미리 맺기 위함이다. 『일하구문고』를 살펴보건대, 경성에서 스님들은 염불할 때마다 콩으로 횟수를 헤아린다. 4월 8일 부처의 탄신일에 그 콩을 삶아 소금을 조금 뿌린 다음 길에서 사람들을 불러 먹인다. 이는 인연을 맺기 위해서라고 하는데 지금도 옛 풍습을 따른다.

결연두의 조리법은 다양하다. 『제경경물략』에서는 콩을 삶고, 『연경세시기』에서는 "삶은 콩에 소금을 조금 뿌린다."고 하며, 『경도잡지』와 『동국세시기』에서는 콩을 볶아 소금을 살짝 뿌리며, 『제경세시기승』에서는 "절인 콩을 나누어주는데, 차와 함께 낸다."고 하는 등, 삶거나 볶거나 절임법을 쓰기도 한다.

한편, 『입당구법순례행기』에 좋은 쌀과 나쁜 쌀을 고르는 간미揀米의 기록이 있는데, 이 택미가 결연두의 유래가 아닌가 추측해 본다. 839년의 기록이다.

새벽에 약죽을 공양했다. 재를 올릴 때는 밥을 공양했는데 백 가지 맛이 났다. 구경하러 온 남녀들은 밤낮을 가리지 않고 다수가 모여 법당 앞에서 재를 마련하고 승려들을 공양하였다. 밤이 되자 다시 등을 켜고 공양했으며, 아울러 범어로 찬탄을 부르니 이틀 낮, 이틀 밤이 걸렸다. 또한 대관, 군중, 스님들은 오늘도 모두 쌀을 골랐다. 이 행사는 날짜를 기한으로 정해 놓지 않았다. 주에서 쌀을 가져와 여러 절에 나누어주는데 대중의 많고 적음에 따라서 수량이 일정치 않아 어느 절에는 10곡을 주고, 어느 절에는 20곡을 주었다. 사고에서는 이들을 받아 다시 승려들에게 한 말, 또는 한 말 5되를 나누어주었다. 스님들은 이를 받아 그 좋고 나쁨을 가리는데, 부서진 쌀은 나쁜 것이고, 부서지지 않은 것이 좋은 쌀이다. 가령 한 말의 쌀을 받은 사람은 이를 좋은 쌀과 나쁜 쌀 두 가지로 나누는데 그 가운데 좋은 쌀은 5되가 되며, 좋은 쌀과 나쁜 쌀을 각기 다른 자루에 담아 관청으로 되돌려 보낸다. 모든 절들이 이와 같은 방식의 행사를 하여 저마다 좋고 나쁜 쌀을 관청으로 보내면, 관청에서는 이를 둘로 나누어 좋은 것은 천자에게 보내어 식사에 쓰게 하고 나쁜 쌀은 그 관청에 남겨둔다. 다만 이렇게 쌀을 고르는 사람들은 군인과 승려이며, 백성들은 이와 같은 일을 하지 않는다. 부에서 징수한 양곡을 고르는 것은 더욱 어렵다. 양주에서 고른 쌀은 빛깔이 매우 검은데 뉘와 부서진 쌀은 골라 버리고 오직 완전한 것만 취한다. 다른 주에서는 이런 식으로 하지 않는다. 상공은 5섬을 고르고, 감군문도 5섬을 고르고, 낭중은 2섬, 낭관은 1섬, 군인과 스님들은 1말 5되, 또는 1말을 고른다고 한다.

김문경은『엔닌의 입당구법순례행기』에서 "간미는 중국에서 진나라 때부터 제사나 진상용을 위한 곡식 고르는 일을 하였다. 그 관리를 도관이라 하며, 당대에는 사농시에 도관서를 두어 이 일을 맡겼다. 그동안 간미의 상세한 내용을 몰랐으나 이 기록에 의하여 많은 부분이 밝혀졌다."고 하였다.[27]

9세기 당시의 간미는 군인과 스님들만 하였을 뿐 일반백성은 하지 않았다고 한다. 큰 방에 모여 앉은 스님들은 자연히 염불을 하면서 간미를 하였을 것이다. 이것이 결연두의 유래가 되었을 것이라고 추측하여 본다. 간미도 일종의 부역이었음을 알 수 있다.

지금도 신도들은 부처님 전에 쌀을 공양할 때 집에서 간미한 쌀을 정성스럽게 올린다. 비구니선원에서는 가끔씩 대중운력으로 부처님께 올리는 공양미를 간미하기도 한다.

◉ 만불산

만불산은 신라의 경덕왕이 당나라의 대종에게 보낸 물품이다.『삼국유사』의 기록에 의하면 만불을 모시고 새와 나비 등을 새겨 놓았는데 참인지 거짓인지 분간하기 어렵다고 하였다. 매우 정교하고 섬세하게 조성되었음을 알 수 있다. 대종은 4월 8일에 승도들에게 명하여 내도량에서 만불산에 예배하고, 불공에게 명하여 밀교의 진언을 1,000번이나 외어서 경축하게 하였다고 한다. 이는『어정월령요집』나『태평광기』

---

27 김문경, 『엔닌의 입당구법순례행기』, 중심, 2001, 100쪽.

등에도 내용이 전하는데 『삼국유사』와 대동소이하다.

경덕왕은 또 당나라 대종황제가 불교를 숭상한다는 말을 듣고 공장이에게 명하여 오색담요를 만들고 또 침단목을 새겨서 명주와 아름다운 옥으로 꾸며서 높이 1장 남짓한 가산을 만들어 담요 위에 놓았다. 산에는 뾰족한 바위와 괴이한 돌과 동굴이 있어서 각 구역으로 나뉘었고, 그 각 구역 안에는 노래하고 춤추고 노는 모습과 온갖 나라들의 산천의 형상이 있다. 조금만 바람이 문 안으로 들어가면 벌과 나비가 훨훨 날고 제비와 참새가 춤을 추니, 얼핏 보아서는 참인지 거짓인지 분간할 수가 없다. 그 속에는 만불을 모셔 놓았는데 큰 것은 사방 한 치가 넘고 작은 것은 8,9푼쯤 된다. 그 머리는 혹은 큰 기장만하고 혹은 콩 반쪽만하다. 머리털과 흰 털, 눈썹과 눈이 또렷하여 모든 형상이 다 갖추어졌으니, 다만 비슷하게 비유할 수는 있어도 자세히 설명할 수는 없다. 이 때문에 이 산을 만불산이라고 했다. 다시 거기에 금과 옥을 새겨 유소번개, 암라, 담복, 화과 등 장엄한 것과, 백보 누각, 대전, 당사를 만들었는데, 모두가 비록 작기는 하지만 그 형용은 마치 살아서 움직이는 것과 같았다. 앞에는 돌아다니는 승려의 형상 1,000여 개가 있고, 아래에는 자금종 셋을 벌여 놓았는데, 모두 종각이 있고 포뢰가 있으며 고래 모양으로 종치는 방망이를 만들었다. 바람이 불어 종소리가 나면 스님들이 모두 엎드려 머리를 땅에 대고 절한다. 은은하게 염불하는 소리가 나는 듯하니, 이 까닭은 그 종에 있었다. 이것을 비록 만불이라고는 하지만 그 실상은 이루 다 기록할 수가 없다. 만불산이 이루어지자 사신을 당나라에 보내서 바치니 대종은 이것을 보고 탄식하였다.
"신라의 교묘한 기술은 하늘이 만든 것이지 사람의 기술이 아니다."
이에 구광선을 그 바위 사이에 두고 이름을 불광이라고 했다. 4월
8일에 대종은 두 거리의 승도들에게 명하여 내도량에서 만불산에
예배하고, 삼장불공에게 명하여 밀부의 진리를 1,000번이나 외어서
경축하게 하니, 보는 사람들은 모두 그 교묘한 솜씨에 탄복했다.

◉ 걸자乞子

『어정월령집요』에 "『형초세시기』에 장사사의 누각 아래에 구자모신이
살았다. 4월8일에 아들이 없는 사람이 얇은 떡을 공양하여 아들 낳기를
구하면 왕왕 효험이 있다."고 한다.

　4월 8일은 세상에 뛰어나신 부처님께서 탄생하신 날이므로 민간에서
는 아들 낳기를 바라는 기도도 올렸다. 현대사회도 그렇지만 동양에서
는 칠거지악의 하나에 들 정도로 아들을 갖기 위한 바램은 변함없는
듯하다.

◉ 육화성상六花成像

『어정월령집요』에 "『명승지』에 관음산은 팽택현의 북쪽에 있다. 지정
원년 4월 8일에 설암 앞에 육화를 모으면 석벽 사이에서 관세음보살이
나타나는데 이로 인하여 산중에 불당을 세웠다고 한다."고 한다. 지정
원년은 1340년이다.

◉ 서호방생西湖放生

『어전패문운부』등에는 4월 8일 욕불회를 겸하여 서호에서 방생을 하였다고 한다. 작은 배에 거북, 물고기, 소라 등을 경쟁하듯이 팔았다고 하는 것을 보니 방생을 하는 사람들이 많았음을 알 수 있다.

◉ 현장법사 예불문

4월 8일 야반에 북쪽을 향해서 4번 절을 하면 100겁의 죄가 소멸된다.

◉ 어린이 삭발

제주도에서는 초파일에 돌을 전후한 어린아이의 머리를 깎아주면 윤기가 있는 까만 머리가 돋아난다고 하여 어린아이 머리를 깎아주는 풍습이 지금도 행해지고 있다.

13일

◉ 능엄회楞嚴會

능엄회는 『칙수백장청규』에 "4월 13일에 능엄회를 열어서 7월 13일에 마친다."고 한다. 이는 하안거 기간과 동일하다.

15일

◉ 하안거

안거의 의미

안거安居는 팔리어로 vassa이며 우기雨期라는 뜻이다. 동남아시아 불교에서 매년 몬순 기간에 해당하는 3개월 동안 승려들이 일정한 거처에 머무르며 수도하는 것이다. 탁발 유행승들이 우기 동안 일정한 사원에 모여 연구와 종교적 대화의 시간을 갖는 전통은 남아시아의 고대 관습에서 유래하는데, 남아시아에는 고대로부터 고행자가 유행하기 어려운 몬순 기간 동안 대개 마을 근처 작은 숲 같은 곳에 머무르는 관습이 있었다. 그들은 우기 동안 그러한 거처에 머무르면서 명상을 계속했으며, 그 지역 사람들에게 보시를 청하곤 했다.

석가모니의 제자들은 이와 같은 관습을 이어받았고, 석가모니의 열반 후에도 몬순 기간 동안에 함께 모여서 석가모니가 제정한 계율의 조목들을 암송하고 석가모니가 가르친 진리를 깨닫고자 하였다. 재가자들의 보시가 증가함에 따라 승려 공동체인 승가는 보다 부유해졌다. 그에 따라 매년 안거 기간 동안 명상하는 승려들의 거처가 될 수 있는, 다소 영구적인 형태의 '비하라vihāra'가 건축되어 명상과 연구의 중심지로 정착되어 갔다. BC 3세기 마우리아 왕조의 강력한 아쇼카 왕의 치세 때는, 그가 석가모니의 가르침을 존중하고 따랐기 때문에 그러한 비하라들이 동북부 인도 전역에 퍼졌다.

아시아의 남부와 동남부지방에 등장한 거대한 불교사원인 '마하비하라'는 이러한 비하라에서 유래했으며, 오늘날에도 상좌부 불교국가들에서는 여전히 해마다 안거를 실천하고 있다. 불교를 믿는 남자는 누구나 관례적으로 일정기간을 사원에서 보내도록 되어 있는 태국에서는 안거 기간을 승려의 삶을 체험하는 유익한 기간으로 여기고 있다. 승려들 사이에서는 일반적으로 사원에서 안거 기간을 몇 번 지냈는지에 의해서 공양자리 등이 정해진다.

안거가 끝날 때는 자자라는 의식이 거행되는데, 이때 모든 승려들은 법랍에 관계없이 안거 기간 동안의 부적절한 행동에 대해 사원 내의 다른 승려에게 기꺼이 훈계를 받는다. 재가자들이 승려들에게 보시를 하는 흥겨운 카티나(kaṭhina : '옷'이라는 뜻) 의식은 안거가 끝난 다음 달에 거행된다.

안거를 가리키는 용어

안거라는 용어는 문헌상에 매우 다양하게 나타나고 있다. 『범망경고적기』에는 안거를 좌하안거, 좌하, 좌랍, 하랍, 우안거라고 하는데, 이는 지방어가 같지 않기 때문이라고 한다.

안거 관련 용어들을 종합해 보면, 크게 3가지로 구분할 수 있다. 첫째는 '좌'를 사용하고 있는 용어와, 둘째는 '납'을 사용하고 있는 용어, 셋째는 그밖의 용어이다.

먼저 '좌'의 그룹은 안거를 좌하, 하좌라고 하기도 하고, 안거와 좌하를 합해서 좌하안거, 안거좌하라고 한다.

두 번째 '납'의 그룹은 좌납坐臘, 하납夏臘이라고 하며, 세 번째는 결제結制, 결하結夏, 우안거雨安居 등이 있다.

위의 다양한 용어들 가운데, 한국에서는 결제, 또는 안거를 가장

보편적으로 사용하고 있다.

『입당구법순례행기』에서는 '좌하'가 사용되는데, 상공이 원인스님과 필담으로 일본에 관해서 물을 때 "그대의 나라에도 좌하가 있습니까?"라고 하자, 원인은 "있다."고 한 데서 찾아볼 수 있다. 『불설식정인연경』 등에서는 '좌하안거'라고 하고, 『불본행집경』 등에서는 '안거좌하'라고도 한다.

『비나야』에서는 하좌, 『대방광불화엄경수소연의초』 등에서는 좌랍, 『범망경고적기』에는 하랍, 또는 우안거라고 한다. 『어정월령요집』에는 결제, 결하라고 하였다.

다음은 『형초세시기』의 내용이다.

4월 15일에 스님들이 사찰에서 괘탑을 하니 이를 결하 또는 결제라고 한다. 여름은 크게 자라게 해주는 절기로 밖에 다니면 초목과 벌레 따위를 해칠까 걱정하여 90일간 안거를 한다. 선원의 종규에 축융이 이 계절을 맡고 염제가 남방을 다스리니 석가여래가 외출을 금지시킨 때로, 석가여래가 만물의 생명을 보호하는 날이다. 7월 15일이 되면 사찰에서 괘탑을 하던 스님들이 모두 흩어져 나가니 해하 또는 해제라고 한다라고 하였다. 선원의 종규에 가을바람이 점차 불어오고 맑은 이슬이 흠뻑 내리니, 석가모니가 해제하는 시기이며 법세가 한 해 더해지는 날이다라고 하였다. 대장경에 4월 15일에 나무 아래에 앉아 있기 시작하여 7월 15일 일어날 때까지 스님이 풀 위에 앉았던 기간을 일세라 한다라고 하였고, 선담어록에서는 이를 법세라고 하였다.

안거 시기

안거 시기는 남방불교권과 북방불교권이 같지 않다.

남방불교는 음력 8월 15일부터 11월 15일까지가 안거기간이다. 이에 비해 대승불교권인 북방불교에서는 여름철의 하안거와 겨울의 동안거로 구분하는데, 4월 15일부터 7월 15일까지를 하안거, 10월 15일부터 다음해 1월 15일까지를 동안거라고 한다.

『범망경고적기』에는 안거 기간에 관해서도 서술하고 있는데, 인도에서는 안거 기간을 봄, 여름, 가을, 겨울의 4기시로 구분(현행의 구분과 동일)하기도 하고, 또는 1월 15일을 새해의 시작으로 여기고, 1월 16일부터 5월 15일까지를 열제, 5월 16일부터 9월 15일까지를 우제, 9월 16일부터 1월 15일까지를 한제라고 하여 3시기로 구분하기도 하였다. 안거 시기가 중국과 일치하지 않음에 관하여 『대당서역기』에는 다음과 같이 말하고 있다.

인도의 승려들은 부처님의 성스러운 가르침에 의거하여 모두 다 실라벌나월 전반 초하루에 우안거에 들어가는데, 이날은 당나라의 5월 16일에 해당한다. 그리고 알습박유사월 후반 15일에 우안거를 해제하는데, 이날은 당나라의 8월 15일에 해당한다. 인도의 월명은 별자리에 의거하여 이름 붙여진 것으로 예나 지금이나 바뀌지 않고 있으며 여러 부파에도 차이는 없다. 실로 중국과 인도의 말이 달라 번역하는 데에 오류가 생기게 되었으며 때를 나누고 달을 헤아리는 데에 이 같은 차이가 생긴 것이다. 그러므로 중국에서는 4월 16일에 안거에 들어가서 7월 15일에 안거를 해제하는 것이다.

옛 인도의 스님들은 부처님의 가르침에 의해 우안거에 들어가는데 전삼월이나 후삼월에 들어갔다. 전삼월은 당나라의 5월 16일부터 8월 15일에 해당하고, 후삼월은 당의 6월 16일부터 9월 15일에 해당한다.

한편 『남해기귀내법전』에서는 두 시기의 안거를 설명한다.

전안거의 경우는 5월의 흑월(한달의 뒷 15일)의 첫날에 하고 후안거의 경우는 6월 흑월의 첫날에 한다. 오직 이 두 날에만 안거를 시작하는 것이 합당한 날이다. 이 중간의 날자에는 글에 안거를 허락한 곳이 없다. 그리하여 8월 보름에 이르게 되면 전안거가 끝나게 되고, 9월 보름에 이르면 후안거가 끝나게 된다. 이때는 법승과 속인들이 크게 공양을 한다. 8월 보름 이후를 가율저가월이라 이름하는데, 강남에서는 가제라 하여 모임을 마련한다. 바로 이때가 전안거가 끝나는 때다. 8월 16일은 곧 갈치나의(공덕의)를 걸치는 날이다. 이것이 그 옛 법이다.

또한 『칙수백장청규』에서는 서역에서는 안거 기간을 세 시기로 구분하고 있다고 전한다.

승려는 세속 나이로 순서를 정하지 않으며 법랍으로 순서를 정한다. 그러므로 세속과 다르다. 서역은 (1년을) 3시기로 나누며 그 가운데 한 때를 가지고 안거하며, 출입을 금지한다. …중략… 그리고 인도의 땅은 드넓고 더위와 추위가 심하며 기후가 고르지 않다. 때문에 결제를 4월, 5월, 12월로 하였다. 그러나 모두 16일에 시작한다.

우안거라 함은, 지역과 때에 따라서 맞게 정한 것이다. 혹은 좌하, 혹은 좌랍이라 하며, 계랍의 의미는 이에서 비롯되었다.

한국은 인도보다는 기후가 비슷한 중국의 안거 기간을 따르고 있다. 하안거와 동안거 그리고 봄과 가을의 2번의 해제철로 나누어 1년을 4시기로 구분하고 있다. 하안거는 음력 4월 15일부터 7월 15일까지이며, 동안거는 10월 15일부터 1월 15일까지로, 각각 3개월의 수행기간을 갖는다.

안거 시간의 구성

안거 기간은 비구선원과 비구니선원이 다르지 않지만, 수행 시간 구성은 같지 않다. 예를 들면 비구선원은 새벽 2시에 기상하여 바로 참선을 한 후에 새벽예불을 하지만, 비구니선원은 새벽 3시에 기상하여 새벽예불 후에 참선을 시작한다. 선원의 수행 시간은 크게 두 가지로 구분되는데 일반정진과 특별정진이다.

(1) 일반정진

일반정진이란 일상의 정진을 말하며, 하안거와 동안거가 동일하다.

새벽 3시에 기상하여, 예불을 마친 후 3시 40분 정도부터 5시까지가 새벽 입선 시간이다. 6시 공양 후 도량청소를 하고 오전 입선은 7시부터 10시까지다. 사시예불과 사시공양을 한 후 오후 입선은 1시부터 4시까지다. 5시에 저녁공양 후 저녁예불을 하고, 바로 큰방으로 내려와서 입선을 들고 9시, 도량에 따라서 혹은 10시에 방선하고, 바로 취침에 든다. 입선 중에는 매시간 당 50분은 좌선하고 10분은 포행을 한다.

(2) 특별정진 — 가행정진과 용맹정진

하안거에는 기후관계로 보통 특별정진을 하지 않는다. 그러나 동안거 때는 12월 8일 성도일을 전후로 보통 7일간 용맹정진을 한다. 용맹정진 은 12월 1일 새벽 3시에 입선죽비를 치고, 방선죽비는 12월 8일 새벽 3시에 치는 정진이다. 용맹정진 기간에는 대중은 예불과 수면도 생략하 고, 공양시간 외에는 오직 좌복에 앉아서 1주일을 정진한다.

　한편 대중에 따라서는 용맹정진 기간을 3주일, 즉 21일간 초인간적인 정진을 하는 경우도 있다. 11월 15일 새벽 3시에 입선하여 12월 8일 새벽 3시에 방선한다.

　동안거에 모인 대중에 따라서 가행정진을 하는 선원도 있는데, 연로 한 스님들이 많은 경우나 특별한 사정이 있을 때 대중공사를 통해서 결정한다. 가행정진은 기본적으로는 용맹정진과 같은데, 다만 밤 12시 부터 새벽 3시까지 3시간 정도 수면을 취하는 정진이다. 정진시간을 알기 쉽게 표1로 작성하면 다음과 같다.

〔표〕 한국선원 정진 시간표

시간	일반정진	특별정진	
		가행정진	용맹정진
3	기상·예불	기상	
4	정진	정진	정진
5			
6	아침공양·도량청소	아침공양	아침공양
7			
8			
9	정진	정진	정진
10			
11	사시예불·사시공양	사시공양	사시공양
12	자유시간		
13			
14		정진	정진
15	정진		
16			
17	저녁공양·저녁예불	저녁공양	저녁공양
18			
19			
20	정진		
21		정진	정진
22			
23			
24			밤참(죽)
1	취침	취침	정진
2			

안거 중의 출타

한국불교는 안거 중의 출타를 엄격히 제한하고 있다. 그러나 큰 병이 나거나, 은사스님의 열반 등에 한해서는 3~4일의 출타를 허용하고 있다. 만약 안거기간 중에 무단외출이나 외박을 하였을 경우에 남은 기간의 안거를 허용하지 않고 산문 밖으로 출송을 당한다.

『남해기귀내법전』에서 안거 중의 출타에 관하여 설명한 내용이다.

또 율문에 일렀다. "무릇 하안거 기간 안에 여법한 인연이 있을 경우에는 모름지기 수일(휴가)하여야 한다. 많고 적은 인연이 찾아옴에 따라 곧 소요되는 날짜에 준해서 말미를 받아야 한다. 하룻밤 자고 올 일이 있으면 하루의 말미를 받고, 이와 같이 하여 7일에 이르면 다른 사람과 교대한다." 그 후 다시 인연 있는 사람이 찾아오면 율에서는 거듭 청해서 떠나도록 하고 있다. 만약 7일이 지나면 8일째 떠나야 하며, 내지 40일 밤에 이르는 가운데 그 중간의 갈마에서는 8일 등 소요되는 날짜의 말미를 받고 떠난다. 그러나 하안거의 절반이 넘게 외부에 있으면서 숙식할 수는 없다. 이런 이유 때문에 이것은 오직 40일 밤만 허락되는 것이다. 그러나 반드시 병의 인연이나 또는 그 밖에 여러 어려운 일이 있어 꼭 다른 곳으로 가야 할 경우에는 비록 수일하지 않아도 안거를 깨는 것이 아니다. 출가한 오부대중이 안거를 시작하고 나서 하중에게 인연이 있을 경우 말미를 내려 줄 것을 부탁하고 떠난다. 하안거에 이르기 전에 미리 방과 요사를 나누고 윗자리의 스님은 그 가운데 좋은 곳을 취하여 차례로 나누어서 마지막 스님에 이르게 한다. 나란타사에서는 현재

이 법을 행하고 있다. 대중들을 해마다 언제나 방과 요사를 나누고 있는데, 이는 세존께서 친히 가르치신 법으로 깊이 이익이 된다. 첫째는 그들의 아집을 제거하게 되고, 두 번째는 두루 승방을 보호하게 된다. 출가한 대중은 이치로 보아 모름지기 이 법을 지켜야 할 것이다.

출입을 엄격히 제한하고 있는 현재보다는 최대 40일까지 휴가를 얻을 수 있었던 것은 당시의 교통사정 등을 고려한 것이라고 생각한다. 『칙수백장청규』에서는 "4월 15일은 결제일이다. 천기를 보아서 승당 안의 난렴은 내리고 량렴은 올린다."고 하여 여름의 더위를 대비한 발을 준비하였다.

◉ 삭발

4월 15일 삭발하면 200겁의 죄가 소멸된다.

21일

◉ 보현 탄생

『어정월령집요』에 "4월 21일은 보현보살이 탄생한 날이다."고 한다.

28일

◉ 약왕보살 탄생

『어정월령집요』에 "4월 28일은 약왕보살이 탄생한 날이다."고 한다.

4월내

◉ 평등회平等會

평등회는 『어정패문운부』와 『책부원감』 등에 기록이 있는데, 4월에 행하였던 무차대회를 말한다. 양무제는 4월에 동태사에 행행하여 평등회를 개최하였다. 대회에 대한 상세한 기록이 없어서 정확한 내용을 알기는 어렵지만, 왕이 행차하였던 대회이므로 상당히 큰 법회였던 것은 틀림없다.

3일

◉ 현장법사 예불문

5월 3일 황혼에 동쪽을 향해서 4번 절을 하면 4,800겁의 죄가 소멸된다.

5일

◉ 단오

단오의 의의

단오인 음력 5월 5일은 1년 중 양기가 가장 왕성한 때이다. 단오의 단端은 처음, 곧 첫 번째를 뜻하고, 오午는 오五, 곧 다섯의 뜻과 통하므로 단오는 초닷새라는 뜻이 된다. 수릿날, 중오절重午節, 천중절天中節,

단양端陽, 욕란절, 오월절五月節이라고도 한다.

한국에서는 1518년(중종 13년)에 설날, 추석과 함께 3대 명절로 정해진 적도 있다.

수릿날이라는 명칭이 쓰인 것은 중국 초나라 희왕 때부터이다. 『열양세시기』 등에 "우리나라에서는 단오를 수릿날이라고 하는데 물여울에 밥을 던져 굴삼려를 제향하는 날이기 때문이라고 한다."고 전한다. 굴삼려는 중국 초나라의 충신으로 삼려대부를 지냈던 굴원을 말한다. 굴원은 간신들의 모함에 자신의 지조를 보이기 위해 멱라수에 투신자살하였는데 그날이 5월 5일이었다. 그 후 해마다 굴원의 영혼을 위로하기 위해 제사를 지낸 것이 그 유래이다.

『동국세시기』에는 좀 더 상세한 기록이 있다.

단오를 속칭하여 수리날이라고도 하는데 '수리'란 우리나라 말로 수레. 이날 쑥을 뜯어 짓찧어서 멥쌀가루에 넣고 초록색이 나도록 반죽을 하여 수레바퀴 모양으로 떡을 만들어 먹는다. 그래서 이날을 수리날이라고 하는 것이다. 떡집에서는 이것을 시절음식으로 판다. 이 쑥을 『본초강목』에서는 천년애라고 하고 중국 사람들은 구설초라고 한다. 쑥잎 중 겉이 흰 것을 볕에 바짝 말려 비벼서 부싯깃을 만드는데 이것을 수리치라고 한다. 내 생각에는 중국의 무규라는 사람이 쓴 『연북잡록』에 "요나라 지방 풍속에 5월 5일 발해의 주방에서 쑥떡을 올린다."고 하였는데, 우리나라 풍속도 여기에서 비롯된 것 같다.

또, 이날 산에서 자라는 수리취라는 나물을 뜯어 떡을 한다. 그리고 쑥으로도 떡을 하는데 모양이 마치 수레바퀴와 같아서 수리라고 이름하였다고도 한다.

욕란절은 『형초세시기』에서 전하며, 백성들이 온갖 풀을 밟는 놀이, 즉 답청놀이를 했다고 전한다.

오월절은 『연경세시기』에 "경사에서는 단양을 오월절이라고 한다. 오월단오라고 하는 것은 대개 단자의 음이 바뀌어서 그런 것이다."고 하며, 『입당구법순례행기』에 "오월절을 지내고 아울러 목욕하고 옷을 빨아 입었다."고 하였다.

『열양세시기』에는 "5월 5일은 천중절이다. 위로 하늘이 내신 녹을 얻고 아래로 땅이 준 복을 받으며, 치우 신의 동두와 철액과 적구와 적설로 404가지 병을 일시에 소멸하니 율령을 내린 듯 서둘러라."고 하였다.

선원의 단옷날

『칙수백장청규』에 단옷날 창포차를 공양하며, 방장스님이 산중의 승당과 암자를 돌며 차를 올리는 모습이 상세히 기록되어 있다.

단옷날 이른 아침에 지사가 승당 안에서 향을 사르고, 창포차를 점하며, 주지는 상당한다. 다음에는 청묘회를 열며, 당사는 미리 모든 요사채에 간경의 경단經單을 낸다. 직세는 모든 처소의 새는 곳을 점검하고 구거를 준설한다. 방장은 산중의 승당과 산중의 암자의 탑에 나아가 각각 하루씩 점차하며 온도를 보존한다. 승당

안에 모기장을 건다.

구거는 하천보다 규모가 작은 4~5미터 폭의 개울을 말한다.

단오의 공양물

예전에는 단오에 종자를 선물로 주고받거나, 제철 과일인 앵두 등을
공양물로 올리기도 하였다. 『연경세시기』에 "매년 단오 이전에 관청과
지위가 높은 사람의 집에서는 모두 종자를 서로 선물하고 앵두, 오디,
발제, 복숭아, 살구, 오독병,[28] 매괴병[29] 등을 곁들여 주기도 한다."고
하며, 또한 "불공을 드리거나 조상에게 제사지내는 사람도 마찬가지로
종자와 앵두, 오디를 공양물로 올리는데 이는 제철에 나오는 음식을
올리려는 뜻이다."라고 기록하고 있다.

단오의 부적과 부채

단오에는 부적을 선물하기도 하였다. 『열양세시기』의 내용이다.

관상감에서 도장으로 찍은 붉은 부적을 올리면 이것을 문 상방에
붙인다. 공경대부나 측근 신하들도 관례에 따라 부적을 얻는다.

---

28 중국에서 단오절에 먹던 전통민속떡이다. 살구, 대추, 녹두, 고기조림, 검정깨
　　등의 5가지 소가 들어간다. 떡의 표면에는 뱀, 전갈, 오공, 수궁, 두꺼비 등
　　5개의 형상이 새겨져 있다.
29 밀가루를 참기름으로 반죽하여, 설탕과 장미 꽃잎을 잘 찧어 속을 만들어 넣고
　　구운 떡이다.

그 반사문은 다음과 같다. 5월 5일은 천중절이다. 위로 하늘이 내신 녹을 얻고 아래로 땅이 준 복을 받으며, 치우 신의 동두와 철액과 적구와 적설로 404가지의 병을 일시에 소멸하니, 율령을 내린 듯 서둘러라. 정조 을묘년 이후로 이것을 불경인 은중게로 바꾸었는데 '나무 사만다 못다남 옴 아아나 사바하'라고 하여 대개 효심을 일으키는데 화정의 『금강경』을 이용한 것이다.

관상감에서 찍은 부적을 신하들이 얻기도 하였는데, 정조 을묘년 (1895) 이후에는 이것을 화정의 『금강경』을 이용하여 은중게로 바꾸었다고 전한다.

한편 『희조락사』에는 "단오는 천중절이다. … 중략… 불가에서는 경통륜자와 악을 피하게 하는 신령스러운 부적을 신도들에게 보낸다." 고 하여, 사찰에서 신도들에게 경통과 부적을 보냈다고 기록하고 있다. 경통은 경문을 담은 통이고, 윤자는 석가모니의 가르침이 일체중생 사이에서 회전하며 미혹을 깨뜨린다 하여 붙여진 이름이다.

한편, 하선동력이라고 하여, 여름에는 부채를, 겨울에는 달력을 주고받았다. 『열양세시기』의 내용이다.

공조와 호남, 영남의 두 감영 및 통제영에서는 단오에 즈음하여 부채를 만들어 진상하였고, 조정의 시종신 이상과 삼영 모두 관례에 따라 차등 있게 받는다. 부채를 얻은 자는 이것을 다시 친척이나 친구, 묘지기, 소작인 등에게 나누어준다. 그래서 속담에 향촌에서 생색을 낼 때 쓰는 말로 '여름에는 부채, 겨울에는 책력'이란 속담이 생겼다. 통영으로부터 받는 진상품에는 추가로 가위와 인두, 은장도 등이 있다. 옛날 부채는 접지 않았다. 그래서 반첩여의 환선이란 시에 "둥글기가 명월같다."고 한 것이다. 옛 『악부』의 백단선가 중에 장창이 말을 몰고 장대가를 갈 때 얼굴을 가린 채 말에 기대었다고 한 것이 이 물건이다. 영락 연간에 우리나라에서 접는 부채를 진공하였더니 황제가 이것을 보고 그대로 만들 것을 명한 일이 있었는데, 그 이후로 접는 부채가 세상에 퍼진 것이다.

현대는 냉방시설이 발달하여 일상생활에서 부채의 필요성이 매우 적어졌으나, 그래도 휴대용으로서는 부채가 가장 적합하다. 사찰이나 공공기관에서 부채를 나누어주던 풍속은 사라졌지만, 거리에 나서면 부채를 상품이나 기업 홍보용으로 이용하고 있음을 볼 수 있다.

단오의 메주

단오 무렵은 일년 음식의 기본 양념인 된장이나 간장 등의 장류를 만들기에도 좋은 계절이다. 『열양세시기』에도 이와 관련한 기록이 있다.

사도시에서는 궁궐 창고의 메주콩을 도성 근처 사찰의 승려들에게 맡겨 장을 만든 다음 단오일에 진상한다. 쌀이나 베를 다루는 아문이나 도성에 거주하는 사대부 집에서도 마찬가지로 재료를 주고 시켰다가 진상을 바치고 나면 와서 찾아간다.

사도시는 조선시대 궁중의 쌀과 장의 공급을 맡아 보는 관청이었다. 태조 1년(1392)에 설치한 요물고를 태종 때에 공정고로 고친 적이 있는데, 모두 사도시의 전신이다. 한편, 단오 때 메주를 만드는 일은 당시의 스님들에게는 부역에 가까운 일이었음을 알 수 있다.

직지사 씨름대회

『동국세시기』에 단옷날 직지사에서는 씨름대회를 하였다고 한다. "충청도 금산지방 풍속에 단옷날이 되면 소년 무리들이 직지사로 모여 씨름대회를 갖는다. 이때 원근 사람들이 모두 모여 누가 이기는지 내기를 건다. 이 소문을 듣고 구경 나온 사람이 수천 수백을 헤아리며 해마다 이렇게 한다." 그러나 지금은 완전히 소멸된 풍습으로, 이와 같은 풍습이 사찰 경내에서 행하였다는 사실조차 우리들은 알지 못한다.

해인사 산행

해인사에서는 매년 단오에 선방 스님과 강원 스님들이 남산제일봉에 등산을 하여 소금 항아리를 묻는 행사가 있다. 이는 화재로부터 삼보와 가람을 보호하기 위함인데, 역사가 오래되었다. 남산제일봉은 매화산 埋火山이라고도 한다. 옛날에 해인사는 화재가 자주 일어났는데, 매화산이 불의 기운이 강하기 때문이라고 하여, 소금 항아리를 묻은 이후 불이 나지 않은 것에서 유래한다.

하산 후에는 경내 뒤편에 있는 운동장에서 축구, 족구, 줄다리기, 계주 등의 경기가 펼쳐졌다. 이때 산중의 스님들이 모두 모여서 응원을 한다.

또한 동화사에서도 강원스님들이 팔공산 청소년수련관에 모여 축구, 족구, 발야구, 계주 등을 하면서 스님들 간의 화합을 다진다.

이런 단오 행사는 "단오를 맞아 강원 스님들이 체육대회를 펼침으로서 상급 하급반이 서로 이해하고 화합하여 보다 나은 수행정신을 마련하는 계기가 되고 단오의 미풍양속을 지켜 나갈 수 있는 뜻 깊은 날이 되고 있다"고 한다.

◉ 청묘회 靑苗會

밭에 씨를 뿌리고 나서 곡류의 성장을 기원하며 행하는 선종의 법회를 말한다.

17일

◉ 삭발

5월 17일에 삭발하면 2,000겁의 죄가 소멸된다.

5월내

◉ 영불수迎佛水

영불수는『어정월령집요』에『진랍풍토기』를 인용하여 다음과 같이
전한다.

진랍국에서는 5월에 부처님을 맞이하는 물이 있었다. 나라 안의
원근의 불상에 모두 물을 보냈다. 더불어 왕은 몸을 깨끗이 씻고
배를 타고 육지에 나가서 누각에 올라가 관람하였다.

진랍국(550~802)은 캄보디아를 말한다. 초기의 크메르왕국인데,
중국에서 진랍이라고 하였다. 550년 무렵은 부남국의 종속국이었는데,
60여 년 후에 독립하고, 마지막으로 부남국을 점령하였다.
『진랍풍토기』는 주달관周達觀이 저술하였다. 그는 1296년 7월에
캄보디아에 있는 앙코르왕조의 수도 앙코르와트에 도착하여, 1297년
6월에 귀국하였다. 앙코르시대의 사료들은 주로 비문으로, 이들 사료
에는 서민들의 기술이 보이지 않는 반면,『진랍풍토기』에는 서민들에
대한 내용이 상당히 기록되어 있다. 약간의 편견이 보이기는 하지만
중요한 사료이다.

1일

◉ 융서隆暑

융서는 삼복이 시작되는 무더운 여름을 말한다. 선원의 수좌스님들도 삼복에는 쉬어가며 정진한다. 『칙수백장청규』에 "삼복더위에는 수좌는 좌선판 울리는 일을 면해준다. 삼복이 시작되면 당주는 제조하여 천석을 볕에 쬔다. 탄두 혹은 사고에서는 숯을 쳐서 덩어리를 만든다." 고 하여, 정진을 쉬는 시간에는 사중의 일을 돕는데, 돗자리를 내어 말리거나, 겨울의 추위를 대비하여 땔감을 준비하기도 한다.

천석은 줄(Zizania latifolia)의 잎으로 만든 돗자리로, 벼과에 속하는 줄은 한자로는 고미菰米, 또는 교백자茭白子, 고실孤實 등으로 부르며, 성질이 차갑기 때문에 여름에 돗자리를 만들어 사용하였다.

4일

◉ 전법륜轉法輪

『어정월령요집』 등에 "6월 4일은 남섬부주에 대법륜이 구르기 시작하였다."고 한다. 이는 석가모니 부처님께서 처음으로 오비구에게 법문을 설하신 것을 말한다.

　불전으로는 대장경 중의 『수약사의궤포단법』에 나온다. 약사칠불을 모실 때의 의궤법 중에 7일의 길일을 택해서 행하면 그 공덕이 백천만 배나 더한다고 하는 내용 가운데 들어 있다.

　어떤 것이 7가지인가. 첫 번째는 부처님께서 태에 들어가신 기미년 5월 15일, 두 번째 탄생하신 경신년 4월 7일, 세 번째는 출가일인 무자년 늦은 봄 8일, 네 번째는 성도일인 갑오년 4월 15일, 다섯 번째는 녹야원에서 사제법을 전하신 성도원년인 6월 4일이며, 여섯 번째는 도리천에서 돌아오신 경자년 8월 22일, 일곱 번째는 열반일인 경진년 4월 15일이다.

　위의 『수약사의궤포단법』의 날짜는 기존의 문헌들과 일치하지는 않지만, 전법륜의 날짜가 기재되어 있는 것은 이 경전밖에 보이지 않는다.

6일

◉ 양경회晾經會

양경회는 일반적으로 서적과 의복 등을 꺼내어 햇볕에 말리거나 바람을 통하게 하여 손상을 예방하고자 하는 것이다.

고대 인도에서는 글자를 쓰는 데 나뭇잎을 사용하였다. 초기의 불교 경전을 패엽경이라고 하는데, 이는 패엽에서 비롯된 것이다. 패엽은 범어 패다라, 즉 나뭇잎이라는 뜻에서 온 말로 패다, 또는 패다라엽이라고도 한다. 패다라는 범어 'Pattra'의 음사로서 특정한 식물을 가리키기도 하나, 흔히 일반 식물의 잎 또는 필사용 나뭇잎이란 뜻으로 쓰인다. 인도에서는 지금도 사용하고 있는데, 가장 좋은 재료는 다라tala나무의 잎이다.

패엽경은 신라시대에 전래되었다. 신라의 승려가 서역으로 유학갔다가 패엽경을 가지고 귀국하여 황해도 신천의 구업사에 봉안한 뒤, 절 이름을 패엽사로 고쳤다고 한다. 현재 대구 동화사와 영월 법흥사에 패엽경이 보관되어 있다. 이 가운데 법흥사의 패엽경은 단 한 장으로, 앞뒤 가득 범어로 쓰여 있다.

한편, 한문 서적은 습기에 약하기 때문에 정기적으로 통풍을 해야 하는 단점을 지니고 있다. 때문에 사찰에서는 이를 위하여 법회를 만들어 신도들과 같이 행하였다. 양경이 지니고 있는 또 다른 의미는 바람을 통하여 부처님의 설법이 널리 전해지기를 바라는 마음과, 바람을 통하여 경문의 내용이 세상에 퍼져서 모두가 불법과 인연을 맺을 수 있도록 하는 기원이 들어 있다고 해석할 수 있다.

『연경세시기』에 "무릇 담자사를 유람하는 사람은 수계 계단을 찾는다. 대체로 계대는 정해진 기간이 없이 오직 6월 6일에 양경회를 열 때에만 구경할 수 있다."고 전한다.

양경회는 한국에서는 볼 수 없지만 중국이나 일본에서는 지금도 행해지고 있다. 중국에서는 학벽시 대비산에 있는 천녕사에서 6월 6일에 경전을 햇볕에 쬐고 통풍시키는 습속이 있는데, 이는 명나라시대부터 시작되었다고 한다. 명나라 만력 2년(1574)에 천녕사의 스님들과 신도들이 남경의 예부에 청하여 인조 대장경 한 부 6,053권을 받아서 천녕사에 수장하게 되었으며, 이 경전을 잘 보관하기 위하여 매년 6월 6일에 경전을 양경한 것이다.

그런데 중국문헌인 『세종헌황제주비유지』에서는 양경의 의미를 다음과 같이 달리 설명하고 있다.

순치 연간에 큰 도시에서 생사윤회설로 사람들을 유인하여 내생에 선한 과보를 받기를 바라며 업을 닦는 것을 긱제라고 이름하였다. 남녀가 혼잡하게 모여서 경전을 읽고 매월 그믐에 각기 집에서 차를 올리고 금전 10문을 내어서 공양하거나 혹은 수백 문을 모아서 6월 6일이 되면 모두 모여서 염불과 공양을 베푸는 것을 양경이라고 한다.

위의 내용은 긱제를 행할 때, 공양을 베푸는 것을 양경이라고 하였다고 하여, 일반적인 양경과는 전혀 다른 성격임을 알 수 있다.

악이태(1680~1745)가 편저한 『세종헌황제주비유지』는 『옹정주비

유지』 또는 『세종주비유지』라고 불리는데, 청나라 옹정 연간
(1723~1735)에 지방관의 주접과 이에 대한 옹정제의 주비유지를 모아
놓은 책이다. 주접은 옹정황제가 군기처대신을 두고 지방대관에게
친전장에 의해 정치의 실정을 보고하게 하였던 것을 말한다. 한편
지방관이 보낸 편지에 옹정제가 붉은색 글씨로 첨삭을 하여 다시 답장을
보냈는데, 이것을 주비유지라 한다.

8일

◉ 현장법사 예불문

6월 8일 오시에 동쪽을 향해서 4번 절을 하면 4,800겁의 죄가 소멸된다.

15일

◉ 삭발

6월 15일에 삭발하면 1,000겁의 죄가 소멸된다.

6월내

◉ 신라칠 新羅漆

신라칠은 고려의 특산물로 황금빛이 나는 칠의 한 종류이다. 가구의 도료로 사용하며, 백제칠, 고려황칠이라고도 한다. 『어정월령집요』에 따르면, "『계림기』에 황칠나무는 섬에서 자라고 6월에 나무를 찔러 수액을 채취하는데, 색깔이 황금과 같고 햇볕을 쪼여 건조시키며, 원래 백제에서 생산되었으나 신라칠이라 불렀다."고 한다. 『설부』에는 "신라칠을 한 철제 말 한 쌍"이라는 기록이 보인다. 『요사습유』등에도 기록되어 있다.

원나라에서도 고려에 황칠을 요구하여, 이를 진상한 기록들이 보인다. 황칠의 사용은 조선시대까지 이어지다가 명맥이 끊어졌으나 최근에 다시 기법이 복원되었다.

◉ 편초개불 編草蓋佛

편초개불은 어느 양치는 사람이 풀을 엮어서 부처님께 일산을 만들어드린 공덕에 대한 내용을 말한다. 대장경에는 『불설보살본행경』에 수록되어 있으며, 세시기는 『어정월령요집』에 기록되어 있다. 다만, 『불설보살본행경』에는 그 시기가 언급되어 있지 않은데 반해 『어정월령요집』에는 6월이라고 상정하고 있는 것이 흥미롭다. 아래는 『불설보살본행경』의 내용이다.

이와 같이 들었다. 어느 때 부처님께서 울단라연국에 계셨다. 부처님
께서 1,250명의 사문들과 함께 마을에 이르시니, 여래의 색상이
32상80종호며, 광명이 밝게 천지를 비추어 크게 밝지 않음이 없었으
니, 마치 보름달이 별 가운데에서 특별히 밝은 것과 같았다. 그때
날씨가 몹시 더워서 시원한 그늘이 없었는데, 마침 양을 치는 어떤
사람이 부처님의 빛나신 상호를 보고, 스스로 생각하였다.

'여래 세존께서는 삼계의 스승이시거늘 이 뜨거운 열기를 무릅쓰고
걸어가시는데 서늘한 그늘이 없구나.' 곧 풀을 엮어서 일산을 만들어
가지고 부처님 위를 덮어 가리면서 부처님을 따라가다가 양에게서
멀리 떨어진 것을 알고 일산을 땅에 던지고 양의 곁으로 돌아갔다.
부처님께서 문득 미소지으시니, 금빛 광명이 입 속에서 수천만
갈래로 나왔는데, 갈래마다 백천만 광명이 나와서 시방을 두루
비치니, 위로 33천에 이르고, 아래로 18지옥과 금수와 아귀에 이르러
크게 밝아지지 않음이 없었다. 삼계의 천인들이 부처님의 광명을
보고 때에 응하여 다 부처님 처소에 이르니, 일체 인민과 모든
용과 아수라 등 무수한 무리들이 모여서 모두 크게 기뻐하면서
향과 꽃과 기악으로 여래께 공양하였다. 아난이 꿇어앉아서 부처님
께 아뢰었다.

"부처님께서는 공연히 웃지 않으시니 부디 그 뜻을 말씀해 주십시오."
부처님께서 아난에게 말씀하셨다. "너는 지금 저 양을 치는 사람을
보았느냐?"

아난이 대답하였다. "그러합니다, 보았습니다."
부처님께서 아난에게 말씀하셨다. "저 양을 치는 사람이 공경하는

마음으로 풀로 만든 일산을 부처의 위에 가렸으니, 이 공덕으로 13겁 동안 천상과 세간에서 존귀한 곳에 태어날 것이고, 항상 자연히 7보로 된 일산이 그 위를 덮을 것이다. 목숨을 마친 뒤에도 3악도에 떨어지지 않으며, 13겁을 마치면 출가하여 도를 닦아서 벽지불을 이루어 이름을 아뇩바달이라고 할 것이다.

6일

◉ 현장법사 예불문

7월 6일 황혼 무렵에 동쪽을 향해서 4번 절을 하면 300겁의 죄가 소멸된다.

7일

◉ 칠석七夕

칠석은 견우와 직녀가 만나는 날이다. 마을에서는 길쌈놀이를 하거나, 고사를 지내거나, 밭농사의 풍작을 기원하기도 한다. 또한 각 가정에서는 밀전병과 햇과일을 차려놓고, 장독대 위에 정화수를 떠놓고 가족의 수명장수와 집안의 평안을 빌기도 하며, 중부지방에서는 '칠석맞이'라고 하여, 단골무당에게 자녀의 무사 성장을 부탁하기도 한다. 또한 농가에서는 여름 장마철 동안 눅눅했던 옷과 책을 내어 말리기도 한다.

사찰에서도 칠석날은 수명장수를 위한 칠성불공을 행한다.

『동경몽화록』에서는 "어린아이들은 새로 돋아난 연잎을 사서 잡고 노는데 대개 마가라를 흉내 낸 것이며 특별히 새롭게 단장하여 아름다움을 자랑하기도 한다.(마라가는 본래 불경에서 말하는 마후라인데 지금은 통속적으로 마가라라고 한다)"고 전하는데, 이 역시 아이들의 성장을 기원하는 것에서 유래한 것이다.

◉ 금강야시 錦江夜市

금강야시는 밤 시장을 구경하는 것이다. 『세화기려보』나 『어정월령요집』 등에 "7월 7일 저녁에 대자사의 설청에서 연회를 베풀며, 이때 절의 문루에 올라 금강의 야시를 구경하는데 걸교에 쓰는 물건이 모두 여기에 갖추어져 있다."고 한다.

걸교는 칠석날 밤에 궁중이나 민가에서 부녀자들이 바느질감과 참외나 오이 등의 과일을 마당에 차려 놓고 절을 하며, 견우성과 직녀성에게 길쌈과 바느질 솜씨가 늘기를 빌었던 풍속을 말한다. 이것은 직녀가 하늘에서 베짜기와 바느질을 맡아 한다는 생각에서 비롯된 것이다. '교묘한 재주를 구한다'라는 뜻으로, 지방에 따라 걸짐, 걸교전乞巧奠이라고도 한다.

8일

◉ 삭발

7월 8일에 삭발하면 1,000겁의 죄가 소멸된다.

15일

◉ 해제解制

해제는 4월 15일에 시작한 선원의 결제가 끝나는 것을 말한다. 해하解夏
라고도 한다. 대장경에는 해제와 관련한 『불설해하경』이 있다. 경문의
내용을 옮겨본다.

이와 같이 나는 들었다.
어느 때 부처님께서는 왕사성 가란타 죽림정사에서 5백 명의 비구들
과 함께 계셨다. 그 비구들은 모두 아라한으로서, 모든 번뇌가 이미
다하였고 할 일을 마쳤으며, 온갖 무거운 짐을 버렸고, 이미 이익을
얻었으며, 어떤 생존의 속박도 다하여 마음이 잘 해탈한 이들이었다.
오직 한 비구가 현재에 배움 자리에 있었지만 부처님께서는 이미
그를 위하여 '법을 보고 법을 얻어 반드시 원만한 결과를 증득할
것이다'라고 기별을 주셨다. 그때 세존께서는 안거를 마치시고,
안거를 마칠 때에 즈음한 보름날에 비구들과 함께 자리를 펴고
앉으셨다. 대중들이 모두 자리를 잡고 앉자, 부처님께서는 비구들에

게 말씀하셨다.

"이제 나는 이미 청정한 수행의 고요함을 얻었으니, 지금 이 몸이 최후의 몸이요, 위없는 약으로써 온갖 병을 끊어 없앴다. 내 제자들도 모든 법을 밝게 알아 모두 다 통달하였다. 그러므로 나는 지금 여름 안거를 마치는 법을 말하리라. 비구들이여, 여름 안거 동안에 내가 가진 몸과 입과 뜻의 업을 너희들은 인욕할 수 있는가?"

그때 존자 사리불은 부처님 말씀을 듣고, 자리에서 일어나 오른쪽 어깨를 드러내고 오른쪽 무릎을 땅에 대고 합장하고 부처님께 아뢰었다.

"세존이시여, 부처님께서 '나는 이제 청정한 수행의 고요함을 얻었고 몸과 입과 뜻의 업을 인욕하는가'라고 말씀하셨는데 저희들은 부처님의 몸과 입과 뜻의 업에는 아무 잘못이 없는 줄을 알고 있습니다. 그러므로 저희들로서는 지금 거기에 아무것도 할 것이 없습니다. 부처님께서는 어떻게 생각하십니까? 우리 불세존께서는 다루기 어려운 이를 능히 다루시고, 쉬지 못하는 이를 잘 쉬게 하시며, 편안하지 못한 이를 잘 편안하게 하시고, 고요하지 못한 이를 고요하게 하십니다. 여래께서는 바른 도를 잘 아시고 바른 도를 잘 연설하시며 바른 도를 잘 열어 보이시고, 저희들 성문으로서 보리를 좋아하는 이를 위하여 잘 설명하셔서 저희 성문들로 하여금 이치대로 수행하여 거룩한 결과를 증득하게 하십니다. 그러므로 저희들은 불세존의 몸과 입과 뜻의 법은 인욕할 것이 없다고 하는 것입니다."

그때 존자 사리불이 부처님께 여쭈었다.

"세존이시여, 저도 지금 부처님께 저의 몸과 입과 뜻의 업에서 인욕하지 못할 만한 것이 있는가를 듣고자 합니다."

부처님께서는 말씀하셨다.

"지금 그대가 가진 몸과 입과 뜻의 업을 나는 마땅히 인욕한다. 그대는 어떻게 생각하는가? 그대 사리불은 계율을 갖추고 많이 들었으며, 탐욕이 적어 만족할 줄을 알며, 온갖 번뇌를 끊고 크게 정진하는 마음을 내어 바른 생각에 편안히 머물러 있다. 그대는 삼매의 지혜와 듣는 지혜, 빠른 지혜, 날카로운 지혜, 벗어나는 지혜, 통달하는 지혜, 광대하고 청정한 지혜, 매우 깊은 지혜, 짝이 없는 지혜 등 큰 지혜의 보배를 갖추었다. 그리하여 보지 못한 이를 보게 하고, 다루지 못하는 이를 다루게 하며, 법을 듣지 못한 이를 위해서는 법을 설명하고, 성내는 이는 기쁘게 하며, 사부대중을 위하여 설법하되, 게으름이 없다. 마치 저 금륜왕의 아들이 관정을 받고 왕위를 이어받아 법을 의지해 다스리는 것처럼, 그대 사리불도 그와 같이 내 아들이 되어 관정의 법을 받고 법왕의 자리를 이어받아 나와 같이 위없는 법바퀴를 굴리고, 나와 같이 번뇌가 다하여 해탈을 증득하였다. 그러므로 그대 사리불이 가진 세 가지 업을 나는 지금 능히 인욕하는 것이다."

그때 사리불은 부처님께서 인욕하심을 듣고 정성을 다하여 예배하고 다시 여쭈었다.

"세존이시여, 부처님께서 저를 위해 세 가지 업을 인욕하신 것처럼 이 모임의 5백 비구들의 몸과 입과 뜻의 착하지 못한 것도 원컨대 부처님께서는 인욕하여 주소서."

부처님께서는 말씀하셨다.

"5백 비구들이 가진 세 가지 업도 나는 다 인욕한다. 어떻게 생각하느냐? 이 5백의 비구들은 모두 아라한으로서 온갖 번뇌가 이미 다하였고 할 일을 이미 마쳤으며 모든 무거운 짐을 버리고 이미 이익을 얻었으며, 모든 생존의 결박이 다하여 마음이 잘 해탈하였다. 오직 한 비구만이 현재에 배움 자리에 있다. 그러나 그 비구에 대해서도 나는 이미 '법을 보고 법을 얻어 반드시 원만한 결과를 얻을 것이다'라고 수기를 주었다. 사리불이여, 그러므로 나는 이 5백 비구들이 가진 세 가지 업을 모두 다 인욕하는 것이다."

그때 사리불은 거듭 부처님께 아뢰었다.

"세존이시여, 저와 5백 비구들이 가진 세 가지 업을 부처님께서는 모두 인욕하셨습니다. 그런데 저에게 지금 의심이 있어서 다시 여쭙겠습니다. 부처님께서는 저를 위하여 분별하여 주소서. 세존이시여, 이 5백 비구들 중에서 몇 비구가 3명법을 얻었고, 몇 비구가 구해탈을 얻었으며, 다시 몇 비구가 혜해탈을 얻었습니까?"

부처님께서는 말씀하셨다.

"이 5백의 비구 중에서 아흔 명의 비구는 3명법을 얻었고, 아흔 명의 비구는 구해탈을 얻었으며, 그 나머지 비구는 혜해탈을 얻었다. 사리불이여, 이러한 비구들은 모두 온갖 번뇌를 없애고 진실에 머물러 있다."

그때 모임에 있던 존자 바의사는 이렇게 생각하였다.

'나는 이제 부처님과 비구 대중 앞에서 여름 안거를 마치는 게송으로 찬탄하리라.'

존자 바의사는 이렇게 생각하고 자리에서 일어나 오른쪽 어깨를 드러내고 오른쪽 무릎을 땅에 대고 합장하고 공경히 게송을 읊었다.

여름 안거를 마치는 이 보름날
청정한 계율을 행하는
5백 명의 비구들
그들은 모두 번뇌의 결박 끊었다.

그들은 모두 번뇌의 법 다하고
성현의 과위 증득했나니
안은 고요하고 겉은 잘 다루어져
모든 생존에서 벗어났구나.

나고 죽음을 끝까지 벗어나
할 일을 이미 다 마쳤나니
무명과 잘난 체의 굳은 결박을
남김없이 모두 끊어 버렸네.

우리 부처님 가장 높은 어르신
온갖 삿된 생각의 그 법을 끊고
그리고 유루법을 끊고서
애욕의 병고도 잘 버리셨네.

애욕이 사라져 다시 나지 않으며

집착을 떠난 큰 사자로
어떠한 두려움도 없어졌나니
그는 오직 우리 불세존이시네.

비유하면 저 금륜왕이
천 명의 아들에게 항상 둘러싸여서
사천하를 잘 다스리고
사해를 항복 받는 것 같네.

또 비유하면 싸움에 이겨
가장 훌륭한 조어사 된 것처럼
성문들이 3명을 얻어
죽음을 떠난 것도 그와 같아라.

부처님 제자들 모두 이와 같아서
열반을 증득하여 다시 나지 않나니
나는 이제 법왕이시며 거룩하시며
큰 태양 같은 분에게 예배하네.

그때 바의사 비구는 이 게송을 마치고 제자리로 돌아갔다. 존자 사리불과 여러 비구들은 부처님께서 말씀하신 여름 안거를 마치는 법을 듣고, 마음이 매우 유쾌하고 지혜로워져 기쁨이 벅차올랐으며, 믿음으로 받들어 행하였다.

한편 『어정월령요집』 등의 세시기에도 해제에 관하여 기록하고 있다. "7월 15일 승려가 좌초하여 한 살이 되는 것이다. 4월 8일에 결제하여 7월 15일에 대중이 흩어지는 것인데, 승려들이 수행을 하는 시기로 초목이나 벌레들을 해칠까 두려워하여 90일 간 안거하는 것이다. 경에 말하기를 4월 8일에 좌선을 시작하여 7월 15일에 한 살이 되기 때문에 대중이 해하라고 한다."

『남해기귀내법전』에서는 해제와 관련하여 자자에 대해 설명하고 있다.

무릇 하안거를 마침으로써 한 해의 안거가 끝나는 때가 되면 이날을 마땅히 수의라 이름지어야 한다. 즉 이것은 그의 의사에 따라 삼사 가운데에서 어떠한 것이라도 거론하고 발설하여 죄를 설하고 허물은 제거할 수 있다는 뜻이다. 예전에 이날을 자자라 한 것은 뜻으로 번역한 말이다.

자자란 해제 전날 대중이 모여서 한 철 동안 지내면서 범한 잘못을 대중 앞에 나와서 스스로 고백하여 대중에게 참회하고 용서 받는 것을 말한다. 지금도 행하여지고 있는 중요한 불교적 의례이다.

◉ 행성行城

행성은 원래 4월 8일에 불상을 모시거나 불경을 외우면서 하던 행사인데, 『남해기귀내법전』에 해제와 관련하여 행성을 하였다는 기록이 있다.

반드시 14일날 밤에 한 분의 경사를 초청해서 높은 자리에 올라가 불경을 외우게 해야 한다. 이때는 세속의 선비들이 구름같이 많이 달려오고 법도들이 안개처럼 모여들어 연등으로 계속 강당을 밝히고 향화를 공양하면 이튿날 아침에는 모두 밖으로 나가서 마을과 성을 돈다. 이때 각자 경건한 마음으로 여러 탑에 예배하며 수레에 불상을 태운다. 북소리와 음악이 하늘에 울려 퍼지고 번개가 그물처럼 얽혀 바람에 나부끼며 하늘로 올라가 햇볕을 가리는데 이것을 이름 하여 삼마건리라 부른다. 이 말을 번역하면 화집이란 뜻이 된다. 큰 재일에는 모두가 이와 같이 하는데 이것은 곧 중국에서의 행성법 이다.

◉ 우란분회盂蘭盆會

우란분회의 유래

우란분회는 범어 ullambana에서 나온 말인데, 우란분재라고도 하며 오람바나, 도현, 백중, 백종, 망혼일이라고도 한다.

　백중百衆은 과일과 음식 등 100가지를 공양한 백종百種에서 유래했다. 백중百中은 음력 7월 15일인 중원, 백종, 망혼일, 축수한 날, 호미 씻는 날을 달리 부르는 말이다.

　『불설우란분경』에 의하면, 대목건련이 육신통을 얻은 후 부모를 찾아보니 어머니가 아귀도에서 고통을 받고 있음을 알게 되어 부처님께

구제할 방법을 물었다. 부처님은 지금 살아 있는 부모나 7대의 죽은 부모를 위해 7월 15일에 음식, 의복, 등촉, 평상 등을 갖추어 시방의 대덕 고승들에게 공양하면 고통에서 구할 수 있다고 하여 그대로 행한 데에서 유래한다.

중국에서는 육조시대에 양무제가 동태사에 행차하여 재를 설한 이후 중국의 역대 제왕들이 우란분재를 설하였다. 이때는 7월 15일이 아닌 다른 날에 행하여지기도 하였다.

『형초세시기』에 "7월 15일에는 스님들과 도사와 일반 백성들이 모두 우란분을 만들어 여러 부처님께 공양한다. … 중략 … 후세사람들은 우란분을 화려하게 꾸미고 심지어는 나무에 새기거나 대나무를 자르고 밀랍을 녹여 엿처럼 만들고 채색 비단을 오려 꽃잎의 모양을 만드는 데 솜씨를 다해 교묘하게 하였다."고 한다.

『초학기』에도 "『형초세시기』에 7월 15일은 스님들과 도사와 일반 백성들이 모두 항아리에 음식과 꽃 등을 담아 여러 사원에 가서 공양을 한다. 『우란분경』을 살펴보니 '칠엽공덕을 베풀 때에는 모두 깃발을 높이 꽂고 꽃을 뿌리며 노래를 부르고 북을 두드리며 과일과 음식을 갖추어 전송한다'라고 한 것이 있으니 아마도 여기에서 유래한 것인 듯하다."라고 하였다.

『세화기려보』(국역 458)에는 "7월 18일 대자사에서는 우란분회를 여는데 절의 설청에서 연회를 베풀고 연회가 끝나면 화엄각 아래에서 해산한다."고 대자사에서 행하였던 행사를 기록하고 있다.

『연경세시기』(340)에는 "『석씨요람』에 이르기를 우란분은 곧 천축국의 말인데 중국어로 거꾸로 매달린 것을 풀어준다는 말이다라고 하였다. 지금 사람들이 그릇이나 동이를 가져다 놓고 공양하는 것은 잘못이다."고 하는데, 『동경몽화록』에는(국역 392) "죽간을 쪼개어 3개의 다리를 만들고 3~5척의 높이 위에 등잔 모양의 그릇을 얹어 놓은 것을 우란분이라고 하고 걸어 두었던 의복과 명전을 그 위에서 태운다."고 하였다.

한편, 『경도잡지』에는 "중원을 속칭 백중절이라고 한다. 서울 장안 사람들은 먹을 것을 성대하게 차려 산에 올라 가무를 하며 놀았다. 내 생각에는 우란분경에 '비구 목련이 7월 15일에 백미와 오과를 갖추어 쟁반에 쌓아두고 시방대덕에게 공양하였다.'고 하였는데, 지금 백종이라고 하는 것은 이 백미를 말하는 것이다. 고려 때는 불교를 숭상하여 우란분회를 열었는데 지금 풍속은 단지 마음껏 마시고 배불리 먹을 뿐이다. 혹자는 이날 옛 풍속에 백 가지 곡식의 씨를 진열하였기 때문에 백종이라고 하였다는데 이는 황당무계한 설이다."고 설명하고 있다.

우란분회 행사 기간

한편, 현재 우란분회의 행사는 7월 15일 당일에만 하는데, 『입당구법순례행기』에는 "사중사의 주지의 초청을 받고 두타 등과 함께 그 절에 이르러 재를 들었다. 재를 마친 뒤 도탈사에 들어가 우란분회에 참례하였다. 각 절의 우란분회는 15일에 시작하여 17일에 마쳤다."고 하여 840년 당시에는 3일간 행사를 하였음을 알 수 있다.

한국의 우란분회

신라시대에는 왕녀가 7월 16일부터 6부의 여자들을 데리고 베짜기

대회를 하여 8월 15일에 마치면서 진 편이 이긴 편에 주식을 대접하고 즐겼다는 데서 백종절이라 하였다. 『열양세시기』의 내용이다.

세상에 전해오기를 신라의 오랜 풍속에 왕녀가 6부 여자들을 거느리고 7월 16일부터 대부 뜰에 아침 일찍 모여 길쌈하여 8월 보름에 그 공의 많고 적음을 보아 진 편에서는 술과 음식을 장만하여 이긴 편에게 사례하면서 서로 가무를 하며 온갖 놀이를 하다가 파했다. 그래서 7월 보름을 백중절이라고 하고 8월 보름을 가배일이라고 한다. 혹자는 말하기를 신라와 고려 때는 불교를 숭상하여 우란분 때 공양하는 옛 풍속을 모방하여 7월 15일 중원일에 백종, 즉 온갖 꽃과 과일을 갖추어 공양하고 복을 빌었으므로 백종절이라는 이름이 생겼다고 한다. 두 가지 설 중에 누가 옳은지 확실하지 않지만 지금은 오로지 그 이름만 남았을 뿐 행사는 없다. 그러나 절에서는 이날 재를 준비하여 조상의 혼 앞에 천신하고, 시정 백성들은 서로 모여 마시며 즐기니 대개 위의 옛 풍속을 따른 것이다.

『동국세시기』에는 길쌈에 대한 기록은 없으나, 『열양세시기』와 대동소이한 내용이다.

7월 15일은 우리나라 풍속에 백중날이라고 하여 스님들은 재를 올리고 불공을 드리며 큰 명절로 여긴다. 내 생각에는 『형초세시기』에 "중원일에는 승려, 도사, 세속인 모두 우란분을 차려 제각기 절에 공양한다."고 했고, 또 생각건대 『우란분경』에 "부처 제자인

목련이란 비구가 각종 음식과 백 가지 과일을 구비하여 쟁반에 담아서 시방대덕에게 공양한다."고 하였는데, 지금 말하는 백중날이라는 것은 이 백 가지 과일을 의미하는 것 같다. 고려시대에는 부처를 숭상하여 해마다 이날이면 우란분회를 열었는데 지금 재를 여는 풍속도 바로 이것이다. 우리나라 풍속에 이날로 망혼일을 삼는데 대개 항간의 백성들이 이날 달밤에 채소·과일·술·밥 등을 차려놓고 죽은 어버이의 혼을 불러 모신다. 동악 이안눌의 시에 "시장에 채소와 과일이 많은 것을 보니 도성 사람들이 오늘 도처에서 죽은 혼을 위해 제사를 지내겠구나."라고 하였다. 충청도 풍속에 이날 노소를 막론하고 저자에 나아가 마시고 먹는 것을 즐긴다. 또 씨름도 한다.

이날이 되면 재를 올려 조상의 영혼을 위로하고, 백성들은 서로 놀이와 가무로 즐기는 풍속이 있다. 고려 때에는 예종 1년(1106) 숙종의 명복을 빌고 천도를 하며 이 재를 행하였고, 공민왕 때에도 내전에서 시설하는 등 많은 우란분재가 행해졌다.

조선시대에도 초파일의 연등과 7월의 우란분재를 일년 중 가장 큰 행사로 여겼다. 『조선왕조실록』에도 많은 기록이 보이는데, "태조 7년(1398)에 우란분재를 흥천사에서 베풀다."라고 하는 등이다.

한편, 세종 27년(1445)에는 우란분에 관한 기사가 상세히 보인다.

나라의 풍속이 7월 15일은 절에 가서 혼을 불러 제사하였는데, 이날 무뢰한 승도들이 도성에 들어와 거리 골목에서 기를 세우고 쟁과 북을 치며 탁자를 설치하여 찬구를 늘여 놓고 죽은 사람의 이름을 불러 백종, 시식이라고 이름하였다. 사녀들이 수없이 모여들어 곡식과 베를 시사하되 남에게 뒤질까 두려워하고, 경사의 집에서도 하는 자가 있었다. 임금이 이를 듣고 크게 노하여 승정원에 이르기를, "승도들이 방자한 것이 이렇게 극도에 이른 것을 나도 들었는데, 경들은 어째서 아뢰지 않았는가." 하고, 또 사헌부를 불러 말하기를, "왜 금하지 않았느냐." 하여 힐책하기를 마지않았다. 이때에 장령 민건은 승려들이 방울을 흔들며 염불을 하는 것을 보고도 못 들은 체하고 지나니, 사람들이 많이 이를 비난하였다.

오늘날에는 조상에 재를 올리고, 스님, 어버이, 불우노인들을 모시고 법회를 열고 대중공양을 하기도 한다. 우란분절 법회는 불탄일 법회와 같은 절차로 행하는데 다만 고혼 영가와 조상을 천도하는 의례가 첨가된다.

『제경세시기승』에서는 "중원의 도관과 사원에서는 우란회를 설치하니 세상에서 말하는 목련스님이 어머니를 구원한 날이다. 거리마다 대를 높이 쌓아 자리를 만들고 귀왕을 자리에 모신 다음 경문을 강연하고 염구에게 보시를 베풀며 외로운 혼들을 구제한다."고 하였다.

『용재총화』에는 "서울의 비구니 사찰에서는 7월 15일에 백 가지의 꽃과 과일을 모아서 우란분회를 베푼다. 일반가정의 부녀자들이 모여서 쌀과 곡식을 바치고 돌아가신 부모님의 영을 위로하는 제사를 지내며, 스님들은 거리로 나가 중생을 위하여 탁발을 하였다."라고 하여 조선 초기의 우란분재의 모습을 기록하고 있다.

선원의 우란분회

선방에서는 하안거 동안 정진하면서 생긴 스스로의 허물을 대중 앞에 밝히고 참회하는 자자를 행하며, 불자들은 선망부모를 천도하는 우란분절 법회를 봉행한다.

『칙수백장청규』에는 "7월 초순에 당사는 미리 모든 요사에게 우란분회 때의 경전을 독송할 명단을 낸다. 미리 대중의 재물을 거두어 공양을 마련한다."고 한다.

백중의 등 공양

백중에 등 공양을 하기도 하는데, 이를 방하등, 또는 자항보도라고 하였다.

『제경세시기승』의 내용이다.

중원의 도관과 사원에서는 우란회를 설치하니 세상에서 말하는 목련스님이 어머니를 구원한 날이다. 거리마다 대를 높이 쌓아 자리를 만들고 귀왕을 자리에 모신 다음 경문을 강연하고 염구에게 보시를 베풀며 외로운 혼들을 구제한다. 색종이를 풀로 붙여 법선을 만드니 길이가 70~80자에 이르는 것도 있다. 연못에 가지고 가서 태운 다음 연등에 불을 붙여 강물에 띄우는데 이것을 자항보도라고 한다. ⋯ 중략⋯ 세조 때에 계납 목진과 옥림 두 스님을 불러서 만선전에 모셨다고 한다. 매년 중원절이 오면 우란도량을 열고 13일부터 15일까지 연등을 강물에 띄우는데 소내감들에게 촛불을 컨 하엽등을 들고 양쪽 언덕에 줄지어 서게 하니 그 수가 수천을 헤아린다. 또 유리로 하화등 수천 개를 만들어 운하에 띄우면 물결 따라 위아래로 움직인다. 강 가운데서 용주를 타고 범악을 연주하고 선송을 읊조린다.

법선을 만든 것은 『연경세시기』에도 전한다.

중원일에는 각 사원에서 법선을 만들어 저녁이 되면 이것을 태우는 데, 긴 것은 몇 길이나 되는 것도 있다.

중원날이 되면 관례대로 우란회를 열고 앙가와 사자놀이 등과 같은 여러 연회를 공연하고 날이 저물면 운하를 따라 연등을 밝히는데 이를 일러 방하등이라고 한다. 중원일 이후에는 유람선이 쉰다.

『회조락사』에서는 "7월 15일을 중원절이라 하였다. 불가에서는 우란분회를 열고, 서호와 탑상하에 등불을 물에 띄우는데 이를 조명[30]이라고 한다."고 하며, 『역대시화』에서도 "7월 15일에 여러 절에서 우란분회를 열고, 밤에는 물가에 가서 등을 물에 띄우니 이를 방하등이라고 하며, 가장 성대한 곳은 수관이고, 다음은 포자하이다. 조상의 묘를 찾아가는 것은 청명 때와 같다."고 하였다.

백중의 공양물
『입당구법순례행기』에는 회창 4년(843) 7월 15일의 일기에 사찰의 공양물에 관하여 기록하고 있다.

---

30 옛날 풍속에 7월 15일에 수등을 놓아서 유명을 밝혔다고 한다.

도성 안의 여러 절에서 공양이 있었다. 각 절에서는 색깔과 모양이
있는 초, 과자, 꽃, 과일 등을 만들어 저마다 기묘함을 다투었다.
이것들을 모두 불전 앞에 공양하고 도성 안의 모든 사람들이 절을
돌며 수희를 나누는 것이 상례로 되어 있는데, 이 행사는 대단한
성황을 이룬다. 금년에도 여러 절에서 이와 같은 공양을 했는데
다른 해보다 더 성황이었다. 천자께서는 여러 절의 불전에 공양된
꽃이나 약 등을 모두 홍당관[31]으로 옮기어 천존에게 바치라는 칙령을
내렸다. 천자께서 도관에 행차하면서 모든 백성들이 나와 그 모습을
보도록 명령하니, 백성들은 "부처님께 공양한 것을 빼앗아 귀신에게
제사를 지내니 누가 기꺼이 나가 보겠는가?" 하고 욕설을 퍼부었다.
천자께서는 백성들이 나와 보지 않는 것을 이상히 생각했다. 모든
절들은 공양물을 빼앗기고 몹시 황망히 여겼다.

백중에 불전에 올린 공양물은 초와 과일, 꽃, 약 등이다. 그러나
위의 기록은 845년에 회창법란이 일어나기 전이므로 당시 사원에서는
서서히 법란의 기운이 감도는 시기였다. 때문에 백성들이 불전에 올린
공양물 등을 도관으로 옮기고 그것을 백성들에게 와서 보도록 하니
당연히 백성들 사이에서는 불평이 터져 나왔던 것이다. 사찰 역시
각종 공양물을 무력으로 빼앗기니 어떠한 말로도 설명할 수 없는 현실이

---

31 같은 해 7월에 천자가 금선관金仙觀에 행차하였는데, 도관道觀에 몹시 아름다운
여도사가 있었다. 천자는 그를 불러보고 싶은 뜻이 있어 여도사에게 비단 1천
필을 하사했다. 그 후 천자는 중관을 불러서 그 도관을 수리하여 대궐과 내통하게
하고 금선루를 특별히 짓도록 하였다. 그 후 천자는 좌가의 홍당관에 행차하였는
데, 이곳도 도사들이 있는 관觀이었다.(『입당구법순례행기』, p.262)

었던 것이다.

『동경몽화록』에도 백중에 사용할 제사물품에 관한 기록이 있다.

7월 15일은 중원절이다. 며칠 전부터 시장에서는 명기를 파는데 신발, 복두, 모자, 금서가대, 오색옷 등을 종이에 풀칠하여 만든 가자를 이용하여 돌아다니며 판다. 반루와 주의 동쪽과 서쪽의 번화함은 칠석 때와 같다. 중요한 길목이나 번화한 곳에서도 과식, 종생, 화과 따위를 팔며 『존승목련경』을 인쇄하여 팔기도 한다. …중략… 도성 밖에 새로 무덤을 조성한 자는 가서 성묘하고 대궐에서 도 거마를 타고 도자원에 이르러 성묘한다. 본원에서는 관부에서 제공한 사부십도를 내린다. 대회를 베풀고 지전을 태워 전장에서 죽은 이들에게 재를 올리며 고혼을 위로하는 도량을 베푼다.

백중에 제사를 지내기 위해 만드는 신발이나 모자 등은 종이로 만들어 조상에게 올리며, 과일이나 과자 그리고 꽃 등도 판매를 하고, 목련경을 인쇄하여 팔기도 하였는데, 이는 사찰에 가지 않아도 백중의 의미를 되새기며 각 가정에서 독송하기 위한 것이라고 생각한다.

백중연희

『동경몽화록』에는 "구사의 악인들은 칠석이 지나면서부터 목련구모 잡극을 행하여 15일에 이르면 그치는데, 구경하는 사람들이 배나 많다." 고 하였으며, 『연경세시기』에도 "중원날이 되면 관례대로 우란회를 열고 앙가와 사자놀이 등과 같은 여러 연희를 공연하였다."고 하였다.

목련이 어머니를 지옥에서 해탈시키는 백중에 벌이는 연희는 효를 인간의 근본 덕목으로 강조하는 중국인의 정서와 가장 상응하는 주제이다. 때문에 백성들은 자신의 효행을 돌아보고 참회하며 행효하고자 마음을 다시 함양할 수 있는 기회이기도 했다.

제주도의 백중

제주도에서는 백중을 물 맞는 날이라고 한다. 전해오는 이야기로는, 하늘이 바다거북에게 폭풍우를 내리게 하였는데 백중이라는 쇠테우리(목동)가 옥황상제의 흉내를 내어 바다거북에게 폭풍우를 내리지 말라고 고쳐 지시하여 폭풍우를 막아 농경과 목축에 피해가 없게 하고 그 자신은 희생되었다 한다. 그래서 사람들은 백중의 은혜에 보답하기 위해서 해마다 음력 7월 14일에 가축을 기르거나 농사를 짓는 집에서는 에움(목장)과 밭에 음식을 차려 갖고 가서 백중에게 재를 올렸다고 한다. 이날은 마을사람들이 대부분 냇가나 바닷가에 나가 더위에 지친 몸을 식히고 밀린 빨래를 하고 우영(텃밭)에서 키워 온 과일이나 채소를 갖고 가 먹으면서 물 맞이로 하루를 보냈다.

◉ 불기생佛寄生

불기생이란 부처님께서 입태하신 날짜를 말한다. 『어정월령요집』에 "『후한서』에 의하면 부처님께서는 계축년 7월 15일에 마야부인의 태중에 드셨으며, 주나라 장왕 10년 갑인년 4월 8일에 탄생하셨다."고 하였다.

16일

◉ 불족비佛足碑

불족비는 『어정월령요집』에 "『청량산지』에 의하면 중대에 불족비라는 영적이 있는데, 대탑의 왼쪽에 있다. 만력 임오년 가을에 소림사 사문 위현, 명성, 덕주스님이 하루 저녁에 같은 꿈을 꾸었다. 연화를 꿈에 보고 월륜이 탑에 나타났다. 깨어나 서로 말을 해보니 다른 곳이 있어서 저녁에 승정 도지스님이 불족도를 보여주니, 쌍륜인상을 보고 환희하고, 이것이 꿈에 본 것이다."

한편, 『산서통지』에는 "불족비는 중대의 대탑 서쪽에 있다. 『서역기』에 석가모니 부처님의 두 발의 자취로, 길이가 일척 육촌이며, 넓이가 육촌 십지로 모두 꽃문양이 있다. 당나라 정관에 현장법사가 서역에서 그림을 가지고 와서 태종이 영을 내려서 돌에 새긴 후 중대에 모셨다."라고 한다.

『산서통지』에는 불족석의 유래에 대한 상세한 기록은 있지만, 날짜에 관해서는 기록되어 있지 않다. 『어정월령요집』에 기록된 7월 16일은 그 근거가 무엇인지 명확하지 않지만, 세시기의 기록을 따르도록 한다.

19일

◉ 현겁천불생賢劫千佛生

『어정월령요집』에 "불서에 7월 19일은 력길상국의 성모가 현겁천불로 화생한 날이다."고 전한다. 그러나 이와 같은 내용을 수록한 불서는 찾을 수가 없다.

현겁천불이란 현재의 대겁인 현겁의 주겁에 이 세계에 출현하는 구류손불, 구나함모니불, 가섭불, 석가모니불, 미륵불 등의 천불을 말한다. 『대정신수대장경』권14에 『현재현겁천불명경』이 수록되어 있다.

24일

◉ 용수보살 탄생

『백장총림청규증의기』에 "7월 24일 용수보살이 탄생하였다."고 한다.

30일

◉ 지장보살 탄생

『어정월령요집』과 『흠정일하구문고』에 의하면 "『북경세화기』에 7월 그믐에 지장보살이 탄생하였다. 향촉을 공양하고 지적수호와 포자호에 각각 수등을 띄웠다. 경장에 7월 30일은 지장보살의 생신이다."고 하였다. 그러나 대장경에서의 기록은 보이지 않는다.

『제경세시기승』(193)에는 이날 행사에 대하여 좀 더 상세하게 기록되어 있다.

7월 30일은 지장보살 탄신일이다. 도성 안에 있는 절과 사당에서는 예배를 드리고 경을 외운다. 또는 종이에 풀칠하여 법선을 만든 다음 그 가운데에 지장왕불과 십지염군을 그린 그림을 싣고 다니다가 새벽이 되면 염구에게 보시하고 태우기도 한다. 거리마다 연등을 밝히고 향을 태우니 대낮처럼 밝다.

지금은 지장재일이 매월 18일이지만, 당시에는 7월 그믐에 등과 향촉을 밝히는 상당히 큰 행사였음을 알 수 있다.

1일

◉ 단과료旦過寮

8월 1일은 선원에서 단과료를 여는 날이다. 또한 여름에 사용하였던 모기장도 이날 정리하여 거두어들인다. 『칙수백장청규』에 의한다.

> 8월 1일은 단과료(객실)를 연다. 지객은 미리 단과료 안의 천석을 볕에 쬔다. 이달에 보수한다. 본사의 스님은 아직 급하게 기선(선승 이 승당을 떠나는 일)하지 않는다. 승당은 모기장을 거둔다.

2일

◉ 현장법사 예불문

8월 2일 인정시에 서쪽을 향해서 4번 절을 하면 2,000겁의 죄가 소멸된다.

5일

◉ 이차돈 기일

『삼국유사』에 의하면 신라의 불교를 위하여 목숨을 바친 이차돈의 기일이 8월 5일이다. "원화 12년(817)은 제41대 헌덕대왕 9년이다. 이 해 8월 5일에 흥륜사의 영수선사는 무덤에 예배할 향도들을 모아 매월 5일에는 영혼의 원을 위하여 단을 쌓고 법회를 열었다. 이달 5일은 사인(이차돈)이 목숨을 버리고 불법에 순응한 날이다."

8일

◉ 불성출沸星出

『어정월령집요』를 비롯한 문헌들은 『법원주림』을 인용하여 "부처님은 8월 8일 별이 나올 때에 법륜을 전하시고, 8월 8일 별이 뜰 때에 열반에 드셨다고 한다."

9일

◉ 삭발

8월 9일에 삭발하면 2,000겁의 죄가 소멸된다.

15일

◉ 중추절

중추절은 추석이다. 8월 15일을 가을 삼추 가운데 중추라 부른다. 현대에는 절에서 각단에 공양과 함께 과일을 올리고 각 사찰의 예에 따라 조사스님 및 중흥조를 위하고, 그리고 신자들의 조상들을 위한 차례를 지낸다.

『입당구법순례행기』의 개성 4년(839)에 다음과 같이 기록하고 있다.

절에서 수제비와 떡을 장만하고 8월 보름 명절을 지냈다. 다른 나라에는 이 명절이 없지만, 유독 신라에는 이 명절이 있다. 노승들이 말한 바는 이러하다. 신라가 옛날 발해와 더불어 전쟁을 할 때 승리하였으므로, 이날을 명절로 정하고 음악과 즐거운 춤을 즐기던 것이 오래도록 이어져 끊이지 않았다. 우리는 이날 온갖 음식을 마련하고, 노래하고 춤추고 음악을 즐기며 밤낮으로 3일을 쉰다. 이제 이곳 산원은 고국을 그리워하며 오늘 이렇게 명절을 차렸다.

위의 내용에 의하면, 추석은 신라에서만 명절로 지냈다고 한다. 신라가 발해와의 전쟁에서 승리한 기념으로 명절날로 정하였다고 한다. 정월처럼 3일간을 가무를 즐기며 쉬었다고 한다.

한편 신라에는 7월 15일부터 8월 15일까지 한 달 동안 편을 나누어 길쌈놀이를 하고 노래를 부르는 가배가 있었다. 신복용은 이 가배에 대하여 다음과 같이 설명하고 있다.

8월 보름이라고 하는 신라의 민간전승 놀이는 이미 3대왕인 유리니사금의 시대인 서기 32년에 원시부락제의 형태로 나타나고 있다. 곧 유리왕은 모든 부족을 6부로 정하고 이들을 두 패로 나눈 다음 왕녀 두 사람으로 하여금 이들을 거느리고 길쌈놀이를 하게 했는데, 이 놀이는 7월 15일부터 8월 15일까지 계속되었다. 이 놀이는 매일 밤 2경까지 계속되었으며, 이 행사기간 중에 부락민들은 음식을 장만하고 노래와 춤과 온갖 놀이를 하였으며, 길쌈 내기가 끝나면 진 편에서는 회소곡을 불렀는데 이 놀이를 가배라 하였다.

그러면서 신복용은 신라의 가배를 살펴볼 때 주의해야 할 점에 대하여서도 지적하고 있다.

원인의 기록과 『삼국사기』의 기록은 그 사실의 묘사에 있어서 많이 다르다. 원인은 이 설명이 적산원의 노스님들에게서 들은 것이라고 한다. 그들의 불심으로 볼 때 적산원의 신라 승려들이나 원인이 거짓으로 말하거나 기록했다고는 볼 수 없으며, 정황으로 미루어

볼 때, 적산원의 스님들이 사실을 잘못 알고 전해 주었음이 틀림없다. 이러한 오견은 신라의 민간 전승 놀이에 오해를 불러일으킬 수 있으므로 주의를 기울일 필요가 있다.[32]

한편, 『제경경물략』 및 『역대시화』에는 "8월 15일 종이가게에서는 월광지를 파는데 둥근 보름달과 연꽃 위에 가부좌하고 있는 월광변조보살이 그려져 있다."고 하는데, 이 월광지의 용도가 명확하지 않다.

월광변조보살은 석가모니 부처님의 과거세의 보살 또는 약사불의 협시보살로 산스크리트로는 Candra-prabha이며, 의역하여 월정月淨, 월광변조보살이라고 한다. 달처럼 청정한 덕상을 갖추고 중생을 교화하는 보살이다. 또한 일광보살과 함께 약사불의 협시이며, 약사불이 보살행을 할 때 세운 12대원에 따라 중생의 몸과 마음의 병을 다스린다.

이와 같은 월광보살의 달처럼 원만한 덕을 갖추기를 기원하고 나아가 무병하기를 바라며 추석을 맞이하여 실내에 걸어두고 발원하였을 것이라고 추측하여 본다.

『한국민족대백과사전』에는 이날 "부엌의 조왕신에게 정화수를 갈아주는 날이기도 하다. 부지런하고 신심이 돈독한 여인은 매일 물을 갈기도 하고, 초하루와 보름, 2번 갈아주는 집도 있다."[33]고도 한다.

32 원인 지음, 신복용 번역 주해, 『입당구법순례행기』, 정신세계사, 1991년, 331쪽.
33 『한국민족대백과사전』 권22, 527쪽.

◉ 신라연사新羅宴射

『어정월령집요』에는 『구당서』의 기록을 인용하여 "신라에서는 8월 15에 음주를 즐기며 군신들에게 화살을 주어 뜰에서 연회를 즐긴다."고 전한다.

22일

◉ 연등고불탄然燈古佛誕

『백장총림청규증의기』에 "8월 22일은 연등불이 탄생하였다."고 기록하고 있다.

1일

◉ 좌선판坐禪板

『칙수백장청규』에 "9월 1일 수좌는 다시 좌선판을 울린다. 당사는 제조하여 승당의 창문에 풀을 바른다. 모기장은 거두고 두꺼운 바람막이를 친다."고 한다. 이는 7월 15일에 해제를 한 후 9월의 시작과 더불어 수좌들이 만행을 끝내고 다시 정진심을 가다듬고, 선원에서는 동안거를 위한 여러 가지 준비를 하는 시기임을 말한다.

4일

◉ 현장법사 예불문

9월 4일 계명시에 북쪽을 향해서 4번 절을 하면 100겁의 죄가 소멸된다.

9일

◉ 중양重陽

중양의 의미

중양은 중구重九라고도 하며, 양수인 9가 중복되는 9월 9일을 말한다. 양수는 홀수를 말하는데, 일년 중 이 양수가 겹친 날로 1월 1일, 3월 3일, 5월 5일, 9월 9일을 다 명절로 삼고 있지만, 9는 양수 중에서도 극양이므로 9월 9일을 특별히 중양일이라고 부른다.

　우리나라에서는 신라시대부터 명절로 정하여 잔치를 베풀어 군신이 더불어 즐거움을 같이했으며, 조선시대에는 봄의 3월 3일과 가을의 중양절 2차례에 걸쳐 노인잔치를 크게 베풀어 경로사상을 드높이는 동시에 조상에게 차례를 지냈다. 지방에 따라서는 이날 성묘하고 시제를 지내기도 한다.

중양의 유래

중양의 유래에 관해서는 『형초세시기』 등에, 기원은 알 수 없지만 한나라 때부터 있어 왔다고 한다. 『형초세시기』의 내용이다.

두공첨이 말하기를, "9월 9일에 잔치하며 즐기는 풍속은 어느 시대부터 시작되었는지 알 수 없으나, 한나라부터 송나라에 이르기까지 변함이 없었다. 지금 북인들도 이 절기를 중요시하여 수유를 차고 떡을 먹으며 국화주를 마시면 장수하게 된다고 한다. 근래에 모두 누대와 정자에서 잔치를 베푼다."고 하였다. 또 『속제해기』에 여남 지방의 환경이라는 사람이 비장방을 따라 다니며 공부를 하였다. 하루는 비장방이 말하기를, "9월 9일에 그대의 집에 큰 재액이 있을 것이니 급히 식구들에게 수유를 가득 담아 팔에 묶고 산에 올라가서 국화주를 마시게 하라. 그렇게 해야만 재앙을 해소시킬 수 있을 것이다."고 하였다. 환경이 비장방의 말을 그대로 따라 식구들을 데리고 산에 올라갔다가 저녁에 돌아와 보니 개와 닭들이 한꺼번에 다 죽어 있었다. 비장방이 말하기를 "이 짐승들이 대신 재앙을 당한 것이다."고 하였는데, 지금 사람들이 9일에 높은 곳에 올라가 술을 마시고 부인들이 수유 주머니를 차는 것은 바로 여기에서 비롯되었다.

여남 지방의 환경이라는 사람이 비장방의 충고를 따라 재액을 막기 위하여 식구들을 산에 데리고 갔다 오니 집안의 짐승들이 모두 죽어 있어 이날을 기념하기 위하여 시작되었다는 내용이다. 수유는 산수유를 말하며, 액막이를 상징하였다고 생각된다.

중양풍국유

중양에는 사대부나 유한한 집안의 선비나 부녀들이 들에 나가 단풍·국화를 즐기고, 시인 묵객들이 시를 짓고 읊거나 그림을 그리며 하루를 즐겼는데, 이를 중양풍국유重陽楓菊遊라고 한다. 또한 『형초세시기』 등에 의하면 사대부들뿐만 아니라 백성들도 역시 들판에 나가 자리를 깔고 술을 마시며 즐겼다고 한다. 부인들은 수유 주머니를 차고 떡을 먹으며 국화주를 마시면 장수하게 된다고 믿었다.

한편, 『칙수백장청규』에서도 "중양일의 이른 아침에 지사는 분향하고 수유차를 점한다."고 하여 중양일에 수유차를 마셨다고 한다.

등고

등고란 높은 곳에 오르는 것이다. 중양일에 사람들은 높은 산 또는 사원의 누각 등에 올라 풍경을 즐겼으며, 타향에 있는 사람들은 고향쪽을 바라보며 고향 생각을 하기도 하였다. 이는 중양의 유래에서 보이듯이 비장방이 식구들을 산 위로 데리고 가서 재액을 면했던 것에서 전하여진 풍습이다.

『연경세시기』에는 당시 사람들이 올랐던 사찰과 장소에 대한 이름을 열거하고 있다.

매년 9월 9일이 되면 도성 사람들이 술과 안주를 들고 성곽을 나가 높은 곳에 오르니 남쪽은 천녕사, 도연정, 용조괴, 같은 곳이요, 북쪽은 계문연수, 청정화성 같은 곳이요, 멀리는 8개의 사찰 같은 곳이다. 시를 짓고 술을 마시며 고기를 굽고 떡을 나누니 참으로 한 때의 즐거운 행사이다. … 중략… 서산에 있는 8개의 사찰은 부성문 팔리장 서북쪽으로 20리에 있다. 산은 취미산이라고 하는데,

노사산 또는 평파산이라고 한다. 8개 사찰이라고 하는 것은 그
설이 한결같지 않다.

『제경세시기승』에도 진각사나 법장사 등의 사원의 탑에 올라가
경관을 즐겼던 기록이 있다. 탑의 건립연대와 탑의 형식에 관해서도
상세한 설명을 덧붙이고 있다.

중양일에는 북성에 사는 사람들이 대부분 부성문 밖 진각사 오층탑
금강보좌대에 오르고 남성에 사는 사람들은 대부분 좌안문 안의
법장사 미타탑에 오른다. 살펴보건대 진각사는 명나라 성조 때에
건립되었다. 라마승인 판적달이 금부처 5구와 금강보좌의 규식을
가지고 와서 바치자 그를 국사로 봉하고 이 절에 머물도록 하였다.
헌종 9년에 법식대로 보좌를 세우고 돌을 쌓았으니 대의 높이가
5장이나 되었으며 계단이 벽속에 들어가서 달팽이 모양으로 돌아서
올라가도록 하였다. 대 위에는 돌탑 5개를 늘어 세워 놓았는데
탑마다 각각 2장이다. 또 탑에는 범우, 범보, 범화 등이 새겨져
있고 탑 앞에는 성화의 어제비기가 있다. 법장사는 옛 이름이 미타사
인데 금나라 대정 연간 중에 세워졌고 명나라 경태 2년에 중건하여
법장사라고 이름을 고쳤으며 제주 호형과 스님 도부의 비석 2개가
있다. 도부는 계단의 제1대 계사이자 세상에서 아두조사라고 칭하는
스님이다. 북쪽 지역은 바람이 많기 때문에 탑의 중앙을 비어 두는
경우가 없어서 탑 위로 올라갈 만한 데가 없지만 법장사의 미타탑은
속이 비어 있어서 가운데를 통하여 탑 위로 올라갈 수 있다. 탑의

높이는 10장이고, 창문은 8면에 나 있다. 창문마다 1개의 부처님을 모셔서 모두 58불이 되며, 부처님을 모신 곳에는 1개의 등을 두었다.

북쪽에는 진각사, 남쪽에는 법장사의 탑이 가장 높았음을 알 수 있다. 진각사의 금강보좌대는 헌종 9년(1473)에 법식대로 건립되었다고 전한다. 법장사는 경태 2년(1452)에 중건되었으며, 법장사의 미타탑은 탑 안에 설치된 계단을 통하여 탑 위로 올라갔다고 한다.

한편 『제경경물략』에는 재미있는 기록이 있는데, 중양일에 스님들이 오히려 마을로 내려와서 즐겼다고 한다.

9월 9일에는 술과 차와 음식을 가지고 높은 곳에 오르는 것을 등고라고 한다. 향산과 제산들은 봉우리가 높고, 법장사는 탑이 높고, 현령궁과 보국사는 누각이 높다. 스님들은 등고하지 않으며, 원정을 빌리거나 마을을 돌아다니는 것으로 즐거움을 삼는다.

한편, 우리나라에서 중구를 속절俗節로 여기는 것은 중국의 영향과 풍습에서 온 것으로, 높은 곳에 올라가 하루를 즐기고 국화를 완상하는 풍속이 생겼다. 신라에서는 임해전이나 월상루에서 군신이 모여 연회를 베풀었고, 고려시대에 와서도 중양절을 국가에서 실시하는 제전으로 삼아 성대하게 잔치를 열었다.

조선시대에도 스님들이 5월의 답청과 9월의 중양을 즐겼다고 하는 기록이 있다. 그러나 그때에 사용한 유밀과 등의 비용으로 인하여 조정에서는 스님들에게 비난을 보내고 있다. 또한 허물을 드러낼 때에

도 서로 헐뜯기를 하였다고 하니 자못 부끄러운 일이다. 세종 6년(1424)
의 일이다.

이번에 흥천사 스님들이 승과시험을 치룰 때 감히 유밀과를 사용하
였으며, 금령을 범하여 술을 마셨으며, 분향하면서 도를 닦는 스님의
인원수를 감하여, 그 남는 것으로 답청과 중양의 비용으로 써서
방자하게도 망령된 행동을 하고, 금법을 꺼리지 아니하고 가벼이
국법을 범하여, 그 문초 받을 때에는 서로 해치기를 꾀하여 참소하여
그들의 사장을 헐뜯으니, 자못 청정의 가르침을 잃었으며, 제 자신을
반성하여 착하지 못하니, 어찌 마음을 닦고 법을 세워 국가에 도움이
되겠습니까.

근대에는 서울 근교에서는 청풍계곡, 후주당, 남한산, 도봉산, 수락
산 등이 단풍놀이로 유명했다고 한다. 지금은 이 풍습이 가을 소풍이나
글짓기 대회로 변화되어 행해지고 있다. 오늘날에는 원래 등고가 지녔
던 풍속은 거의 사라졌다.

사자회
현대에는 중양일에 사찰에서 법회를 하지 않지만, 『동경몽화록』에는
재회를 가졌다고 한다.

여러 선사에서는 각각 재회를 여는데, 오직 개보사와 인왕사에서만
사자회를 연다. 이때 여러 스님들은 모두 사자위에 앉아서 법사와

강설을 행하므로 구경하는 사람들이 가장 많다.

사자회라고 명명한 연유는 알 수 없지만, 고승의 법문을 사자후라고
하고, 법상을 사자좌라고 하기 때문에 사자회라고 이름하지 하지 않았
을까 생각한다.

하등

하등은 강물에 등을 띄우는 행사로 세종 13년(1431)에 보인다. 창성은
9월 9일에 스님들을 불러 염불을 하고 9월 11일에 중양의 회향으로
하등을 하였다.

창성이 두목으로 하여금 종이등 3백 개를 만들어 봉밀과 송진을
녹여서 종이등에 먹이고, 깨를 찧어 둥글게 환을 만들고 기름을
섞어서 종이등 안에 놓고 불을 붙여, 밤에 노들 강에서 배를 띄우고
악공과 승도들로 하여금 소리하면서 등을 띄워 보냈으니, 이름을
하등이라고 하였다.

기로연

조선시대에는 세조가 9월 9일에 기로연을 베풀었다. 기로는 70살이
넘은 정2품 이상 문무관을 일컫는 말로, 기로연은 늙은 신하를 접대하는
잔치였다. 세조 5년, 7년, 12년, 13년에 행하였던 기록이 있다.

기로연을 보제원에서 베풀고 임금이 좌승지 이극감에게 명하여

선온을 가지고 가서 하사하게 하였다.

주로 보제원에서 하였는데, 7년에는 모화관에서 기로연을 하였다. 그 후 기로연은 노인들을 위로하는 잔치가 되었다. 이러한 풍습들은 어버이를 비롯한 나이 많은 분들의 경험과 지혜를 존중하고, 조상을 공경하는 지극한 효성에서 나왔다고 할 수 있겠다.

국화주와 국화떡

9월은 국화가 만발하는 시기이다. 그리하여 국월菊月이라고도 하고, 국화는 가을을 상징하므로 국추菊秋라고도 한다. 이날 각 가정에서는 노란빛이 나는 국화를 따다가 찹쌀가루에 섞어 반죽하여 떡을 만들어 먹는다. 이 떡을 국화떡이라고 하니, 3월 삼짇날 진달래로 화전을 만들어 먹는 것처럼 가을철의 향기로운 맛을 느낄 수 있는 계절의 음식이다.

또 국화를 넣어 술을 담그니 국화주이다. 옛날 중국에서는 국화주가 불로장생의 묘약이라 하여 많이들 담가 먹었다 한다. 『본초강목』에는 국화주가 두통을 낮게 하고 눈과 귀를 밝게 하며 백병을 없애는 효능이 있다고 하였다. 국화주는 예로부터 궁중의 축하주로 애용되었고, 특히 민간에서는 9월 9일에 마시면 장수하고 무병하다 하여 이날 즐겨 마셨다.

중양절을 전후한 9월 음식으로 화채가 있다. 가을에 많이 나오는 배와 유자와 석류를 보기 좋게 썰어 꿀물에 띄운다. 과일 빛이 색색으로 곱고 맛이 달고 새콤한 여기에 잣을 몇 알 띄워 차게 먹으니, 이것을

화채라 부른다. 화채는 간식으로 먹기도 하고 지방에 따라서는 제사에
쓰기도 한다.

◉ **삭발**

9월 9일 삭발하면 4백만 겁의 죄가 소멸된다.

5일

◉ 달마대사 기일

『칙수백장청규』등에 10월 5일은 달마대사 기일이라고 한다. "암주는 다탕을 올리며, 능엄주를 독송한 후 회향한다."라고 기록되어 있다. 선원에서 달마를 제사지내는 것은 중국의 풍속으로, 달마가 중국선의 초조이기 때문이다.

　『칙수백장청규』에는 달마의 기일에 대하여 상세히 기록하고 있다. 다소 내용이 길기는 하지만, 참고로 수록한다.

　기일에 앞서 당사는 중재를 거두어 공양을 치르게 하고, 청하여 소를 짓게 하고 소를 쓴다. (열반일과 같음) 다음 날, 여법하게 법당에 공양구와 공양물을 준비하되, 좌상에는 진영을 걸고, 중간에는 단정하게 제사음식, 향로와 화병 등을 마련하고, 위에는 선상, 불자, 옷걸이, 법의를 마련하고(침상을 두는 것은 잘못임), 아래에는 의자, 경상, 향로와 화병, 향촉, 경전을 마련한다. 당사 행자는 대중에게 알리고 풍경의 패를 내건다. 당일 밤에 풍경하며, 또한 되풀이하여 "내일 반제에 각자 위의를 갖추십시오. 산기풍경입니다."라고 한다.

만참전에 승당의 종을 울려서 대중을 운집하고, 주지가 오는 것을 기다려 북을 쳐서 특위탕을 바친다. 주지는 향을 올리고 삼배하고, 좌구를 거두지 아니하고 탕을 올리고, 물러나 삼배하고, 다시 나아가 합장반배하고 읍하여 탕을 올린다. 자리로 돌아와 삼배하고 좌구를 거둔다. 북을 세 번 치면 행자는 수경을 치고, 유나는 대중에서 나와서 염송하여 말한다. "간절히 종조께서는 직지를 전하셨으며, 송구스럽게도 윤택한 이익을 후세에게 빌려 주었나이다. 그 도력이 커서 무어라 이름하기도 어렵나이다. 부끄럽지만 빛을 후대에게 이어주사이다. 우러러 대중을 의지하여 염하나이다. 청정법신비로 자나불 십호 운운" 회향하여 말하되 "위의 염송의 공덕은 초조보리달 마원각대사대화상을 위하여 받드나이다. 위로 자음에 답하나이다. 시방삼세일체 운운" 마치고 승당의 종을 세 번 울린다. 대중은 해산하거나 혹은 청하여 그 자리에서 약석을 한다.

만종이 울리면 다시 승당의 종을 울려서 대중을 운집한다. 주지는 향을 올리고, 유나는 능엄주를 외운다. 마치면 회향하여 말한다. "정법계의 몸은 본래 출몰이 없도다. 대비원력으로 오고 감이 있음을 나타낸 것뿐이라. 우러러 바라건대 자비를 내려 감흥을 드리우소서.

금월 초오일 엎드려 초조보리달마원각대사대화상의 시적의 날을
맞아 비구 대중을 이끌고 향찬을 마련하여 공양을 펼치나이다.
(대불정만행수능엄주를 풍송함) 모아진 공덕은 자음에 답함이나이
다. 엎드려 원하건대, 여러 근기의 중생들이 의지하고 있음에, 소실
의 가풍을 널리 퍼지게 하시고, 묘한 지혜가 무궁하게 대승의 근기를
성취하게 하사이다. 시방삼세일체 운운" 이어 참두는 한 무리의
행자를 이끌어 배열하되 참배하고 풍경한다. 대중들은 배열하여
참배한다.

다음 날 아침, 주지는 향을 올려 예배하고 탕과 죽을 올린다. 좌하
곁에 앉아서 먹는다. 죽을 먹고 나면 주지는 다시 향과 차를 올리고,
유나는 대비주를 올린다. 마치면 회향한다. "상래의 풍경공덕은
초조보리달마원각대사대화상을 받들기 위함입니다. 위로 자음에
답하나이다. 시방삼세 운운"

반제에 승당의 종을 울려서 대중을 운집한다. 조사를 향하여 배립한
다. 주지는 향을 올리고 삼배한다. 좌구를 거두지 않고 앞으로 나아가
탕과 공양을 올린다. 청객시자가 함께 교대로 한다. 소향시자가
조사의 위패 곁에서 상위에 바쳐 놓기를 기다려서, 물러나 그 자리에
서 삼배하고 앞으로 나아가 향을 올리고 마치면 삼배하고 좌구를
거둔다.

북을 쳐서 특위차를 차린다. (탕례 때와 같음) 마치면 주지는 향을
올리고 법어가 있다. 행자가 요령을 흔들면 유나는 대중에서 나와
주지에게 읍하고 향을 올린다. 시자는 향합을 받든다. 이어 동당,
서당의 두 대표가 대중에서 나와 향을 올린다. 대중은 같이 삼배한다.

유나가 말하되 "정법계의 몸, 본래 출몰이 없도다. 대자비한 원력으로 오고 감을 나타낸 것뿐이로다." 선소하면 주지는 호궤한다. 이어 능엄주를 외우고 회향한다. "상래의 풍경공덕은 초조보리달마원각대사대화상을 위하여 받드나이다. 위로 자음에 답하나이다. 시방삼세운운" 이어 행자가 풍경한다.

달마대사의 기일에 관한 기록은 『어정월령집요』에 "『전등록』에 전하기를 효명제 태화 19년 10월 5일에 열반하였다."고 하며, 『지월록』에는 "『전등록』에 전하기를 대사는 영안 원년 10월 5일에 시적하였다."고 한다.

9일

◉ 삭발

10월 9일 삭발하면 400겁의 죄가 소멸된다.

10일

◉ 천녕절天寧節

『동경몽화록』에 "10월 10일은 천녕절이다. … 중략… 10월 8일에는 추밀원에서 수무랑 이상을 거느리고, 10월 10일에는 상서성 재집이

선교랑 이상을 거느리고 모두 상국사의 축성재 연회에 참석하며 그 다음에는 상서성 도청에서 베푸는 연회에 참석한다."고 하였다. 축성재는 황제의 장수를 축원하는 법회이다.

◉ 현장법사 예불문

10월 10일 오시에 남쪽을 향해서 4번 절을 하면 700겁의 죄가 소멸된다.

15일

◉ 동안거 冬安居

동안거는 하안거와 더불어 선원의 대표적인 안거로, 음력 10월 15일부터 다음 해 1월 15일까지 3개월 동안이다. 하안거와 동일하므로 상세한 내용은 생략한다.

그런데 『제경세시기승』에 의하면, 옛날에는 안거 기간 동안 경전을 강론하기도 하였음을 알 수 있다. 다만, 안거 기간이 90일이었음에 비하여 경전 강론은 1월 25일까지 100일 동안 설하였다.

15일 하원의 기간에 절과 도관에서는 경전을 강론하는 안거가 시작되는데 다음 해 1월 25일에 이르기까지 100일 동안 계속된다. 밤에 천등을 걸고 누런 폭에 큰 글씨로 동계봉경축국유민백일기량이라고 쓴다. 불교를 믿는 집에서는 향과 초를 보내고 공양에 사용할 물품을 바치는 사람들이 끊이지 않는다.

◉ 하원절 下元節

『회조락사』에 "10월 15일은 하원절이라고 하는데, 세속에서는 수관이 재앙을 풀어주는 때라고 하고, 혹은 지재하며 불경을 외우는 자도 있다."고 한다.

19일

◉ 회경일 會經日

『어정월령집요』에 "장경에 10월 19일은 오백나한의 회경일이다."고 한다. 그러나 불경에서 근거를 찾을 수는 없고, 회경일 또한 어떠한 의미인지 확실하지 않다.

25일

◉ 백탑연등

백탑연등은 10월 25일에 백탑이 있는 영안사에서 행한 행사를 말한다. 원나라 시대의 행사로 복을 기원하는 데 그 목적이 있다. 『제경세시기승』의 내용이다.

태액지 북쪽에 백탑이 있는 곳이 영안사이다. 10월 25일이 되면 산 아래서부터 탑 꼭대기까지 연등이 죽 걸려 있으며 별처럼 빛이 난다. 모든 내시들과 노란색의 옷을 입은 라마승들이 경을 잡고 범패를 하며 큰 법라를 분다. 그 밖의 사람들은 왼손에 자루가 달린 둥근 북을 들고 오른손은 굽은 자루를 당겨서 일제히 치는데 느리고 빠름이 각각 절주가 있다. 그 밖의 사람들은 쉬면서 복을 기원한다. 살펴보건대 백탑의 터는 옛날엔 만세산이라 하고, 또 경화도라고 하던 곳이다. 정상에 광한전과 인지전 등이 있고 탑 서쪽은 요나라 소후의 소장루가 있었다고 전해 오는데 무너진 지 이미 오래되었다. 순치 8년 가을에 탑과 절을 세우고 강희 기미에 중수하였다. 신유 겨울에 이 산의 돌을 영대에 옮긴 뒤 탑 아래에 남은 땅이 조금 생기자 백성들이 살 수 있게 하였다. 옹정 경술년에 다시 중수하여, 건륭 계해년에 탑 앞에 용광방을 세우니 동쪽은 혜일정이요, 서쪽은 열심전이다. 이로 인하여 궁실이 환하게 매우 세로워졌으며 이로 인하여 금원이 되었다.

10월내

◉ 달마도강達摩渡江

『어정월령집요』는 『전등록』에서 인용하여 양무제와 달마스님의 문답을 싣고 있다.

양무제가 달마대사에게 질문했다. "어떤 것이 불법의 근본이 되는 성스러운 진리입니까?" 달마대사는 말했다. "만법은 텅 비어서 성스럽다고 할 것이 없습니다." 양무제는 다시 질문했다. "지금 나와 마주하고 있는 그대는 누구십니까?" 양무제는 달마대사의 말을 깨닫지 못했다. 달마대사는 마침내 10월 19일에 양자강을 건너 위나라로 갔다.

◉ 세존단지

10월에는 추수한 곡식을 조상단지에 갈아 넣었다. 이 조상단지를 일컬어 영남지방에서는 부처님의 명호를 딴 '세존단지'로 불렀고, 호남지역에서는 '제석오가리'로 부르며 추수에 대한 감사의 의식을 행했다.

◉ 인일寅日

『동국세시기』에 "충청도 보은 지방 풍속에 속리산 정상에 대자재천왕사라는 사당이 있어 그 신이 매년 10월 인일에 법주사로 내려온다고 하여 산중에 있는 사람들이 음악을 베풀고 신을 맞이하여 제사를 지내는데 신은 45일간 머물다가 사당으로 돌아간다."고 한다.

◉ 김장

10월 초순이 되면 사찰에서는 동안거 결제를 맞이하기 며칠 전부터

대중울력으로 동안거 석달 동안 먹을 김장을 준비한다. 따라서 결제
대중은 일주일 전에 입방을 해야 한다.

특히 해인사를 비롯한 큰 사찰에서 스님들이 장화를 신고 산더미
같은 배추를 절이는 모습은 장관이다. 김장 종류는 배추김치, 동치미,
총각김치, 갓김치가 주류를 이룬다.

22일

◉ 제사기帝師忌

『칙수백장청규』에 "11월 22일은 제사의 기일이다. 동지에 고사가 미리 미자과를 준비한다."고 하였다. 제사는 왕사와 국사 등을 말하며, 이날 함께 기일을 지냈다.

지금은 제사기의 풍습이 남아 있지 않다.

11월내

◉ 동지

동지

11월은 동짓달이다. 하지로부터 짧아져 간 낮은 동지에 이르러 그 극한에 이르고, 동지로부터 짧았던 낮은 다시금 노루 꼬리만큼씩 길어지는데, 고대인들은 이것을 태양의 죽음과 부활로서 상징화하였다. 때문에 동지가 되면 태양은 죽음을 맞이한다고 여겼다. 또한 동짓날은 태음의 상징인 노인과 소양의 상징인 어린이의 두 양면성을 지닌 날이라 하며 태양의 새로운 탄생을 의미하기도 한다. 이날은 작은 설, 즉 아세라 불리며, 마침과 더불어 시작을 의미하기도 하였다.

9세기의 동지

지금은 동지를 소세小歲라고 하여 작은 설이라고 하지만, 9세기에는 동지를 기준으로 해가 바뀐다고 하였다. 즉 동지를 새해의 시작이라고 하였다.

『입당구법순례행기』에서 개성 3년(838)의 내용을 살펴보자.

오늘은 동지이다. 승려와 속인이 서로 하례를 나누었다. 속인들은 관리에게 절하며 동지를 축하했다. 상공을 보는 사람들은 "운이 변하여 해를 옮겨 남쪽으로 향함이 지극한 이때에 바라건대 상공께서는 존체만복하옵소서" 하고 말하였다. 높거나 낮은 관리들도 백성들과 마찬가지로 모두 서로 인사를 나누었고, 승려들도 서로 절을 하고 동지를 축하하는 말을 하면서 인사했다. 속인들도 절에 들어와 역시 그와 같은 인사를 하였다. 중국의 승려가 외국의 승려를 만나면 "오늘은 동지입니다. 스님께서도 만복을 받으시고 전등이 끊이지 않으며 하루 빨리 본국으로 돌아가 오랫동안 국사가 되시길 바랍니다."하고 말했다. 서로의 인사가 끝나면 다시 추위를 걱정하는 인사를 나눈다. 어떤 승려는 다가와 "오늘은 동지입니다. 스님의 학문이 삼학을 밝히시고 하루 빨리 본국으로 돌아가 오랫동안 국사가 되시기를 바랍니다." 하고 말한다. 이런 식의 인사말에는 종류가 많다. 이 명절은 모두가 일본의 정월 초하루의 명절과 같다. 속가와 사가가 각기 흔치 않은 음식을 장만하는데, 온갖 맛의 음식을 모두 모아 옛날 사람들이 즐기던 바를 따르면서 모두 명절을 축하하는 말을 나눈다. 절이든 속가든 모두 사흘 동안 동지의 명절을 보낸다. 우리가 머물고 있는 절에서도 사흘 동안 공양을 드리는데 온갖 음식이 모두 모였다.

다음은 개성 5년(840) 11월 26일의 기록이다. 새해 인사를 할 때에도 사미와 비구가 나누는 인사법이 다르며, 만두와 과자를 대접하였다.

오늘은 동지이다. 승려들은 "바라옵건대 이 속세에서 오래 사시면서 널리 중생을 화목하게 하소서." 하고 인사를 나누었다. 납하와 사미들은 상좌에게 인사를 할 때, 한결같이 책에 쓰인 법도를 지켰다. 사미가 비구에게 말을 할 때는 오른쪽 무릎을 땅에 꿇고 명절을 축하하는 인사를 하였다. 죽을 먹을 때 만두와 과자를 대접했다.

회창 원년(841) 11월 1일에는 "관청에서 여러 절로 하여금 불경을 외우도록 부탁하였다."고 하여, 동짓날을 기하여 새해를 맞이하여 불경을 독송하기도 하였다.

한편 『초학기』에는 기장떡과 술과 안주 등을 올리며, 동짓날에 하는 의식이 정월 초하루에 버금간다고 한다.

최식의 사민월령에 동짓날에는 기장떡을 바치는데, 먼저 현명에게 바친 다음에 조상에게 바친다. 그리고 군사와 기로에게 술과 안주를 올리며 배알하고 하례하는 의식을 정월 초하루의 경우와 똑같이 한다고 하였다. 심악의 송서에 위진시절에는 동짓날에 모든 나라와 관료들로부터 하례를 받고 작은 연회를 베푸는데 그 의식이 정월 초하루에 버금간다고 하였다.

동지 팥죽과 달력

24절기 중 낮이 가장 짧고 밤이 가장 긴 동짓날, 일반 가정에서는 팥죽을 먹고, 사찰에서도 아침 예불시 각단에 팥죽을 올린다. 팥죽을 먹는 풍습은 『형초세시기』에 의하면, 공공씨의 망나니 아들이 동짓날에 죽어서 역신이 되었는데 그가 평소에 팥을 두려워했기에 마을 사람들이 동짓날 팥죽을 쑤어 악귀를 쫓았다는 고사에서 유래한다.

한국의 동지 풍속은 신라시대로 거슬러 올라간다. 신라시대 선덕여왕이 황룡사에서 예불을 드리는데, 지귀라는 사람이 여왕을 사모해 죽기를 작정하고 고백하자, 여왕은 황룡사 9층탑 앞에서 예불하는 동안 기다리라고 하였다. 그런데 예불시간을 기다지지 못하고 죽은

지귀가 남의 집과 재산을 태우는 악귀가 되었고, 사람들은 팥죽을
쑤어 악귀를 쫓았다고 한다.

오늘날에는 동짓날 전국의 사찰과 불교단체에서 소외된 이웃과 함께
하며 나눔을 사회적으로 회향하려는 움직임이 많아지고 있다. 동지
팥죽을 나누며 지역주민 및 경로당 어르신들과 애틋한 정을 나누고,
어려운 이웃들에게 자비의 쌀을 전달하기도 한다. 이날 절에서는 다음
해 달력을 나눠주는 것이 관례화 되어 있다.

팔관회

『고려사』에 따르면 신라, 고려시대에는 동지 전후로 팔관회도 가졌다
고 전하고 있다. 동짓날은 일년 동안의 일을 참회하고, 새해에 새로운
마음을 다짐하는 기회다. 동지기도 때는 철야정근을 하는데 밤 10시부
터 '석가모니불' 정근에 들어가 아침예불 때까지 계속되며, 새벽이
되어서야 팥죽을 먹는다.

1일

◉ 납월 용맹정진

부처님 성도의 의미를 되새기는 12월 초하루 새벽부터 12월 8일 새벽까지 7일 동안 장좌불와로 정진한다. 장좌불와란 좌복 위에 앉아서 정진하는 동안 등을 땅에 대고 눕지 않는 용맹정진을 말한다. 대중에 따라서는 21일간 용맹정진을 하기도 하는데, 입선은 11월 중순경에 시작하여, 12월 8일 성도일 새벽에 방선을 한다.

12월 8일 새벽에 방선을 하고, 아침공양 후, 용맹정진에 임한 대중은 산행을 한다. 이는 1주일 동안 눕지 않은 몸을 산행을 통해 원활하게 하여 몸에 병이 들지 않게 하기 위함이다. 산행 후에는 목욕을 하고 일찍 잠자리에 든다.

◉ 호불號佛

호불에 대한 내용은 『제경경물략』과 『역대시화』에 보인다.

12월 1일부터 그믐까지 백성들 중에 질병으로 고통받는 자들은 1척이나 되는 향을 받들고 밤새 큰 길거리를 다니면서 원군의 칭호를 암송한다. 향을 사르면서 마음속의 소원을 빌 때 그 소리가 웅얼웅얼하니 이를 호불이라고 한다. 다니면서 우물이나 절간, 사당을 지나게 되면 무릎을 꿇고 절을 하며 암송하고 향을 다 사르면 집으로 돌아간다.

호불은 원래 불교적인 것은 아니지만, 소원을 빌며 웅얼거리는 소리가 마치 부처님을 부르는 것과 같아서 호불이라고 칭하는 것이다.

3일

◉ 삭발

12월 3일 삭발하면 500겁의 죄가 소멸된다.

8일

◉ 성도절

성도절은 성도일, 성도재라고도 한다. 석가모니 부처님이 보리수 아래에서 도를 이루신 것을 기념하기 위해서 행해지는 의식이다. 이날은 부처님께서 행하신 수행을 되새겨 용맹정진하고 우리도 부처님처럼 생사의 고해에서 벗어나 열반을 얻어 일체대중을 교화하고 불국토를 건설하겠다는 서원을 세운다.

전통의례는 모게송慕偈頌, 송자頌子, 참회게, 참회진언 등으로 동참대중은 마음을 청정히 하고 영산회상, 미타회상의 불보살을 거불하고, 다시 조송게朝頌偈, 송자 등으로 부처님을 찬탄한다. 그 뒤 입지게立志偈로 자신의 수행 의지를 굳게 세운 뒤 입지발원과 참회진언을 하고 입산게, 염불게, 출산게 등을 하여 마치는데, 십바라밀정진 천 배를 하기도 한다.

◉ 욕불浴佛

욕불은 성도일에 불상을 목욕시키는 것을 말한다. 현재 불상을 목욕시키는 것은 사월초파일에만 하고 있는데, 옛 문헌에 의하면 납월 팔일에도 욕불을 하였음을 알 수 있다.

『어정월령집요』는 『비유경』과 『동경몽화록』에서 욕불회에 대한 내용을 기록하고 있다. 『법원주림』에 내용이 있어 살펴본다.

『비유경』에서 말하였다. 부처님은 납월파일에 신통을 보여 육사외
도들을 항복받으셨다. 육사들은 '우리가 차라리 물에 빠져 죽는
것보다 못하다'고 하였다. 부처님은 널리 설법하여 외도를 제도하셨
다. 외도들은 교화를 받아 항복하고 부처님께 사뢰었다. "부처님은
법의 물로 저희들 마음의 때를 씻어 주셨습니다. 저희들은 지금
스님들을 청하여 목욕시켜 그 몸의 때를 씻어 드리겠습니다." 이것이
곧 법이 되었다. (지금 12월 8일에 스님을 목욕시킨다는 것은 오직
이 경에만 있다.)

『법원주림』역시 『비유경』에서 인용하였음을 밝히고 있으나, 『비유
경』에서는 내용을 찾을 수 없다.

어쨌든 『법원주림』에 의하면, 원래는 성도일에 스님들을 목욕시켜
드리는 것이 그 유래인데, 후대에 불상을 목욕시키는 법회로 성격이
변화된 것은 『동경몽화록』에서 살펴볼 수 있다.

12월 8일 거리에서는 3~5명의 스님이 무리를 이루어 염불을 하는데
은이나 동으로 된 사라나 혹은 좋은 동이 그릇에 금동 불상이나
혹은 나무 불상을 안치하고 향수로 씻고 버드나무 가지로 물을
뿌리면서 집집마다 찾아다니며 교화를 행한다. …중략… 납일에
사원에서는 얼굴에 바르는 기름을 신도들에게 보내는데, 편지를
넣어 신도들로 하여금 상원날 등불 밝히는 데 쓰이는 기름값을
보시하도록 교화한다.

이날 신도들에게 화장용 기름을 보내며, 상원일에 사용할 등불비용을 보시하도록 편지도 보냈다고 하는 내용이다.

한편 『형초세시기』에는, 불상이나 스님들을 위하여 목욕을 마련하는 것이 아니라, 자신들이 목욕을 하여 한해의 죄업을 씻기도 한다.

12월 8일을 납일이라고 한다. 사기 진승전에 납일이라는 말이 있으니 바로 이날을 가리키는 말이다. 속언에 납일의 북소리가 들리면 봄풀이 돋아난다라는 말이 있다. 마을 사람들이 세요고를 매고 호공두를 쓰며 금강역사를 만들어 역귀를 쫓고 목욕을 하면서 한해의 죄업을 씻는다.

◉ 납팔죽臘八粥

납팔죽은 납월 팔일에 먹었던 죽을 말한다. 납팔죽에 대해서는 세시기류에 기록이 비교적 많이 남아 있다.

『제경세시기승』에는 납팔죽의 유래에 관하여 세 가지를 말하고 있다.

납팔죽은 12월 8일에 끓여 먹는 죽을 말한다. 이 납팔죽의 유래에 3가지가 있다. 첫째는 불교에서 유래한 것으로 12월 8일은 석가모니가 득도한 날인데 득도하기 전 마갈타국 소녀의 우유죽 공양을 기념하기 위해서 매년 12월 8일이 되면 죽을 끓여 스님들께 공양하는 것이다. 둘째는 명나라 태조인 주원장이 젊었을 때 어떤 지주의

소를 키워주는 일을 하다가 배고픔을 참지 못하여 쥐구멍을 파낸 다음 쥐가 물어다 놓은 여러 곡식들을 모아서 죽을 끓여 먹었다. 황제가 된 뒤 12월 8일에 갑자기 이 일을 기억하고는 여러 잡곡과 열매를 한데 섞어 죽을 끓이게 하고는 먹고 그 죽의 이름을 납팔죽이라고 하였다고 한다. 셋째는 명나라 이시진의 『본초강목』에 있는 설로 중국 신화시대에 홧김에 부주산을 들이받아 무너지게 하였다고 하는 공공씨에게 아들이 7명이 있었는데 이들은 하나같이 성질이 고약하였으며 붉은 팥을 두려워하였다. 이들은 죽은 뒤에 모두 역귀가 되어 사람들을 괴롭히자 이 역귀들을 물리치기 위해 12월 8일이 되면 사람들이 팥죽을 끓이게 되었다고 한다.[34]

납팔죽의 유래는 첫 번째는 수자타의 유미죽의 뜻을 되새기기 위하여, 두 번째는 명나라 주원장이 배고픔에 여러 가지 곡식을 넣고 끓여 먹었던 것을 황제가 되어 다시 끓여 먹은 것에서, 세 번째는 역귀들을 물리치기 위한 것이라고 한다.

수자타 공양의 의미는 사찰에서도 성도일에 되새겼다. 『칙수백장청규』에 "성도일. 고사는 미리 팥죽을 만든다. 팥죽은 수자타의 우유죽 공양에서 비롯되었다."고 한다.

또한, 『제경세시기승』에는 납팔죽의 재료와 끓이는 방법이 기록되어 있으며, 동지 팥죽처럼 집안 구석구석에 뿌렸다고 한다.

---

34 『帝京歲時紀勝』(『중국대세시기 Ⅱ』, 국립민속박물관, 2006년, 223쪽, 각주 300 참조)

12월 8일은 왕후랍이라고 하여 집집마다 과죽을 끓인다. 모두 하루
전에 쌀과 콩을 고르고 일어서 온갖 열매로 사람과 사물들의 형상을
살아 있는 듯한 모양으로 꾸민다. 삼경에 죽이 다 끓으면 집안의
마루, 대문, 부엌, 밭두둑 등에 제사를 지낸 다음 온 가족이 모여서
먹고, 또 친지와 이웃에게도 보내니 이것을 납팔죽이라고 한다.

납팔죽의 재료에 관해서는 『연경세시기』에서 가장 상세하게 전한다.

납팔죽은 황미, 백미, 강미, 소미, 능각미, 밤, 홍강두와 껍질 벗긴
대추 속살 등을 물과 섞어 끓이는 것이다. 곁에는 붉게 물들인
복숭아씨, 은행, 과자, 땅콩, 개암열매, 잣과 흰 설탕, 흑설탕, 쇄쇄포
도 등으로 장식한다. 연밥, 편두, 율무쌀, 계원 등은 절대로 사용해서
는 안 되니 사용하게 되면 맛이 상한다. 섣달 7일이 되면 껍질을
벗겨내고 그릇을 씻어 밤새도록 끓여서 날이 밝아올 때면 죽이
익는다. 조상에게 제사를 지내고 부처에게 공양하는 것을 제외하고
는 정오를 넘기지 않고 친한 벗들에게 나누어 보낸다. 아울러 붉은
대추, 복숭아씨 등으로 사자와 어린아이 등의 모양을 만들어 솜씨를
내기도 한다. 『연도유람지』를 살펴보건대, 12월 8일에는 백관들에
게 죽을 나누어준다. 민간에서도 납팔죽을 만드는데, 과일과 싹을
섞어 죽을 만들며 여러 가지를 많이 넣은 것이 가장 좋다고 하였다.
지금은 백관들에게 나누어주는 일은 없지만, 부호가들 사이에서
서로 나누어주며 솜씨를 겨루는 일은 옛사람과 비교하여 심하면
심했지 덜하지는 않을 것이다.

『제경경물략』에도 재료에 과일도 함께 넣었다고 전한다.

12월 8일에는 집집마다 암자나 절에서 하는 것처럼 팥과 과일을
여러 가지 곡식과 섞어 죽을 만들어 공양하고 나서 아침에 먹으니
이를 납팔죽이라고 한다.

사찰에서도 납팔죽을 끓여 부처님께 공양 올렸다. 『연경세시기』의
내용이다.

옹화궁의 라마승은 12월 8일 밤에 죽을 끓여 부처에게 공양한다.
특별히 대신을 파견하여 감시케 하니 정성과 공경을 드러내기 위해
서이다. 죽 솥의 크기는 몇 섬의 쌀을 담을 수 있을 정도이다.

『동경몽화록』에도 사찰에서 칠보오미죽이라고 이름하여 납팔죽을
끓였다고 한다.

여러 큰 사찰에서는 욕불회를 행하고 아울러 칠보오미죽을 신도들에
게 나누어주는데 이를 납팔죽이라고 한다. 도성의 사람들은 이날
각 가정에서 여러 가지 열매와 재료를 넣어 끓인 죽을 먹는다.

납팔죽에 관련한 문헌들은 대부분 욕불회와 함께 내용을 기록하고
있다.

23일

◉ 사조祀竈

섣달 그믐이 되면 조왕신에게 제사를 지내는데, 이는 조왕신이 하늘에 올라가서 일년 동안의 선악의 행위를 말한다고 여기기 때문이며, 또 하나는 조왕신이 다음 해 일년 동안의 양식을 관장한다고 믿었기 때문이다. 『제경세시기승』의 내용이다.

12월 23일 새벽녘에 집집마다 조왕신에게 제사지내는데, 집 안에 장대를 세우고 천등을 매달아 건다. 제수물품은 국, 탕, 조반, 당과, 꿀떡 등이며, 신마에게는 향기로운 술지게미와 볶은 콩을 주발에 담아 먹인다. 남자는 열을 지어 절을 하면서 악을 막고 선을 드러내어 말로 축원한다. 내실에서 부녀자들은 화로와 부뚜막을 청소하고 깨끗한 진흙으로 덧칠을 하니 이것을 괘포라 하며 등을 켜고 절한다.

『제경경물략』에는 조군이라고 하여, 24일에 제사를 지낸다고 전한다. 『역대시화』, 『일하구문고』도 『제경경물략』에서 인용하여 기록하고 있다.

24일에 당제병, 서고, 대추와 밤, 호도, 볶은 콩으로 조군에게 제사하고 여물을 조군마에게 먹이니 이는 조군이 다음날 하늘로 올라가 집안의 1년 동안 일을 아뢴다고 여기기 때문이다. 이때 축원하기를 좋은 말은 많이 하고, 좋지 않은 말은 조금 해주세요라고 한다.

기록에 조군에게는 늙은 부인들이 제사지낸다라고 하였으나, 지금은 남자들이 제사지내며 부녀자들은 보지 못하게 한다. 제사하고 남은 사탕과 과일들은 어린 여자아이들은 먹지 못하게 하니, 이는 조왕신에게 제사하고 남은 것을 먹으면 기름진 음식을 먹을 때 입 주위가 검게 된다고 여기기 때문이다.

현재 대중에서는 섣달 그믐날 오후 4시에 조왕불공을 지낸다. 이때 대중스님들은 모두 나와서 한 해의 양식을 잘 해결해 준 조왕신에게 감사의 절을 올린다.

24일

◉ 교년소交年疏

『희조락사』에 "12월 24일은 교년이라 한다. …중략… 스님과 도사들은 교년소와 선미탕을 만들어 단월에게 보낸다."고 하였다.

송나라는 12월 24일을 교년이라 하여 새해와 묵은 해가 바뀌는 날로 여겼다. 이날 사찰이나 도가에서는 신도나 일반인들에게 글이나 부적 등을 보냈는데, 이를 교년소라고 한다. 선술탕은 선원에서 먹는 음식인데, 약간의 쌀을 넣어 끓인 탕으로 죽보다 묽다. 선술탕은 전염병을 면하고 추위와 더위를 제하고 위장을 튼튼히 하는 음식이라고 하여 『태평혜민화제약방』, 『보제방』, 『죽서산방잡부』 등 다수의 문헌에 그 재료와 효능에 대하여 상세히 기록하고 있다.

『동경몽화록』에서는 교년에 스님이나 도사들을 청하여 설법을 듣기도 하였다고 한다.

24일 교년에 도성 사람들은 밤이 되면 스님과 도사들에게 설법을 청하고 술과 과일을 마련하여 신을 전송하며, 모든 집에서는 식구들이 모두 모여 교체한 전지를 태운다. 부뚜막 위에는 조마를 붙이고 술지게미로 아궁이의 위를 바르니 이를 취사명이라고 한다. 밤이 되면 평상 밑에 등불을 밝히니 이를 조허모라고 한다.

29일

◉ 화엄보살 탄생

『백장총림청규증의기』에 "12월 29일, 화엄보살이 탄생하였다."고 한다.

화엄보살은 중국의 화엄종의 제4조인 징관스님을 지칭하기도 한다. 하지만, 이 내용만으로는 징관스님을 의미한다고 생각하기는 어렵다.

그믐

◉ 사찰의 그믐

『입당구법순례행기』에는 사찰에서 보내는 그믐의 모습을 상세히 기록하고 있다. 개성 3년(838)의 내용이다.

12월 29일 해가 지니 승속들은 함께 지전을 태웠다. 속가에서는 자정이 지나자 폭죽을 터뜨리면서 만세를 불렀고, 거리의 가게에는 온갖 음식이 이상하리만큼 푸짐했다. 일본에서는 오늘밤 정원이나 집안이나 대문 등 온갖 곳에 등을 밝히는데, 당나라에서는 단지 평상시의 등만 밝히는 것이 일본과 다르다. 절에서는 자정이 지나면 종을 치고 승려들이 식당에 모여 예불을 드리는데, 그때 대중들은 모두 상에서 일어나 땅바닥에 좌구를 깔고 앉았다가 예불을 마치고 서야 다시 상에 앉는다. 이때 고사와 전좌가 대중들 앞에 나와 한 해 동안에 있었던 살림살이의 갖가지 씀씀이와 비용을 적은 장부를 읽어서 대중들에게 알려준다. 날이 밝기 전에 등 앞에서 죽을 들고 밥을 먹은 뒤에 저마다 방으로 돌아간다. 아침나절 늦게 저마다 자기 방에서 나와 예불을 참석하고 승려들도 서로 인사를 나눈다. 절에서는 공양을 차리고 3일 동안 쉰다.

지전은 종이로 만든 돈을 말한다. 죽은 사람의 명복을 빌기 위하여 사용되었다. 도교 신앙과 관계있는 것으로 추측된다. 개성 5년(840) 그믐에도 동일한 기록이 있다.

12월 25일 다시 새해를 맞이하게 되므로 대중은 법당에 나아가 죽과 만두와 여러 가지 과자를 먹었다. 대중이 죽을 먹는 동안 강유, 전좌, 직세 등은 1년 동안 절의 재산과 교역, 손님을 위한 준비물, 그리고 각종 경비를 적은 내역을 대중 앞에서 읽었다.

백장회해(749~814)가 규정한 『칙수백장청규』 등의 선원청규 관련 문헌에도 "세말에는 각종의 부서를 정리하여 대중에게 보고한다."고 하였는데, 이를 "부서결정簿書結呈"이라고 한다. 부서란 전곡의 출납을 기록하는 장부를 말한다.

『입당구법순례행기』와 『백장청규』가 동시대의 문헌이므로 당시(9세기)에는 사찰의 특징으로 일년 동안 사찰의 공양물이나 금전이나 곡식의 수입과 지출을 정리하여 대중에게 보고했음을 알 수 있다. 이와 같은 전통은 현재 수덕사 견성암 등에서 이어지고 있다.

◉ 연종환원 年終還願

연종환원은 매년 연초에 임금을 위하여 복을 빌되 축원장을 지어 모든 신과 부처에게 빌고, 연말에 이르러 제사하고 그 축원장을 도로 거두는 것을 말한다.

『세종실록』의 내용이다.

12월 13일 정사를 보았다. 이보다 먼저 매양 그믐에는 내시 별감을 보내어 불우와 산천에 복을 빌었으니, 이를 연종환원이라 불렀는데, 이때에 와서 예조에서 그 절목을 아뢰니, 임금이 참찬 변계량에게 눈짓하며 이르기를, "연종화원은 복을 맞는 일이니, 불교를 숭상하는 단서이다. 요사이 부처를 섬기는 일은 폐지하여 거의 없어졌는데,

다만 선왕·선후의 기재는 이를 차마 폐지하지 못했지만, 그러나 오히려 그 번거로움을 덜어 버렸다. 이것은 과인의 복을 비는 일이니, 혹시 복을 얻는 이치가 있더라도 오히려 비루함이 될 것인데, 하물며 그런 이치도 없는 것이랴. 지금부터는 이를 폐지하는 것이 어떠한 가." 하였다. 계량이 입을 다물고 대답하지 아니하였다. 원숙이 대답하기를, "신들도 진실로 그런 이치가 없는 것을 알지마는, 그러 나 임금을 위하여 기도하는 일이므로 감히 말하지 못했습니다." 하였다. 많은 신하들이 나가니, 임금이 근신에게 이르기를, "내가 이를 폐지하고자 하나, 아랫사람이 이를 폐지하자고 청하는 자가 없으니, 위에서 이를 폐지하는 것이 옳겠는가." 하니, 김익정이 대답하기를, "마땅히 임금의 마음에서부터 결정해야 될 것입니다." 하였다. 임금이 이 말을 받아 들여, 즉시 불우에 복을 비는 일을 폐지하고, 다만 산악·해독·산천에만 제사지내도록 명하였다.

세종 3년(1421)에 연종환원이 불교에서 복을 비는 일이라고 하여 폐지되었다. 불교문헌에서 연종환원에 관한 기록은 보이지 않는다.

◉ 현장법사 예불문

12월 그믐일 인정시에 동쪽을 향해서 4번 절을 하면 9,000겁의 죄가 소멸된다.

◉ 괘천掛千

12월 그믐날 가정에서는 좋은 글귀를 적은 종이를 길게 늘어뜨려 놓는
데, 이를 괘천이라고 한다. 『연경세시기』의 내용이다.

괘천이란 길하고 상서로운 내용의 구절들을 붉은 종이에 새긴 것으
로 길이가 1자 8치나 되며 문 앞에 풀로 붙이면 도부와 어울려
서로 빛난다. 팔선의 인물상이 그려진 것은 부처님 앞에 걸어 둔다.
이것은 민가에서 많이 사용하는 것으로 권문세가에서는 쓰는 이가
드물다. 길이 3촌 정도의 노란 종이와 길이 1촌 정도 되는 붉은
종이를 소괘천이라고 하는데 시장의 가게에서 사용하는 것들이다.

팔선은 도교의 한종리, 장과로, 한상자, 이철과, 조국구, 여동반,
남채화, 하선고를 말하며, 옛날 회화의 제재나 미술장식의 주제가
되었다.

◉ 천지탁天地桌

그믐에 긴 상을 차려놓고 갖가지 공양물을 올리고, 신을 맞이하는
의미로 향을 태우는데 그것을 천지탁이라고 한다. 『연경세시기』의
내용이다.

매년 제석에 정원에 긴 상을 차려놓고 백분으로 공양한다. 백분은

제천의 신상을 다 그린 전도이다. 백분 앞에는 밀공 1층을 진설하고, 사과, 말린 과일, 만두, 야채요리, 설 떡을 각각 1층씩 진설하니 이것을 전공이라 한다. 전공 위에는 통초로 만든 팔선과 보석류, 원보 등을 꿰어두는데 이것을 공불화라고 한다. 신을 맞이할 때는 백분을 태우고 맞이할 때마다 번갈아 가며 향을 태우다가 등절이 되면 그것을 그치는데 천지탁이라고 한다.

12월 30일 저녁부터를 제석이라고 한다. 공불화는 부처님께 공양하는 공양물 위에 꽂은 좌화를 의미하는데 통초, 또는 비단 종이 등으로 화과와 인물 등을 만든다.

원문

1월

1일

◉ 通謁 1-1

○『荊楚歲時記』(『四庫全書』史部, 地理類, 雜記之屬)
正月一日是三元之日也謂之端月 按史記云正月爲端月春秋傳曰履端
于始元始也

○『初學記』 권4 (『四庫全書』 子部, 類書類)
崔寔四民月令曰正月一日是謂正日

○『東京夢華錄』 권6 (『四庫全書』 史部, 地理類, 雜記之屬)
正月一日年節

○『燕京歲時記』(『중국대세시기Ⅱ』 국립민속박물관, 2006년, 267쪽)
京師謂元旦爲大年初一

○『東漢會要』 권6 (『四庫全書』 史部, 政書類, 通制之屬)
　『文獻通考』 권106 (『四庫全書』 史部, 政書類, 通制之屬)
蔡質漢儀曰正月旦天子幸德陽殿臨軒公卿將大夫百官各陪朝賀蠻貊

胡羌朝貢畢見屬郡計吏皆陛觀庭燎宗室諸劉雜會萬人以上立西面位
定公納薦太官賜食酒西入東出既定上壽計吏中庭北面立太官上食賜
羣臣酒食貢事御史四人執法殿下虎賁羽林弧弓撮矢陛戟左右戎頭偪
脛啓前向後左右中郎將住東西羽林虎賁將住東北五官將住中央悉坐
就賜作九賓徹樂舍利從西方來戲于庭極乃畢入殿前激水化爲比目魚
跳躍肸水作霧障日畢化成黃龍長八丈出水遊戲于庭炫燿日光以兩大
絲繩係兩柱中頭間相去數丈兩倡女對舞行于繩上對面道逢切肩不傾
又蹋局屈身藏形于斗中鐘磬並作樂畢作魚龍曼延小黃門吹三通謁者
引公卿羣臣以次拜徹行出罷卑官在前尊官在後德陽殿周旋容萬人陛
高二丈皆文石作壇激沼水于殿下畫屋朱梁玉階金柱刻鏤作宮掖之好
厠以青翡翠一柱三帶韜以赤緹天子正旦節會朝百僚于此自到偃師去
宮四十三里望朱雀五闕德陽其上鬱崔與天連雒陽宮閣傳云德陽宮殿
南北行七丈東西行三十七丈四尺志注

○『群書考索』 권23 (『四庫全書』 子部, 類書類)

漢德陽殿朝賀德陽殿顯宗所作蔡質漢儀正月旦天子幸德陽殿臨軒公
卿將大夫百官各陪朝賀蠻貊胡羌朝貢畢見屬郡計吏皆陛觀庭燎宗室
諸劉雜會萬人以上作樂畢作魚龍曼延小黃門吹吹二通謁者引公卿羣
臣以次拜其殿周旋容萬人陛高二丈皆文石作壇激沼水於殿下畫屋朱
梁玉階金柱刻鏤作宮掖之好厠以赤翡翠韜以赤緹天子正旦節會朝百
僚於此

○『玉海』권71 (『四庫全書』子部, 類書類)

漢德陽殿朝賀元會儀禮儀志歲首爲大朝受賀其儀夜漏未盡七刻鐘鳴
受賀及贄公侯璧中二千石二千石羔千石六百石鴈四百石以下雉百官
賀正月二千石以上上殿稱萬歲擧觴御坐前司空奉羹大司農奉飯奏食
擧樂百官受賜宴饗大作樂注蔡質漢儀曰正月旦天子幸德陽殿臨軒公
卿將大夫百官各陪朝賀蠻貊胡羌朝貢畢見屬部計吏皆陛觀庭燎宗室
諸劉雜會萬人以上太官賜食酒御史四人執法殿下虎賁羽林弧弓撮矢
陛戟左右作九賓徹樂含利從西方來戲於庭乃入激水化比目魚作霧鄣
日化成黃龍炫曜日光樂畢作魚龍曼延小黃門吹三通謁者引公卿羣臣
以次拜其每朔惟十月旦從故事者高祖定秦之月元年歲首也後漢先上
壽次賜酒與叔孫儀不同含利獸名卽西京賦所云含利颰颰化爲仙車驪
駕四鹿芝蓋九葩

○『東京夢華錄』권6 (『四庫全書』史部, 地理類, 雜記之屬)
元旦朝會
正旦大朝會車駕坐大慶殿有介冑長大人四人立于殿角謂之鎭殿將軍
諸國使人入賀殿庭列法駕儀仗 …중략… 高麗與南畓交州使人並如漢
儀 …중략… 三佛齊皆瘦脊纏頭緋衣上織成佛面又有南蠻五姓畓皆椎
髻烏氈並如僧人禮拜 …중략… 高麗在梁門外安州巷同文舘 …중략
… 唯大遼高麗뺀舘賜宴 실록

○『世宗實錄』권39 (세종 10년, 1월15일)
左司諫金孝貞等 上疏曰 僧徒髡頭剃鬚 異於人類 口不言先王之法言

身不服先王之法服 悖倫悖理 無君臣上下之分 其他詭怪之行 不可勝言
此殿下所當深斥之者也 每當慶節 乃令此輩得入大庭 參與盛禮 而胡服
雜於冠佩 梵聲間於笙鏞 是誠舊習之因循也 惟我聖朝之制 悉遵古昔
禮樂文物 煥然大備 唯此一事 尙仍其舊 而不革可乎 伏望殿下 斷自宸衷
自今於誕辰正至 勿令僧徒 得參賀班 以正朝儀 不允

○『世宗實錄』 권66 (세종 16년, 10월30일)
除正朝冬至誕日三大朝會各宗賀箋 前此內願堂率五教兩宗 奉箋參朝
稱賀 今除參朝故也

○『大唐西域記』 권9 (『대정장』 51, 920상)
摩揭陀國下
西印度剎帝利種也志尙夷簡情悅山林迹居幻境心遊眞際內外典籍窮
究幽微辭論淸高儀範閑雅諸沙門婆羅門外道異學國王大臣長者豪右
相趍通謁伏膺請益受業門人十室而六年漸七十耽讀不倦餘藝捐廢唯
習佛經策勵身心不捨晝夜印度之法香末爲

○『禪林僧寶傳』 권21 (『四庫全書』 子部, 釋家類)
白金爲壽母詬曰汝定累我入泥犁中投諸地公色不怍收之辭去謁神鼎
諲禪師諲首山高弟望尊一時衲子非人類精奇無敢登其門者住山三十
年門弟子氣吞諸方公髮長不剪弊衣楚音通謁稱法姪一衆大笑諲遣童
子問長老誰之嗣公仰視屋曰親見汾陽來諲杖而出顧見頎然問曰汾州
有西河師子是否公指其後絕叫曰屋倒矣童子返走諲回顧相矍鑠公地

坐脫

○『林間錄』 권하 (『四庫全書』 子部, 釋家類)

慈明老人性豪逸忽繩墨凡聖莫測初弃南源歸省其母以銀盆爲之壽其
母投諸地罵曰汝少行脚負布橐去今安得此物吾望汝濟我今反欲置我
作地獄滓耶慈明色不怍徐收之辭去謁神鼎諲公師叔諲公首山之子望
高叢林住山三十年影不出山諸方莫有當其意者慈明通謁稱法孫一衆
大笑諲公使人問長老何人之嗣對曰親見汾陽來諲訝之出與語應荅如
流大

○『勅修百丈淸規』 권7 (『대정장』 48, 1154하)

正月 初一日有處 四孟月大衆行道諷經祈保 次具門狀 官員檀越諸山賀歲

○『荆楚歲時記』 (『四庫全書』 史部, 地理類, 雜記之屬)

按四民月令云過臘一日謂之小歲拜賀君親進椒酒從小起 … 중략… 晉
海四令問勛曰俗人正日飮酒先飮小者何也勛曰俗云小者得歲先酒賀
之老者失歲故後飮酒

○신세배 전문 (『조선불교월보』 1913년)

天時가 새로우니 人事가 새롭고, 인사가 새로우니 예절도 새롭고,
風潮도 새롭고, 사업도 새롭고, 百度가 모두 새로움이다. 新天時에
新人事, 新禮節로 新歲拜를 하여볼까.

세배하오 세배하오 住持前에 세배하오
荷花愚昧法侶하야 上答政府 深恩하고 寺刹維持 中興佛法 諸氏責任
重大키로 新年事業 希望하야 新人事로 세배하오.

세배하오 세배하오 講師前에 세배하오
靑年後進 敎導하야 未來棟梁 作成하고 禪門影響 佛法笙簧 諸氏名望
腥향키로 新年事業 志願하야 新人事로 세배하오.

세배하오 세배하오 布敎師前에 세배하오
十方衆生 敎化하야 정법으로 귀의하고 滿室石簀長汀布袋諸氏聲譽喧
炙키로 新年事業 贊成하야 新人事로 세배하오.

세배하오 세배하오 禪客前에 세배하오
面壁家風 不墜하야 敎外別傳 悟徹하고 直指人心 見性成佛 諸氏宗旨
玄妙키로 신년사업 歆慕하야 新人事로 세배하오.

세배하오 세배하오 律師前에 세배하오
枯槁形骸 不顧하고 如來性戒 堅守하야 器完水全波澄月現諸氏檢高尙
키로 新年事業 墾禱하야 新人事로 세배하오.

세배하오 세배하오 學生人前에 세배하오
以經爲鑑 照心하야 深奧旨趣 硏究하야 佛法棟樑 後來龜鏡 諸氏荷擔
遠大키로 新年事業 勉勵하야 新人事로 세배하오.

세배하오 세배하오 信男女께 세배하오
正法難逢 此世界에 希有心을 大發하야 志心信向 見佛聞法 諸氏知見
圓滿키로 新年事業 勸告하야 新人事로 세배하오.

세배하오 세배하오 月報記者 세배하오
筆禿心焦 不辭하고 編輯發行 勤苦하야 敎門木석 鐸社會金針 諸氏義務
正當키로 新年事業 祝願하야 新人事로 세배하오.

◉ **法鼓 齋米 僧餠** 1-1

○『京都雜誌』(『조선대세시기Ⅲ』 국립민속박물관, 2007년, 70쪽)
緇徒負大皷入街巷擂動謂之法鼓 或展募緣文叩鈸念佛 或荷米岱沿門
唱齋 又用一餠換俗二餠 俗得僧餠飼小兒以爲善痘 當宇朝禁僧尼不得
入都門 城外尙有此風

○『東國歲時記』(『조선대세시기Ⅲ』 국립민속박물관, 2007년, 185쪽)
僧徒負鼓入街市擂動謂之法鼓 或展募緣文叩鈸念佛 人爭擲錢 又用一
餠換俗二餠 俗得僧餠飼小兒以爲善痘 朝禁僧尼不得入都門 故城外有
此風 諸寺上佐乞齋米於五部內 自曉荷岱巡行沿門唱聲人家各出米給
之 盖新年徼福之意也

○『洌陽歲時記』(『조선대세시기Ⅲ』 국립민속박물관, 2007년, 111쪽)
僧人候除夕子夜半 到人家門外高聲請齋米次 守歲者 方�坐誼譁不覺

更闌 聞此聲 則相顧日 歲已新矣 先王初元 禁僧尼不得入都城 故此風遂
絶 而鄕村間或有之

◉ 윷놀이 점괘 1-1

○『京都雜誌』(『조선대세시기Ⅲ』 국립민속박물관, 2007년, 69쪽)
傑傑牡 屯 沙門還俗

◉ 六輪會 1-1

○『三國遺事』 권5 (『대정장』 49, 1018상)
時有開士漸開 欲設六輪會於興輪寺 勸化至福安家 安施布五十疋 開呪願

◉ 千盤會 1-1

○『補續高僧傳』 권20 (『만자속장경』 77, 8하)
夜臺者 西蜀人 少習引導辟穀之術 遇大智師於峨眉 薙髮受戒 辭師至終
南伏牛 又至五臺多服水齋 日則靜坐 夜則遊臺 人因呼爲夜臺 五臺方圓
五百里 暴風怒號 走大石 吹驟馬 如掃葉 師棕衣棕帽 手握鐵杖 遇風則
止 風止則行 有時昏黑 墮入坑谷中 鐵杖垂卷 而師無恙 遇虎卽投身示之
曰 汝噉我結一小緣 遇鑛賊 振錫環響 賊遙呼曰 夜臺師慴伏不敢動 大雪
滿山 衆負鍤迹師雪中 師已僵槁 雪埋腰膝間 衆昇歸 置熱火土銼上 沃以
湯 稍久乃甦 復夜行如前矣 師夜中時見燈光野火 猛獸鬼怪 親見文殊

或爲老比丘 或爲美好婦女 抱嬰兒赤裸下體 頃刻不見 如是夜遊二十餘
年 歲癸卯入京師 慈聖太后 賜鉢杖及紫襴袈裟一襲 師先 于塔院寺 設千
盤會 于龍泉寺 設龍華會 皆四十九日 又于峨眉五臺 各鑄幽冥鐘一口
重萬三千斤 又于普陀峨眉 請藏經二部 又于九華 設水陸道場 其餘鏹粟
分施靜室及諸貧僧 銖兩尺寸 不入私橐 故久而緇素益信之 師往反四大
名山 精神尫頓 繇蜀至廣陵 忽病作 道人某 斷指入糜 冀療師疾 師訶曰
出世人 豈效兒女子所爲 吾期已近矣 是時疾已瘳 買一巨舫 設水陸像
放燄口不絶 庚戌十月 繇通州渡海 過福山 忻然欲留 先遣散諸弟子 獨留
老道人自隨 登舟將行 有新安二賈客 懇附舟 師曰 此有緣人許諾 揚帆甚
駛 問日中乎 日中矣 命作飯 飯二客 復出襯錢授之 因禮十方諸佛曰
我欲歸海 衆驚曰 今已在海中 復何歸 師曰 我聞 解脫菩薩臨命終時
戒其弟子 分身爲三 一施鳥獸 一施魚鱉 一施螻蟻 我今亦爾 衆哀號牽挽
師出一紙授客 卽解脫菩薩語也 衆方哀挽不已 師曰 汝爲我禮佛 皆拜
師一躍入海 衆欲收帆援師 師端坐水浪上 搖手曰 帆一下 汝曹皆覆矣
須臾白黃霧擁師而去 時萬曆庚戌十月二十五日也 老道人 歸言之人 華
亭陳眉公 作文記其事

○『御定月令輯要』 권5 (『四庫全書』 史部, 時令類)
千盤會
增帝京景物畧 隆安寺 萬曆己酉 僧翠林 自蜀來 募金修佛殿 殿後堂三楹
曰淨土社 堂列龕五十三結 僧徒念佛 歲元旦設果餌享 佛盤千數名曰千
盤會

○『大唐西域記』권9 (『대정장』51, 924중)

滿冑王銅佛像北二三里 甋精舍中 有多羅菩薩像 其量旣高 其靈甚察
每歲元日 盛興供養 隣境國王大臣豪族 齎妙香花 持寶燔蓋 金石遞奏
絲竹相和 七日之中 建斯法會 其垣南門內有大井 昔在佛世 有大商侶
熱渴逼迫 來至佛所 世尊指其地 以可得水 商主乃以車軸築地 地旣爲陷
水遂泉涌 飮已聞法 皆悟聖果

○『日下舊聞考』권56 (『四庫全書』史部, 地理類, 都會郡縣之屬)

原隆安寺 天順間廢刹也 萬懋己酉 僧翠林自蜀來募金錢修佛殿後堂三
楹曰淨土社堂列龕五十三 結僧徒念佛歲元旦設果餌享佛盤千數名曰
千盤會 寺後一閣 崇禎元年 僧大爲立(帝京景物畧) 臣等謹按隆安寺今
存創于明景泰五年寺中有題名碑記可考

◉ **安福寺禮塔** 1-1

○『明一統志』권44 (『四庫全書』史部, 地理類, 總志之屬)
安福寺 在遂昌縣治東 隋大業中建

○『會稽志』권8 (『四庫全書』史部, 地理類, 都會郡縣之屬)
安福寺在縣南六十里梁永明二年置唐會昌五年廢景福元年重建

○『江西通志』권113 (『四庫全書』史部, 地理類, 都會郡縣之屬)
安福寺在德安縣西北永泰源唐大中二年僧秀溪建初名安吉院宋治平

改今名元燬明永樂初重建

○『浙江通志』 권231 (『四庫全書』 史部, 地理類, 都會郡縣之屬)
安福寺台州府志在縣西北四十五里舊名雲水菴宋建隆中建治平三年
賜今額國朝順治五年僧密持重興

○『福建通志』 권62 (『四庫全書』 史部, 地理類, 都會郡縣之屬)
安福寺在淸源里唐大中間建有熱梅軒

○『釋教部彙考』 권2 (『만자속장경』 77, 22중)
咸通十四年 四月八日 佛骨入長安 自開遠門安福樓 夾道佛聲震地 士女
瞻禮 僧徒道從 上御安福寺 親自頂禮 泣下霑臆 卽召兩街供奉僧 賜金帛
各有差

○『方輿勝覽』 권51 (『四庫全書』 史部, 地理類, 總志之屬)
安福寺塔 成都志人中間建 塔十有三級 李順之亂塔燬於火 祥符間重建
仍十有三級 初取林岷山得 靑石中隱白盡 浮圖像十有三級 梁柱欄楯皆
愍愍可觀 此建塔之神異也

○『歲華紀麗譜』 歲華紀麗 (『四庫全書』 史部, 地理類, 雜記之屬)
　『蜀中廣記』 권55 (『四庫全書』 史部, 地理類, 雜記之屬)
　『說郛』 권69상 (『四庫全書』 子部, 雜家類, 雜纂之屬)
　『全蜀藝文志』 권58 (『四庫全書』 集部, 總集類)

正月元日 郡人曉持小綵幡遊 安福寺塔粘之 盈柱若鱗次 然以爲厭禳懲
咸平之亂也 塔上燃燈 梵唄交作僧徒 駢集太守詣塔前 張宴晚登塔眺望焉

○『御定月令輯要』권5 (『四庫全書』 史部, 時令類)
安福塔

增歲華紀麗譜 正月元日 郡人持小綵旛遊 安福寺塔黏之 盈柱若鱗 次然
以爲厭禳范成大 丙申元日 安福寺禮塔 詩注成都一歲故事 始扵此士女
大集拜塔下然香挂旛以禳災

○『石湖詩集』권17 (『四庫全書』 集部, 別集類, 南宋建炎至德祐)
　『成都文類』권9 (『四庫全書』 集部, 總集類)
丙申元日安福寺禮塔
成都一歲故事 始於此士女大集拜塔下然香挂旛

○『御定佩文齋詠物詩選』권33 (『四庫全書』 集部, 總集類)
丙申元日安福寺禮塔 宋范成大
嶺梅蜀柳笑人忙 歲歲椒盤各異方 耳畔逢人無魯語 鬢邊隨我是吳霜 新
年後飲屠蘇酒 故事先燃窣堵香石筍新街好行樂與民同處且逢場

○『至元嘉禾志』권11 (『四庫全書』 史部, 地理類, 都會郡縣之屬)
淨土院在縣東三十六里 考證邑人陸求宅基也 曾收得唐咸通十二年石
幢至淸泰元年奏漢南王捨宅爲安福寺 宋祥符元年賜今名內有亭名碧
鮮奇絶聞人郎中安道常作詩以紀其事云植竹敞虛亭淸幽滌襟慮盛暑

生涼陰窮冬見蒼翠我愛主人賢堅如筠箭美願師持此心與境長無魏陳
賢良亦有詩云瀟洒闌干碧玉叢昔來游賞是兒童縈迴修竹探繁影刻劃
新詩逸翠筒十載雪霜林色改幾奋風月酒尊空子猷老去心長在終擬爲
鄰作醉翁

○『浙江通志』 권228 (『四庫全書』 史部, 地理類, 都會郡縣之屬)

淨土教寺

至元嘉禾志在縣東三十六里本邑人陸求宅清泰元年捨爲安福寺 宋祥
符元年賜今名內有亭名碧鮮多竒竹嘉興縣志明弘治十年建觀音殿
聞人安道碧鮮亭詩植竹敞虛亭清幽滌襟慮盛暑生涼陰窮冬見蒼翠我
愛主人賢堅如筠箭美願師持此心與境常無媿陳賢良碧鮮亭詩瀟灑闌
干碧玉叢昔來游賞是兒童縈迴修竹探繁影刻畫新詩遼翠筒十載雪霜
林色改幾奋風月酒尊空子猷老去心長在終擬爲隣作醉翁

◉ **정초의 사찰 1-1**

○『入唐求法巡禮行記』 권1

開成四年 正月一日甲寅是年日也官絡 三日休假當寺有三日齋早朝 相
公 入寺礼佛卽歸去

○『入唐求法巡禮行記』 권2

開成五年 正月一日 戊寅 早朝礼佛了不相拜謁直歸自房喫粥之後堂前
礼佛行道礼佛了便扵堂前衆僧同礼拜更互參差不依次第

○『入唐求法巡禮行記』 권3
開成六年 正月一日僧俗拜年寺中

○『入唐求法巡禮行記』 권3
會昌二年 正月一日家々立竹杆懸幡子新歲祈長命諸寺開俗講

◉**俗講** 1-1

○『太平御覽』 권568 (『四庫全書』 子部, 類書類)
文淑子者唐長慶初有俗講僧文淑善吟經兼念四聲觀世音菩薩其音諧
暢感動時人樂工黃米飯依其念菩薩四聲乃撰成曲也

○『古今說海』 권129 (『四庫全書』 子部, 雜家類, 雜編之屬)
文叙子
長慶中俗講僧文叙善吟經其聲宛暢感動里人樂工黃米飯狀其念四聲
觀世音菩薩乃撰此曲

○『資治通鑑』 권243 (『四庫全書』 史部, 編年類)
觀沙門文淑俗講 釋比講說類談空有而俗講者又不能演空有之義徒以
悅俗邀布施而已淑象呂翻

○『入唐求法巡禮行記』 권3
會昌二年 正月一日 諸寺開俗講

○『唐詩紀事』 권57 (『四庫全書』 集部, 詩文評類)

平康坊菩薩寺佛殿東西障日及諸柱上圖畫是東廊跡舊鄭法士畫　開元
中因屋壞移入大佛殿內北壁食堂前東壁上吳道玄畫　智度論色偈變偈
是吳自題筆跡遒勁如磔鬼神毛髮次堵畫禮骨仙人天衣飛揚滿壁風動
佛殿內後壁吳道子畫消災經事樹石古嶮元和中上欲令移之慮其摧壞
乃下詔擇畫手寫進佛殿內槽壁維摩變舍利佛角膝而轉元和末　俗講僧
文淑裝之筆蹟盡矣故興元鄭公尙書題此壁僧院　詩曰　但慮彩色汚無虞
臂胛肥置寺碑陰　彫飾奇巧相傳鄭　法士所起樣也初　會覺上人以利施起
宅十餘畝工畢釀酒百石列餅甕於兩廊下引吳道玄觀之因謂曰　檀越爲
我畫以是賞之吳生嗜酒且利其命欣然而許予以蹤跡似不及景公寺畫
中三門內東門神善繼云是吳生弟子王耐兒之手也

◉ **商燈** 1-1

○『帝京景物略』 (『중국대세시기Ⅱ』 국립민속박물관, 2006년, 84쪽)
幌于於寺觀壁者曰商燈　立想而漫射之無靈蠢

○『歷代詩話』 권80 (『四庫全書』 集部, 詩文評類)
以詩隱物幌於寺壁者曰商燈立想而漫射之無靈蠢

◉ 현장법사예불문 1-1

○『불가일용집』

正月初一日 平明時向南禮佛四拜滅百劫罪

2일

◉ 寶勝佛生 1-2

○『御定月令輯要』 권5 (『四庫全書』 史部, 時令類)

寶勝佛生

原藏經正月二日寶勝佛生

○『金光明經』 권4 (『대정장』 16, 352중)

若有衆生臨命終時 得聞寶勝如來名號卽生天上 我今當爲是十千魚解
說甚深十二因緣 亦當稱說寶勝佛名 時閻浮提中有二種人 一者深信大
乘方等 二者毀呰不生信樂 時長者子作是思惟 我今當入池水之中爲是
諸魚說深妙法 思惟是已 卽便入水作如是言 南無過去寶勝如來應供正
遍知明行足善逝世間解無上士調御丈夫天人師佛世尊 寶勝如來本往
昔時 行菩薩道作是誓願 若有衆生 於十方界臨命終時聞我名者 當令是
輩卽命終已尋得上生三十三天

3일

◉ 繞塔 1-3

○『御定月令輯要』권5 (『四庫全書』 史部, 時令類)
增帝京景物畧 旦至三日 男女皆扵白塔寺繞塔 江盈科詩 走馬燕臺 遊客
聚戴花 繞塔女郎趣

○『日下舊聞考』권147 (『四庫全書』 史部, 地理類, 都會郡縣之屬)
元旦至三日男女于白塔寺繞塔(增帝京景物畧)

○『歷代詩話』권80 (『四庫全書』 集部, 詩文評類)
至三日男女於白塔寺遶塔

5일

◉ 大慈佛生 1-5

○『御定月令輯要』권5 (『四庫全書』 史部, 時令類)
佛誕
原藏經正月五日大慈佛生

○『佛說佛名經』권6 (『대정장』 14, 142중)
　『現在賢劫千佛名經』(『대정장』 14, 382중)

『慈悲道場懺法』 권9 (『대정장』 45, 962상)

6일

◉ 定光佛生 1-6

○『御定月令輯要』권5 (『四庫全書』史部, 時令類)

定光佛生

原佛書正月初六日, 江州武平南安白花岩定光佛生

○『玉芝堂談薈』권1 (『四庫全書』子部, 雜家類, 雜纂之屬)

正月六日定光佛生

○『金剛經如是經義』권상 (『만자속장경』 25, 687하)

然燈佛 卽定光佛 生時身光如燈 後至成佛 故名然燈

8일

◉ 觀音示現 1-8

○『御定月令輯要』권5 (『四庫全書』史部, 時令類)

觀音示現

原白衣經正月八日南無華嚴衆意甘露苦王觀世音菩薩示現

○『觀世音持驗紀』권하 (『만자속장경』78, 105중)

篤於伉儷 求子甚艱 己卯十月 其妹淑柔 得白衣五印心經 與嫂同覽 見卷
末祈嗣事跡 種種靈驗 蕭氏悚然敬信 發願持齋誦經 併許施白衣經千卷

○『現果隨錄』권4 (『만자속장경』88, 45중)

嘉定黃韞生 父中年艱于得子 力行善事 勤誦白衣經

● 星燈 1-8

○『帝京歲時紀勝』(『중국대세시기Ⅱ』, 국립민속박물관, 2006년, 137쪽)
初八日傳爲諸星下界 燃燈爲祭 燈數以百有八盞爲率 有四十九盞者 有
按玉匣記本命星燈之數者 於更初設香楮 陳湯點 燃而祭之 觀寺釋道
亦將施主檀越 年命星庚記注 于是夕受香儀 代具紙疏雲馬 爲壇而祭
習以爲常

● 打鬼 1-8

○『帝京歲時紀勝』(『중국대세시기Ⅱ』, 국립민속박물관, 2006년, 138쪽)
初八日弘仁寺打鬼 其制以長教刺嚇披黃錦衣乘車持鉢 諸侍從各執儀
仗法器擁護 又以小番僧 名班第者 衣彩胄 帶黑白頭盔 手執綵棒 隨意揮
灑白沙 前以鼓吹導引 衆番僧執曲鍾柄鼓 鳴鑼吹角 演念経文 遶寺周匝
迎祥驅祟 念五日 德勝門外黃寺行亦如之

○『燕京歲時記』(『중국대세시기 II』, 국립민속박물관, 2006년, 271쪽)
打鬼本西域佛法 並非怪異 卽古者九門觀儺之遺風 亦所以禳除不祥也
每至打鬼 各喇嘛僧等 扮演諸天神將以驅逐邪魔 都人觀者甚衆 有萬家
空巷之風 朝廷重佛法 特遣一散秩大臣以臨之 亦聖人朝服阼階之命意
打鬼日期 黃寺在十五日 黑寺在二十三日 雍和宮在三十日

○『日下舊聞考』권147 (『四庫全書』史部, 地理類, 都會郡縣之屬)
(正月)至十六日小兒羣集市中爲戲首以一人爲鬼繫繩其腰羣兒共牽
之相去丈餘輪次躍而前急擊一拳以去名曰打鬼

15일

◉ 上元節 1-15

○『辯正論』권8 (『대정장』 52, 548상)
道家節日
案道家金錄玉錄黃錄等齋儀 及洞神自然等八齋之法 唯有三元之節 言
功擧遷上言功章三會男女具序鄉居戶屬以請保護 正月五日爲上元節
七月五日爲中元節 十月五日爲下元節 恰到此日道士奏章上言天曹 冀
得遷達延年益 算七月十五日非道家節

○『御定月令輯要』권5 (『四庫全書』史部, 時令類)
錢燈會

增歲華紀麗譜 上元節放燈十四十五十六三日

○『初學記』권4 (『四庫全書』子部, 類書類)
燒燈 望月 涅槃經曰如來闍維訖收舍利罌置金牀上天人散花奏樂繞城
步步燃燈十二里又西域記曰摩喝陁國正月十五日僧徒俗衆雲集觀佛
舍利放光雨花

○『佛般泥洹經』권하 (『대정장』1, 174중)
取舍利罌 著金床上 以還入宮 頓止正殿 天人散華伎樂 繞城步步燃燈
燈滿十二里地

○『大唐西域記』권8 (『대정장』51, 918중)
菩提樹北門外摩訶菩提僧伽藍 … 중략 … 諸窣堵波高廣妙飾 中有如來
舍利 其骨舍利大如手指節 光潤鮮白皎徹中外 其肉舍利如大眞珠 色帶
紅縹 每歲至如來大神變月滿之日 出示衆(卽印度十二月三十日, 當
此正月十五日也) 此時也 或放光 或雨花

○『法苑珠林』권35 (『대정장』53, 568상)
依道宣律師感通記云 律師問天人曰 其蜀地簡州三學山寺空燈常照因
何而有 答曰 山有菩薩寺 迦葉佛正法時初立 有歡喜王菩薩造之 寺名法
燈 自彼至今常明空表有小菩薩三百人斷粒遐齡常住此 山此燈又是山
神李特續後供養(特舊蜀主)故至正月處處然燈以供佛寺

○『入唐求法巡禮行記』권1

開成四年 正月十五日 夜東西街中人宅燃燈与 本國 年盡晦夜不殊矣寺
裏燃燈供養佛兼奠祭師影俗人亦尓當寺佛殿前建燈樓砌下庭中及行
廊側皆燃油其燈盞數不遑計知街裏男女不憚深夜入寺看事供燈之前
隨分捨錢巡者已訖更到餘寺者礼捨錢諸寺堂裏幷諸院皆競燃燈有來
赴者必捨錢去无量義寺設匙燈竹燈計此千燈其匙竹之燈樹搆作之皃
如塔也結絡之樣極是精妙其高七八尺許並從此夜至十七日夜三夜爲期

○『入唐求法巡禮行記』권1

開成四年 正月十七日 … 중략 … 齊後當寺堂前敷張珎奇安置卌二賢聖
素影異種珎綵不可記浔賢聖容皃或閇目觀念或仰面遠視或向傍似有
語話或伏面瞻地卅二像皆有卅二種容皃宴坐之別或結跏趺坐或半跏
坐々法不同卅二賢聖外別置普賢文殊像幷共命鳥伽陵頻伽鳥像暮際
點燈供養諸聖影入夜唱礼々佛幷作梵讚歎作梵法師一來入或擎金蓮
玉幡列座聖前同聲梵讚通夜无休每一聖前點塊燈

○『歲華紀麗譜』(『四庫全書』 史部, 地理類, 雜記之屬)

上元節放燈 舊記稱 唐明皇上元京師放燈 燈甚盛 葉法善奏曰 成都燈亦
盛遂引帝至成都市酒於富春坊此方外之言存而勿論 咸通十年正月二
日 街坊點燈張樂晝夜喧闐蓋大中承平之餘風由此言之則唐時放燈不
獨上元也蜀王孟昶時間亦放燈率無定日 宋開寶二年 命明年上元放燈
三夜 自是歲以爲常十四十五十六三日 皆早宴大慈寺晚宴五門樓甲夜
觀山棚變燈其斂散之遲速惟太守意也 如繁雜綺羅街道燈火之盛以昭

覺寺爲最　又爲錢燈會會始於張公詠蓋燈夕二都監戎服分巡以察姦盜
旣罷故作宴以勞焉通判主之就宣詔亭或涵虛亭舊以十七日今無定日
仍就府治專以宴監司也

○『東京夢華錄』권6 (『四庫全書』史部, 地理類, 雜記之屬)
十六日車駕不出自進早饍訖登門樂作卷簾御座臨軒宣萬姓 … 중략 …
至三皷樓上以小紅紗燈毬緣索而至半空都 人皆知車駕還內矣 須臾聞
樓外擊鞭之聲則山樓上下燈燭數十萬盞一時滅矣 於是貴家車馬自內
前鱗切悉南去遊相國寺 寺之大殿前設樂棚 諸軍作樂 兩廊有詩牌燈云
天碧銀河欲下來 月華如水照樓臺 幷火樹銀花合星 橋鐵鎖開之詩 其燈
以木牌爲之雕鏤成字以紗絹羃之於內密燃其燈相次排定亦可愛賞 資
聖閣前安頓佛牙設以水燈皆 係宰執戚里貴近占設 看位最要鬧九子母
殿 及東西塔院 惠林 智海 寶梵 競陳燈燭光彩爭華直至達旦 其餘宮觀寺
院皆放萬姓燒香 如開寶景德大佛寺等處 皆有樂棚作樂燃燈 惟禁宮觀
寺院不設燈燭矣 … 중략 … 僧道場打花鈸弄椎鼓遊人無不駐足 … 중략
… 至十九日收燈五夜城闈不禁嘗有旨展日

○『東京夢華錄』권6 (『四庫全書』史部, 地理類, 雜記之屬)
正月十五日元宵 … 중략 … 綵山左右以綵結文殊普賢跨獅子白象各於
手指出水五道其手搖動

○『律苑事規』권10 (『만자속장경』60, 143중)
上元節諸寺 殿堂多修懺法 或供佛 天宜各專誠祈一年之福也

○『密菴和尙語錄』(『대정장』47, 962하)

上元上堂 今朝上元節 是處掛燈毬 一燈燃百千燈 燈燈相續 重重無盡
如寶絲網 三世諸佛 向光影裏出現 六代祖師 向光影裏說法度人 四聖六
凡 向光影裏頭出頭沒 山河大地 向光影裏成立 諸人若信得及去 覓其光
影來處 了不可得 便乃坐斷報化佛頭 若信不及 十二時中 被光影使得
七顚八倒

○『入唐求法巡禮行記』 권4

會昌四年 三月 宰相 李紳 李德祐奏停三長月作道士敎新之三元月正月
上元六月中元十月下元 唐國 恒式三長月不許殺命今上則不然也

○『入唐求法巡禮行記』 권4

會昌六年 五月一日 … 중략 … 三長月依舊斷屠

○『歲華紀麗譜』(『四庫全書』 史部, 地理類, 雜記之屬)
  『說郛』 권69上 (『四庫全書』 子部, 雜家類, 雜纂之屬)
  『全蜀藝文志』 권58 (『四庫全書』 集部, 總集類)

上元節 … 중략… 咸通十年正月二日 街坊點燈張樂 晝夜喧闐 蓋大中承
平之餘風由 此言之則唐時放燈不獨上元也 蜀王孟昶時間亦放燈率無
定日 宋開寶二年命明年上元放燈三夜自是歲以爲常十四十五十六三日

○『西湖遊覽志餘』 권20 (『四庫全書』 史部, 地理類, 山水之屬, 西湖遊覽志)
(『熙朝樂事』는 『西湖遊覽志餘』권20에 해당한다.)

正月十五日爲上元節前後張燈五夜相傳 宋時止三夜 錢王納土獻錢買
添兩夜

○『燕京歲時記』(『중국대세시기 II』 국립민속박물관, 2006년, 267쪽)
自十三以至十七均謂之燈節 惟十五日謂之正燈耳 每至燈節 內廷筵宴
放烟火 市肆張燈 而六街之燈 …중략… 自初八日起 至十八日止 乃十日
非五日也

○『東國歲時記』(『조선대세시기 III』 국립민속박물관, 2007년, 206쪽)
渾舍張油燈達夜如除夕守歲之例

○『태종실록』 권19 (태종10년 1월15일)
 燃燈于禁中

○『태종실록』 권29 (태종15년 1월18일)
 罷上元日燃燈

○『태종실록』 권31 (태종16년 1월15일)
除上元張燈 上曰 上元日張燈 欲依古制與中朝之法爲之 然本國不遵此
制久矣 自今除上元張燈 其已備之燈 用於四月八日

○『東國歲時記』(『조선대세시기 III』 국립민속박물관, 2007년, 206쪽)
巡邏軍門地夜禁 按唐韋述西都雜記 正月十五夜勅許金吾弛禁前後各

一日謂之放夜 國制倣此

○『洌陽歲時記』(『조선대세시기Ⅲ』국립민속박물관, 2007년, 122쪽)
一年中都邑遊觀之盛惟 上元與四月八日爲最 此兩夜每降旨弛禁

○『大宋僧史略』권下 (『대정장』54, 254중)
上元放燈
案漢法本內傳云 佛教初來 與道士角試 燒經像無損而發光 又西域十二
月三十日 是此方正月十五日 謂之大神變月 漢明勅令燒燈 表佛法大明
也 一云 此由漢武祭五時神祠 通夜設燎 蓋取周禮司爟氏燒燎照祭祀
後率爲故事矣 然則本乎司爟擧火供祭祀職 至東漢 用之表佛法大明也
加以累朝沿革必匪常規 唐先天二年 西域僧沙陀 請以正月十五日然燈
開元二十八年正月十四日 勅常以二月望日燒燈 天寶六年六月十八日
詔曰 重門夜開 以達陽氣 群司朝宴樂在時和 屬于上元 當修齋籙 其於賞
會 必備葷羶 比來因循稍將非便 自今以後 每至正月 宜取十七日十九日
夜開坊市以爲永式 尋又重依十五夜放燈 德宗貞元三年 勅正月十五日
然燈 是漢明帝因佛法初來與道士角法 勅令燭燈 表破昏闇云 唐僖宗幸
蜀 迴中原多事 至昭哀皆廢 梁開平二年 詔曰 近年以風俗未泰兵革且繁
正月然燈廢停已久 今後三夜門坊市門公私然燈祈福 莊宗入洛 其事復
興 後歷諸朝 或然或不 我大宋太平興國六年 勅下元亦放燈 三夜爲軍民
祈福 供養天地辰象佛道 三元俱然燈放夜自此爲始 著于格令焉

◉ 如來大神變月滿 1-15

○『大唐西域記』권8 (『대정장』51, 918중)

菩提樹北門外摩訶菩提僧伽藍 其先僧伽羅國王之所建也 庭宇六院 觀閣三層 周堵垣牆高三四丈 極工人之妙 窮丹靑之飾 至於佛像 鑄以金銀 凡厥莊嚴 廁以珍寶 諸窣堵波高廣妙飾 中有如來舍利 其骨舍利大如手指節 光潤鮮白皎徹中外 其肉舍利如大眞珠 色帶紅縹 每歲至如來大神變月滿之日 出示衆(卽印度十二月三十日 當此正月十五日也) 此時也 或放光 或雨花

○『釋迦方志』권하 (『대정장』51, 963상)

每年至佛大神變月

○『續高僧傳』권4 (『대정장』50, 448중)
　『法苑珠林』권29 (『대정장』53, 502중)
　『大宋僧史略』권上 (『대정장』54, 236상)

彼土十二月三十日 當此方正月十五日 世稱大神變月

◉ 약밥 1-15

○『京都雜誌』(『조선대세시기Ⅲ』 국립민속박물관, 2007년, 79쪽)

糯米飯揉以棗肉柿餠 蒸栗海松子更調蜂蜜芝麻油陳醬號藥飯 爲上元佳饌新羅舊俗也 按東京雜記 新羅炤智王十年正月十五日 幸天柱寺有

飛烏警告于 王射殺謀逆僧 國俗以上元作糯米飯飼烏報賽

○『三國遺事』권1 (『대정장』49, 967중)

射琴匣

第二十一毗處王(一作炤智王)卽位十年戊辰 幸於天泉亭 時有烏與鼠
來鳴 鼠作人語云 此烏去處尋之(或云神德王欲行香興輪寺 路見衆鼠
含尾怪之而還占之 明日先鳴烏尋之云云 此說非也)王命騎士追之 南
至避村(今壤避寺村在南山東麓)兩猪相鬪 留連見之 忽失烏所在 徘徊
路旁 時有老翁自池中出奉書 外面題云 開見二人死 不開一人死 使來獻
之 王曰 與其二人死莫若不開但一人死耳 日官奏云 二人者庶民也 一人
者王也 王然之開見書中云射琴匣 王入宮見琴匣射之 乃內殿焚修僧 與
宮主潛通而所奸也 二人伏誅 自爾國俗每正月上亥上子上午等日 忌愼
百事 不敢動作 以十五日爲烏忌之日 以糯飯祭之 至今行之 俚言怛忉
言悲愁而禁忌百事也 命其池曰書出池

◉ 부럼과 이명주 1-15

○『京都雜誌』(『조선대세시기Ⅲ』국립민속박물관, 2007년, 80쪽)
淸晨嚼栗或蘿葍祝曰一年十二朔無事太平謂之嚼癤又飮燒酒一盞令
人耳聰 按葉廷珪海錄碎事社日飮治聾酒 今俗移於上元

○『東國歲時記』(『조선대세시기Ⅲ』국립민속박물관, 2007년, 201쪽)
淸晨嚼生栗胡桃銀杏皮栢子蔓菁根之屬祝曰 一年十二朔無事太平不

生癰杏謂之嚼杏 或云固齒之方 義州俗年少男女淸晨嚼飴糖謂之齒較
飲淸酒一盞不溫令人耳聰 謂之牖聾酒 按葉廷珪海錄碎事社日飮治聾
酒 今俗於上元行之

○『御定月令輯要』 권6 (『四庫全書』 史部, 時令類)
治聾酒
原石林詩話世言社日飮酒治耳聾 五代李濤有春社從李昉求酒詩云 社
公今日沒心情 爲乞治聾酒一瓶 惱亂玉堂將一徧 依稀巡到第三廳 昉時
爲翰林學士有月給內庫酒故濤從乞之社公濤小字也

○『海錄碎事』 권2 (『四庫全書』 子部, 類書類)
治聾酒
俗言社日酒治聾故李昉贈李濤云社翁今日沒心情爲乏治聾酒一瓶社
翁李濤小字也

○『遵生八牋』 권3 (『四庫全書』 子部, 雜家類, 雜品之屬)
雲笈七籤曰社日飮酒一杯能治聾疾杜詩爲寄治聾酒一杯

○『說郛』 권83하 (『四庫全書』 子部, 雜家類, 雜纂之屬)
世言社日飮酒治聾不知其何據五代李濤有春社從李昉求酒詩云社公
今日沒心情爲乞治聾酒一瓶惱亂玉堂將欲徧依稀巡到第三廳昉時爲
翰林學士有月給內庫酒故濤從乞之則其傳亦已久矣社公濤小字也唐
人在慶侍下雖官高年皆稱小字濤性疎達不羈善諧謔與朝士言亦多以

社翁自名聞者無不以爲笑然亮直敢言後官亦至宰相

○『錦繡萬花谷前集』 권35 (『四庫全書』 子部, 類書類)
治聾酒兵部李濤小字社翁時李公昉爲翰林學士月給內醞兵部嘗因春
社寄昉詩云社公今日沒心情爲寄治聾酒一瓶惱亂玉堂將欲遍依稀巡
到第三社酒號治聾酒治平聲賈氏談錄

○『古今事文類聚』 권7 (『四庫全書』 子部, 類書類)
治聾酒
李文公談錄吾爲翰林學士月給內醞兵部李相濤好滑稽嘗因春社寄七
言詩云社翁今日沒心情爲乏治聾酒一瓶惱亂玉堂將欲徧依稀巡到第
三廳其筆札遒麗自一家之妙俗傳社日酒喫治耳聾故兵部有是句兵部
小字社翁每於班行呼其名字其坦率如此

○『山堂肆考』 권9 (『四庫全書』 子部, 類書類)
治聾
俗傳社日喫酒治耳聾賈氏談錄宋李昉爲翰林學士月給內醞兵部李相
濤小字社翁好滑稽嘗因春社寄昉詩社翁今日沒心情爲乏治聾酒一瓶
惱亂玉堂將欲徧依稀巡到第三廳

◉ 줄다리기 1-15

○『御定月令輯要』 권5 (『四庫全書』 史部, 時令類)
『說郛』 권46하 (『四庫全書』 子部, 雜家類, 雜纂之屬)
拔河
增封氏聞見記拔河古謂之牽鉤襄漢風俗常以正月望日爲之以大麻絙長四五十丈兩頭分繫小索數百條挂於前分二朋兩鉤齊挽當大絙之中立大旗爲界震鼓叫噪使相牽引以却者爲輸名曰拔河

○『荊楚歲時記』 (『四庫全書』 史部, 地理類, 雜記之屬)
立春之日 … 중략 … 爲施鉤之戲以緶作篾纜相罥綿亘數里鳴皷牽之
按施鉤之戲求諸外典未有前事公輸自遊楚爲載舟之戲退則鉤之進則强之名曰鉤强遂以鉤爲戲意起於此涅槃經曰闘輪罥索其外國之戲乎
今鞦韆亦施鉤之類也施或作拖

○『大般涅槃經』 권1 (『대정장』 12, 370상)
闘輪羂索

○『方廣大莊嚴經』 권3 (『대정장』 3, 552상)
二萬勝兵皆勇健 能伏怨敵堪營衛 各擐甲冑及干戈 并執闘輪將羂索

○『一切經音義』 권29 (『대정장』 54, 502중)
羂索

上涓兗反下桑洛反案羂索者 西國戰具也 一名搭索 遙擲繩繫取敵人頭
脚名爲羂索

○『御定月令輯要』 권7 (『四庫全書』 史部, 時令類)

鞦韆

原荊楚歲時記寒食鞦韆注古今藝術圖云鞦韆北方山戎之戲以習輕趫
者韋莊寒食詩好是隔簾花樹動女郎撩亂送鞦韆韓偓寒食詩夜深斜搭
鞦韆索樓閣朦朧細雨中

○『說郛』 권20下 (『四庫全書』 子部, 雜家類, 雜纂之屬)

鞦韆

古今藝術圖云北方戎狄愛習輕趫之態每至寒食爲之中國女子學之乃
以綵繩懸樹立架爲之

○『東國歲時記』(『조선대세시기Ⅲ』, 국립민속박물관, 2007년, 208쪽)

湖西俗有炬戟 又以絢索分隊把持相牽引不被引者爲勝 以占豊卽古之
絜河戲也 畿俗亦然縇徒又有此戲

○『東國輿地勝覽』 권38「全羅道 濟州牧」(『新增東國輿地勝覽』, 명문
당, 1994년, 663쪽)

照里戲 每歲八月十五日男女共聚歌舞分作左右隊曳大索兩端以決勝
負索若中絶兩隊仆地則觀者大笑以爲照里之戲是曰又作鞦韆及補鷄
之戲

◉ 法花會 1-15

○『入唐求法巡禮行記』권2

開成四年 十一月十六日 山院起首講 法花經 限來年正月十五日爲其期
十方衆僧及有緣施主皆來會見就中 聖琳和尙 是講經法主更有論義二
人僧 頓證 僧 常寂 男女道俗同集院裏白日聽講夜頭礼懺聽經及次第僧
本其數卌來人也其講經礼懺皆擄新羅風俗但黃昏寅朝一時礼懺且依
唐 風自餘並依新羅語音其集會道俗老少尊卑惣是新羅人但三僧及行
者一人日本國人耳

○『入唐求法巡禮行記』권2

開成五年 正月十五日 法花會畢集會男女昨日二百五十人今日二百來
人結願已後与集會衆授戒齋後皆散去

◉ 달력 1-15

○『入唐求法巡禮行記』권2

開成五年 正月十五日 淂當年曆日抄本寫著如左開成五年曆日 干金支
金納晋木 几三百五十五日合在乙乙 上取土修造大歲 申 大將軍 在午
大陰 在午 才德 在申酉 才形寅 歲破 在寅 戈殺 在未 黃幡 在辰 豹尾
在戌 蠶宮 在巽 正月大 一日戊寅土建四日淂辛十一日雨水廿六日驚蟄
二月小 一日戊申土破十一日社春分廿六日淸明 三月大 一日丁丑水閉
二日天赦十二日穀雨廿八日立夏 四月小 一日丁未水平十三日小滿廿

八日芒種 五月一日丙子水破廿四日夏至十九日天赦 六月大 一日乙巳
火開十一日初伏十五日大暑廿日立秋 七月小 一日乙亥土平二日後伏
十五日處暑 九月八月大 一日甲辰火成白露五日天赦十五日社十六日
秋分 小 一日甲戌火除二日寒露十七日霜降 十月大 一日癸卯金執二日
立冬十八日小雪廿日天赦 十一月大 一日癸酉金收三日大雪廿日冬至
十二月一日癸卯金平三日小寒十八日大寒廿六日臘

I7일

◉百丈忌 1-17

○『勅修百丈淸規』권2 (『대정장』 48, 1118중)
百丈忌
先期堂司率衆財營供養 至日隔宿如法鋪設法堂 座上掛眞 嚴設中間祭
筵上下間几案供具 當晚諷經正日散忌特爲茶湯拈香宣疏 出班上香大
衆展拜(並同達磨忌禮)但無念誦 初夜回向云 淨法界身本無出沒 大悲
願力示有去來 仰冀慈悲俯垂昭鑒 正月十七日 伏値百丈大智覺照弘宗
妙行禪師大和尙示寂之辰 率比丘衆營備香羞 以伸供養 諷誦大佛頂萬
行首楞嚴神呪 所集殊勳上酬慈廕 伏願曇花再現 重開覺花之春 惠日長
明 永燭昏衢之夜 十方三世一切云云

○『列祖提綱錄』권6 (『만자속장경』 64, 36상)
百丈忌拈香法語

佛朗性禪師 百丈祖忌拈香 再參馬大師 祖視繩床角 一喝不掩耳 鷺鷥騎
白鶴 淸規鑑得麽 夜來巡火鐸 全室泐禪師 百丈忌拈香 豎拂挂拂 神出鬼
沒 倂却咽喉 捫空揣骨 五百生來墮野狐 鬍鬚赤對赤鬚鬍

○『希叟和尚廣錄』권1 (『만자속장경』70, 417하)
正月十七 百丈忌拈香 脚跨馬師門 便有彌天過 喝得耳朵聾 捅得鼻頭破
縱大雄老虎 略露爪牙 脫百丈野狐 不昧因果 說條念貫 監本無端 不獨瞞
人亦自瞞

1월내

◉ 백탑사 그네타기 1-월내

○『帝京歲時紀勝』(『중국대세시기Ⅱ』국립민속박물관, 2006년, 140쪽)
白塔寺打秋千者

◉ 立春 1-월내

○『西湖遊覽志餘』권20 (『四庫全書』史部, 地理類, 山水之屬, 西湖遊覽
志)
立春之儀附郭兩縣輪年遞辦仁和縣於仙林寺錢唐縣于靈芝寺前期十
日縣官督委坊甲整辦什物選集優人戲子小妓裝扮社夥如昭君出塞學
士登瀛張仙打彈西施採蓮之類種種變態競巧爭華敎習數日謂之演春

○『入唐求法巡禮行記』권1
開成四年 正月十四日 立春市人作鸎賣之人買翫之

○『入唐求法巡禮行記』권3
開成六年 正月六日立春節賜胡餠寺粥時行胡餠俗家皆然

○『荆楚歳時記』(『四庫全書』 史部, 地理類, 雜記之屬)
立春之日 … 중략 … 爲施鉤之戲以緪作篾纜相胃綿亘數里鳴鼓牽之

2월

1일

◉**閉爐** 2-1

○『勅修百丈淸規』 권7 (『대정장』 48, 1154하)
　二月初一日　僧堂內閉爐

8일

◉**出家日** 2-8

○『御定月令輯要』 권7 (『四庫全書』 史部, 時令類)
散天香花
增水經注淨飯王太子以三月十五日夜出家

○『水經注』 권1 (『四庫全書』 史部, 地理類, 河渠之屬)
太子以三月十五日夜出家

◉**行城** 2-8

○『荆楚歲時記』(『四庫全書』史部, 地理類, 雜記之屬)
二月八日釋氏下生之日迦文成道之時信捨之家建八關齋戒車輪寶蓋
七變八會之燈平旦執香花遶城一匝謂之行城 … 중략… 本行經云鬼星
巳與月合帝釋諸天唱言時至太子聞巳以手拔髮令竆諸天捧馬足出至
聞王內則行城中矣故今二月八日平旦執香行城一匝蓋起於此又阿那
經云二月八日當行八關之戒又佛經云在家菩薩此日當行八關之齋戒

○『御定月令輯要』권6 (『四庫全書』史部, 時令類)
行城
原壽陽記梁陳典 二月八日 行城樂歌曰 皎鏡壽陽宮四面起香風樓形若
飛鳳城勢似盤龍
歲華記麗註 二月八日釋氏下生之日 迦文成道之時信捨之家 建八關齋
戒 車輪寶盖七變八會之燈 平旦執香花繞城一匝謂之行城

◉**福會** 2-8

○『三國遺事』권5 (『대정장』49, 1014상)
新羅俗每當仲春 初八至十五日 都人士女 競遶興輪寺之殿塔爲福會

○『大唐西域記』권9 (『대정장』51, 923중)
婆羅阿迭多(唐言幼日)王之嗣位也 次此東北 又建伽藍 功成事畢 福會

稱慶 輸誠幽顯 延請凡聖其會也

○『大阿羅漢難提蜜多羅所說法住記』(『대정장』49, 13상)
或延請僧至所住處設大福會

○『法苑珠林』권7 (『대정장』53, 330하)
時晉太始五年七月十三日也 乃爲祖父母二弟 延請僧衆大設福會

○『歷代編年釋氏通鑑』권4 (『만자속장경』76, 41하)
一家發心奉佛 爲祖父母弟 製幡蓋 作福會也

○『毗尼日用切要香乳記』권하 (『만자속장경』60, 199상)
　繞塔
繞者周旋之義 塔者一切諸佛舍利之宮殿也 …중략… 西域以合掌旋繞
爲恭 此方以禮拜贊德爲敬 …중략… 言寶塔之所在 即同諸佛法身之所
在 應當恭敬供養也 西域記云 西天隨所宗事 禮後皆須旋繞

○『毗尼日用切要香乳記』권하 (『만자속장경』60, 199중)
僧祇律云 禮佛不得如瘂羊 又禮佛塔 應當右旋 如日月星繞須彌山 不得
左旋

○『薩婆多毗尼毗婆沙』권5 (『대정장』23, 533하)
右遶者 順佛法故 所以右遶

302 원문

○『沙門日用』권상 (『만자속장경』60, 213하)

(若見塔時 應云) 見佛塔時 當願衆生 尊重如塔 受人天供

(若作禮時 應誦偈云) 頂禮於塔 當願衆生 一切人天 無能見頂

(若旋遶塔時 應誦云) 右遶於塔 當願衆生 所行無逆 成一切智

(遶三帀時 應云) 繞塔三帀 當願衆生 勤求佛道 心無懈歇

(次誦繞塔滅罪陀羅尼曰)

南謨勃陁夜 南謨達囉(上音)摩夜 南謨僧伽夜南謨阿唎耶 皤盧枳羝鑠
(上音)皤囉夜 菩提娑(入音)跢婆夜 麼訶娑(入音)跢婆夜 摩訶迦嚕嬭
迦夜 怛姪他 佉(上音)囉皤羝 殊訶(上音)皤羝 伽皤羝 娑(去音)婆訶
(七遍然後右遶 若人能至心一念七日中遶塔行道 誦滿一萬二千一遍
面見觀世音菩薩威力 滅一切罪障 得一切所願 律制不得覆頭 通肩披衣
及著禪衣)

○『律學發軔』권하 (『만자속장경』60, 571하)
　『毗尼日用切要香乳記』권하 (『만자속장경』60, 199중)

繞塔 念偈曰 右繞于塔 當願衆生 所行無逆 成一切智

南無三滿多沒馱喃杜波杜波娑婆訶(三遍)

○『沙門日用』권상 (『만자속장경』60, 213하)

禮已 當旋遶三帀 或七帀 十帀 百帀 千帀 須記帀數 各有所表 如三帀表
滅三毒 圓三德 七帀淨七支戒 得七覺意 十帀斷十使 證十力 餘皆例知

○『毗尼日用切要香乳記』권하 (『만자속장경』60, 199중)

提謂經中問云 散花 燒香 燃燈 禮拜 是爲供養 旋繞得何等福 佛言 有五種福 一後世得端正好色 二得好音聲 三得生天上 四生王侯家 五得泥洹道

○『毗尼日用切要香乳記』권하 (『만자속장경』60, 199중)

　『大比丘三千威儀』권상 (『대정장』24, 915중)

旋繞有五事 一低頭視地 二不得踏蟲 三不得左右顧視 四不得唾地 五不得與人語

○『沙彌律儀要略述義』권하 (『만자속장경』60,317하)

二登殿如儀

不得無故登大殿遊行 ○不得無故登塔 ○入殿塔當右繞 不得左轉 ○不得殿塔中洟唾 ○遶塔或三匝七匝 乃至十百 須知徧數 ○不得以笠杖等倚殿壁

◉ 無礙茶飯 2-8

○『入唐求法巡禮行記』권3

唐武宗 會昌元年 二月八日 …중략… 大莊嚴寺開尺迦牟尼佛牙供養從三月八日至十五日薦福寺開佛牙供養 藍田縣 從八日至十五日設无㝵茶飯十方僧俗盡來喫左街僧錄 體虛法師 爲會至諸寺赴集各設珎供百種藥食珎妙菓花衆香嚴備供養佛牙及供養樓廊下敷設不可勝計佛牙在樓中庭城中大德盡在樓上隨喜讚歎擧城赴來礼拜供有人施百石粳

米廿石粟米有人无导供餤頭足有人施无导供雜用錢足有人供无导薄
餅足有人施諸寺大德老宿供足如是各々發願布施莊嚴佛牙會向佛牙
樓散錢如雨求法僧ホ十日泩彼隨喜登佛牙樓上親見佛牙頂戴礼拜

◉ **佛牙會 2-8**

○『紺珠集』권4 (『四庫全書』子部, 雜家類, 雜纂之屬)

譙名有九

一曰大相識主司有具慶者 二曰次相識主司有偏侍者 三曰小相識主司
有兄弟者 四曰聞喜勅下宴也 五曰櫻桃 六曰日月燈月燈者閤名也又曰
月燈者打毬 七曰牡丹 八曰看佛牙上佛牙樓寶壽定水莊嚴皆有之寶壽
最盛 九曰闊宴最大卽離宴也

○『全蜀藝文志』권38 (『四庫全書』集部, 總集類)

報恩寺佛牙樓記 馬永卿

必得古佛眞身舍利 以鎭服之普 爲衆生作大饒益 此佛牙樓 所以作也

○『蜀中廣記』권21 (『四庫全書』史部, 地理類, 雜記之屬)

志云白帝城東十五里有勝已山 以高出衆山之上也 王十朋命名龜齡四
月二十一日同運使周丈查丈行香報恩精舍 登佛牙樓觀勝已 山望江流
之險飯蔬啜茗

○『梅溪集, 後集』권12 (『四庫全書』集部, 別集類, 南宋建炎至德祐)

同行可元章報恩寺行香 登佛牙樓望勝巳山籃

○『茅亭客話』권4 (『四庫全書』子部, 小說家類, 異聞之屬)
時因避暑於大聖慈寺佛牙樓

○『開元釋教錄』권6 (『대정장』55, 536상)
沙門達摩摩提 齊言法意 西域人 悟物情深隨方啓喩 以武帝 永明八年庚
午 爲沙門法獻於楊都瓦官寺譯提婆達多品等二部 獻時爲僧正 初獻以
宋元徽三年遊歷西域 於于闐國得經梵本并及佛牙 有迦毘羅神衛護還
宋 經至齊永明中共沙門法意譯出 佛牙安置鍾山上定林寺(佛牙可長
三寸圍亦如之色帶黃白其牙端挼凸若今印文而溫潤光潔頗類珠玉謹
按內經佛有四牙一在忉利天一在龍王宮一在師子國一在烏萇國此卽
烏萇國牙也後忽失之乃現于闐獻於于闐請還) 到梁普通三年正月 忽
有數人並執器仗 初夜扣門稱臨川殿下奴叛 有人告云 在佛牙閣上請開
閣檢視 寺僧從其言主帥至佛牙座前 開函取牙作三禮已 錦巾盛牙繞東
山去 後尋却得還安定林 隋文倂陳仍在鍾岳 至仁壽三年內使令豫章王
暕 從楊州將獻文帝 其年五月十五日勅送東禪定寺供養 佛牙靈異具如
僧祐佛牙記 此不復廣 其東禪定寺卽今大莊嚴寺是也

○『入唐求法巡禮行記』권3
唐武宗 會昌元年 二月八日金剛界曼荼羅禎 …중략… 大莊嚴寺開尺迦
牟尼佛牙供養從三 月八日至十五日薦福寺開佛牙供養 藍田縣 從八日
至十五日設无㝵茶飯十方僧俗盡來喫左街僧錄 體虛法師 爲會至諸寺

赴集各設珎供百種藥食珎妙菓花衆香嚴備供養佛牙及供養樓廊下敷
設不可勝計佛牙在樓中庭城中大德盡在樓上隨喜讚歎 … 중략… 街西
興福寺亦二月八日至十五日開佛牙供養崇聖寺亦開佛牙供養城中都
有四佛牙崇聖寺佛牙是那吒太子從天上將來与 終南山 宣律師 一莊嚴
寺佛牙從 天竺 入腿肉裏將來護法迦毗羅神將護淂來一 法界和尙 從干
壃國 將來一從 土蕃 將來從古相傳如此今在城中四寺供養

○『入唐求法巡禮行記』권3
唐武宗 會昌元年 正月二十五日 三月廿五日詣崇聖寺礼尺迦牟尼佛牙
會有人多云 終南山和尙 隨毗沙門天太子淂此佛牙那吒天子從天上將
來与 和尙 今置此寺供養

○『入唐求法巡禮行記』권3
會昌二年 三月八日 薦福寺開佛牙供養詣寺隨喜供養街西興福寺開佛牙

○『入唐求法巡禮行記』권3
會昌二年 三月十一日 詣興福寺礼佛牙一宿

○『入唐求法巡禮行記』권4
會昌四年 三月 …중략… 勅不許供養佛牙又勅下云 代州五臺山及 泗州
普㐬王寺 終南山 五臺 鳳翔府 法門寺寺中有佛指莭也並不許置供及巡
礼亦如有人送一錢者脊扙貳拾如有僧尼亦在前件處受一錢者脊扙貳
拾諸道州縣應有送供人者當處投獲脊扙貳拾曰此四處靈境絶人徃來

无人送供准

○『三國遺事』 권3 (『대정장』 49, 993상)

唐大中五年辛未 入朝使元弘所將佛牙 (今未詳所在 新羅文聖王代) 後
唐同光元年癸未 本朝太祖卽位六年 入朝使尹質所將五百羅漢像 今在
北崇山神光寺 大宋宣和元年己卯亥(睿廟十五年)入貢使鄭克永李之
美等所將佛牙 今內殿置奉者是也

9일

◉ 현장법사예불문 2-9

○『불가일용집』

二月初九日鷄鳴時向南禮佛四拜滅百劫罪

15일

◉ 涅槃節 2-15

○『長阿含經』 권4 (『대정장』 1, 30상)

二月 八日 入涅槃城

○『般泥洹經』권하 (『대정장』1, 190중)
佛從四月八日生 四月八日捨家出 四月八日得佛道 四月八日般泥洹 皆
以佛星出時

○『薩婆多毘尼毘婆沙』권2 (『대정장』23, 510중)
佛以二月八日弗星現時 初成等正覺 亦以二月八日 弗星出時生 以八月
八日弗星出時轉法輪 以八月八日弗星出時取般涅槃

○『大般涅槃經義記』권1 (『대정장』37, 614하)
依阿含經 如來八月八日涅槃

○『西湖遊覽志餘』권20 (『四庫全書』史部, 地理類, 山水之屬, 西湖遊覽志)
寺院啓涅槃會談孔雀經拈香者闐至猶其遺俗也

○『遊方記抄』「往五天竺國傳」 (『대정장』51, 975상)
一月至拘尸那國 佛入涅槃處 其城荒廢 無人住也 佛入涅槃處置塔 有禪
師在彼掃灑 每年八月八日 僧尼道俗 就彼大設供養於其空中有幡現 不
知其數 衆人同見 當此日之發心

○『御定月令輯要』권6 (『四庫全書』史部, 時令類)
釋迦在世教化四十九年 乃至天龍人鬼並來聽法弟子得道 以百千萬億
數 然後於拘尸那城娑羅雙樹間 以二月十五日入般涅槃涅槃 亦言泥洹

○『夢粱錄』권19 (『四庫全書』史部, 地理類, 雜記之屬)

二月十五日 長明寺及諸教院建涅槃會

○『夢粱錄』권1 (『四庫全書』史部, 地理類, 雜記之屬)

長明寺及諸教院僧尼 建佛涅槃勝會 羅列幡幢 種種香花 異果供養 掛名
賢書畫 設珍異玩 具莊嚴道場 觀者紛集 竟日不絶

○『南宋襍事詩』권3 (『四庫全書』集部, 總集類)

仲春十五日 爲花朝節 崇新門外 長明寺建佛涅盤勝會 羅列幡幢 種種香
花 異果供養 掛名賢書畫 設珍異玩具 觀者紛集 竟日不絶

○『御定月令輯要』권6 (『四庫全書』史部, 時令類)

花朝節 原翰墨大全二月二日 洛陽風俗以爲花朝節

○『西湖遊覽志餘』권20 (『四庫全書』史部, 地理類, 山水之屬, 西湖遊覽志)

二月十五日爲花朝節 蓋花朝月夕世俗恒言二八兩月爲春秋之中故 以
二月半爲花朝八月半爲月夕也 是日宋時有撲蝶之戲 今雖不擧而寺院
啓涅槃會 談孔雀經 拈香者闐 至猶其遺俗也

○『御定月令輯要』권6 (『四庫全書』史部, 時令類)

增宋史 外國傳 高麗國 二月十五日 僧俗燃燈 如中國上元節

○『山西通志』권224 (『四庫全書』史部, 地理類, 都會郡縣之屬)

金閣寺

架壑朱甍乍有無林開福地忽平舖蓮花十丈承神足貝葉千函鎖佛圖香
積廚中松火冷涅槃會上石牀孤大身自有非身智具眼人間幾丈夫

○『律苑事規』권10 (『만자속장경』60, 143중)

二月望

佛涅槃當修例堂司行者斂衆錢送庫司營供養住持首座宜開春講訓誨
弟兄不暖不寒正是著鞭時節豈可虛望喪光陰整理莊田提督農務

● 白傘盖 2-15

○『大佛頂經序指味疏』(『만자속장경』16, 398하)

名摩訶悉怛多鉢怛囉 此云大白傘盖 白卽相大 傘盖卽用大

○『大佛頂如來密因修證了義諸菩薩萬行首楞嚴經講錄』권7 (『만자속
장경』15, 93중)

摩訶薩怛多般怛囉 此云大白傘盖 體徧十虛 用廓沙界曰大 絶諸妄染曰
白 覆庇一切曰傘盖

○『首楞嚴經要解序』(『만자속장경』11, 776하)

悉怛多般怛囉者 云白傘盖也 卽如來藏心 廣大無染 周覆法界之體 此經
卽爲是心之印 是心之眼也 以是寶印印 使七大萬法咸契本心 以是海眼

照 了陰入處界皆如來藏

○『釋教部彙考』 권5 (『만자속장경』 77, 42하)

至元七年 … 중략… 是年啓建白傘蓋佛事歲以爲常 … 중략… 按祭祀志
至元七年 以帝師八思巴之言 於大明殿御座上 置白傘蓋一頂 用素段泥
金書梵字於其上 謂鎭伏邪魔 護安國刹 自後每歲二月十五日 於大殿
啓建白傘蓋佛事 用諸色儀仗社直 迎引傘蓋 周遊皇城內外 云與衆生
祓除不祥 導迎福祉

○『御定月令輯要』 권6 (『四庫全書』 史部, 時令類)

白傘盖佛事

增元史 祭祀志 世祖至元七年 以帝師帕克巴之言 於大明殿御座上置白
傘盖一頂 用素叚泥金書梵字於其上謂 鎭伏邪魔 護安國刹 自後每歲二
月十五日 於大殿啓建白傘盖佛事 用諸色儀仗直 迎引傘盖 周遊皇城內
外 云與衆生 祓除不祥 導迎福祉

○『御製律呂正義後編』 권91 (『四庫全書』 經部, 樂類)

按白傘蓋元所崇奉故樂舞亦仿其制祭祀志世祖至元七年以帝師八思
巴之言於大明殿御座上置白華蓋一頂用素緞泥金書梵字於其上謂鎭
伏邪魔護安國刹自後每歲二月十五日於大殿啓建白傘蓋佛事用諸色
儀仗社直迎引傘蓋周遊皇城內外云與衆生祓除不祥導迎福祉事畢送
還宮復供置御榻上

○『湛園札記』권3 (『四庫全書』子部, 雜家類, 雜考之屬)
元史祭祀志 因俗舊禮祥和署掌雜把戲男女一百五十人 至元七年起 每
歲二月十五日 於大殿啓 建白傘蓋佛事 移文樞密院八衛撥擡昇監壇漢
關將軍神轎軍及雜用五百人

○『欽定續文獻通考』권102 (『四庫全書』史部, 政書類, 通制之屬)
八年二月迎白傘蓋遊皇城用教坊司儀鳳司樂
以帝師帕克斯巴之言於大明殿御座上置白傘蓋一頂每歲二月十五日
於大殿啓建白傘蓋佛事用諸色儀仗社直迎引傘蓋周遊皇城內外云與
衆生祓除不詳導迎福祉 教坊司雲和署掌大樂鼓板杖鼓篳篥龍笛琵琶
箏㠌七色凡四百人興和署掌妓女雜扮隊戲一百五十人祥和署掌雜把
戲男女一百五十人儀鳳司掌漢人回回河西三色細樂每色各三隊凡三
百二十四人

○『欽定續文獻通考』권118 (『四庫全書』史部, 政書類, 通制之屬)
世祖至元八年二月 迎白傘盖 遊皇城用教坊 儀鳳司樂 以帝師帕克斯巴
之言 於大明殿御座上置白傘盖一頂每歲二月十五日於大殿啓建白傘
盖佛事用諸色儀仗社直迎引傘盖周游皇城內外云與衆生祓除不祥導
迎福祉教坊司雲和署掌大樂鼓板杖鼓篳篥龍笛琵琶箏㠌七色凡四百
人興和署掌妓女雜扮隊戲一百五十人祥和署掌雜把戲男女一百五十
人儀鳳司掌漢人回回河西三色細樂每色各三隊凡三百二十四人
阿錫頁傳曰 世祖嘗詔都城大作佛事 集教坊伎樂及儀仗 以迎導愛薛奏
曰 高麗新附山東初定江南未下天下疲弊此無益之費甚無謂也 帝嘉納之

○『大佛頂如來密因修證了義諸菩薩萬行首楞嚴經』 권7 (『만자속장경』 12, 865중)

天台曰經之前四卷則顯詮藏心 入華屋以來則修此藏心 今說神呪則密詮藏心 入壇持誦則修此藏心 是以呪名摩訶悉怛多般怛囉而義翻大白傘蓋者以此

19일

◉ 詠維摩 2-19

○『法苑珠林』 권36 (『대정장』 53, 577중)

齊安樂寺有釋僧辯 姓吳 建康人 出家止安樂寺 少好讀經哀婉折衷 獨步齊初無人加之 嘗在新亭劉紹宅齊 辯初夜讀經 始得一契 忽有群鶴下集階前 及辯度一卷一時飛去 由是聲振天下遠近知名 後來學者莫不宗事 永明七年二月十九日 司徒竟陵文宣王 夢於佛前詠維摩一契 因聲發而寤 卽起至佛堂中 還如夢中法 更詠古維摩一契 便覺音韻流好有工常日 明旦卽集京師善聲沙門僧辯等 次第作聲 辯傳古維摩一契 瑞應七言偈一契 最是命家之作 後人時有傳者 並訛失大體

○『御定月令輯要』 권6 (『四庫全書』 史部, 時令類)

詠維摩

增法苑珠林 永明七年 二月十九日 司徒竟陵文宣王夢 於佛前詠維摩一契因聲 而寤卽起至佛堂前 還如夢中法更詠古維摩 一契便覺聲 韻流

好明 旦卽集沙門僧辯等次第作聲

◉ **觀音生辰** 2-19

○『帝京歲時紀勝』(『중국대세시기Ⅱ』 국립민속박물관, 2006년, 156쪽)
十九日爲觀音大士誕辰 正陽門月城內觀音廟香火極勝 城內外白衣菴
觀音院大悲壇紫竹林 廟宇不下千百 皆誦經聚會 六月十九日 登蓮臺
九月十九日傳道妙 如前行之 有善信唪大悲咒戒葷酒者 二六九食素三月

○『西湖遊覽志餘』 권20 (『四庫全書』 史部, 地理類, 山水之屬, 西湖遊覽志)
十九日上天竺建觀音會傾城士女皆往其時馬塍園丁競以名花荷擔叫
鬻音中律呂

○『御定月令輯要』 권6 (『四庫全書』 史部10, 時令類) (문연각467-266상)
觀音生辰
原藏經 二月十九日 觀音生辰 增陶朱公書 十九日觀音生日

○『石門文字禪』 권13 (『四庫全書』 集部, 別集類, 北宋建隆至靖康)
十世觀音生辰六月二十六日二首
十世爲僧皆姓楊死生游戲自隋唐鐵身自倒汝邪寫字無爲我道場異迹
著扵無量壽慈風不減普昭王兩川顯化人皆識今日全身不揜藏
疊相禪師第二身蟬聯十世姓楊人女兄慧辯成勛敵弟子悲欣記夙因解
使邪迷知有佛自呼名字凜如神平生接物多方便何似今朝一句親闓

○『石門文字禪』권15 (『四庫全書』集部, 別集類, 北宋建隆至靖康)

十生觀音生辰燒香偈示智俱

十世爲僧生復死今朝生死不相干從來被眼常遮盖不信如今借汝看

3월

1일

◉草單 3-1

○『勅修百丈淸規』권7 (『대정장』 48, 1150중)

叢林以三月初一日 出草單 見後方丈止掛搭 堂司依戒臘牌寫僧數 令行
者先呈首座 次呈住持 兩序掛僧堂前 備卓子列筆硯于下 凡三日皆齋後
出 或有差誤請自改正 蓋防初上床曆 一時恐有錯亂 又衆多或致漏落
將寫圖帳故先具草單 各當自看本名戒次高下 近來好爭作鬧者 往往恃
强挾 私爭較名字 是非互相塗抹 喧譁撓衆犯者合擯 果有冒名越戒者
惟當詳稟 維那首座 覆住持處置

草單式(戒次朱書名字墨書)

淸衆戒臘 威音王戒 陳如尊者

堂頭和尙 至元幾戒 元貞幾戒

某甲上座 某甲上座 大德幾戒

至大幾戒 某甲上座 某甲上座

右具如前 恐有差誤請自改正 伏幸衆悉

今月 日 堂司 某 具

○『禪林備用』 권3 (『만자속장경』 63, 631하)

律 挂草單

大方叢林 三月一日 出草單 止挂搭 堂司依戒排寫僧數 堂司行者先呈首座 次呈方丈兩班 備卓子筆硯 陳列僧堂前 或衆寮前 凡三日 或有差誤 望自改正 或涉關係詳稟 維那方便撿察 不許私讐 惱亂大衆 毀壞叢林法也

草單式

(清衆戒臘 威音王戒 陳如尊者 堂頭和尙 至元年戒 某甲上座並依戒次 排寫了)

(右具如前 恐有差誤 望自改正 伏幸衆悉)

(今日 日 堂司 某甲 具)

○『增修教苑淸規』 권하 (『만자속장경』 57, 325중)

出草單

出單之日 或在三月初一日 則方來過於太早 或在四月初十日 維那窘於太迫今定在 四月初一日 不可易也 維那從公將登門 戒次開頂書寫(式見後) 令堂司行者先呈過兩班方呈住持批判(云云) ○(近有本山新戒 輔方落髮暮居方來大僧之上稍或有違便形唇吻本師當準律法訓之先 受戒者在前坐後受戒者在後坐不問老少莫如外道癡人坐無次第如兵 奴之法我佛法中若不如法次第坐者犯輕垢罪) 掛僧堂前三日 皆在齋 後仍備卓子上列筆硯 或有差悞請自改正 蓋防初上簿時恐有錯亂故也 三日後依次上牌並自各認本名戒次高下 不可越次亂法近有好爭作鬧 者往往恃强挾私互相塗抹上殿拖扯喧譁惱衆甚非所宜犯者擯出若果

有差悞當稟維那首座覆住持處置

3일

◉ 삼짇날 3-3

○『入唐求法巡禮行記』 권1
開成四年 三月三日 此州不作三月三日之節

◉ 踏靑 3-3

○『白孔六帖』 권4 (『四庫全書』 子部, 類書類)
鬪百草
荊楚記此日四人蹋百草今人又有鬪百草之戲

○『太平寰宇記』 권149 (『四庫全書』 史部, 地理類, 總志之屬)
二月三日攜酒饌鼓樂於郊外飮宴至暮而迴謂之迎富

○『御定淵鑑類函』 권13 (『四庫全書』 子部, 類書類)
迎富
寰宇記云蜀萬州風俗二月二日攜酒饌鼓樂於郊外飮宴至暮而歸謂之
迎富

○『御定月令輯要』 권6 (『四庫全書』 史部, 時令類)

踏青節

原壺中贅錄蜀中風俗以二月二日爲踏青節

○『歷代詩話』 권80 (『四庫全書』 集部, 詩文評類)

　『帝京景物略』(『중국대세시기Ⅱ』, 국립민속박물관, 2006년, 90쪽)

是日簪柳遊高梁橋曰踏青多四方客未歸者祭掃日感念出遊

○『世宗實錄』 권23 (세종 6년, 甲辰 癸丑)

今者興天寺僧當其試選 敢用油蜜之果 犯令飮酒 擅減焚修僧額 竊其贏
餘 以供踏青之娛 重陽之費 肆欲妄行 不憚科禁 輕犯憲章

○『世宗實錄』 권45 (세종 11년, 己酉 戊戌)

右議政仍令致仕柳寬上書曰 謹按唐德宗貞元年間 詔以二月一日 三月
三日 九月九日 宜使文武官寮 選勝地 追賞爲樂 …중략… 高麗取法於唐
以三月三日 九月九日爲令節 文武大小臣僚 至於庶人 皆隨意爲 三月三
日 遊於原野 謂之踏青 九月九日 陟於峯巒 謂之登高 所以樂太平之盛也
我國家仁政所被 島夷航海而獻琛 山戎皮服而來庭 邊塞絶戈甲之聲 黎
庶無遷徙之勞 況今五穀咸登 萬民共樂 太平盛際 超軼唐宋 老臣閑居
考古證今 竊謂今日正合士歌于庠 農歌于野 以樂太平之辰也 伏望聖鑑
允許 以三月三日 九月九日爲令節 俾諸大小臣僚 中外士民 各當其日
選勝地遊樂 以形容太平之氣象

◉ 赦孤 3-3

○『帝京歲時紀勝』(『중국세시기Ⅱ』, 국립민속박물관, 2006년, 159쪽)
廣寧門外普濟堂收養異鄕孤貧疾療人 冬施粥饘 夏施氷茶 育嬰堂收養
棄擲嬰兒 兩堂淸明日撿拾暴露骸骨及幼殤小兒殯葬 或化而瘞之 復延
僧衆施食度薦 名曰赦孤 又祭厲鬼者 是日設儀仗陳鼓吹前導 畀請城隍
聖像出巡 于城南隙地奏樂薦享 中設神位傍列孤魂棚座祭賽 焚其楮帛
名曰濟孤魂會 蓋仿古厲壇之遺意焉

7일

◉ 현장법사예불문 3-7

○『佛家日用集』
三月初七日人靜時向西禮佛四拜滅百劫罪

14일

◉ 占察法會 3-14

○『三國遺事』 권4 (『대정장』 49, 1007상)
後人爲創寺於金剛山東南 額曰道場寺 每年三月十四日 行占察會爲恒
規 福之應世唯示此爾

○『三國遺事』권4 (『대정장』49, 1003상)

圓光西學

故光於所住嘉栖岬 置占察寶以爲恒規 時有檀越尼納田於占察寶 今東平郡之田一百結是也

○『三國遺事』권5 (『대정장』49, 1011하)

仙桃聖母隨喜佛事

眞平王朝 有比丘尼名智惠 多賢行 住安興寺 擬新修佛殿而力未也 夢一女仙風儀婥約 珠翠飾鬘 來慰曰 我是仙桃山神母也 喜汝欲修佛殿 願施金十斤以助之 宜取金於予座下 粧點主尊三像壁上 繪五十三佛 六類聖衆 及諸天神 五岳神君(羅時五岳 謂東吐含山 南智異山 西雞龍 北太伯中父岳 亦云公山也)每春秋二季之十日 叢會善男善女 廣爲一切含靈設占察法會 以爲恒規

○『三國遺事』권4 (『대정장』49, 1007중)

眞表傳簡

時齡二十餘三矣 然志存慈氏 故不敢中止 乃移靈山寺(一名邊山又楞伽山)又懃勇如初 果感彌力 現授占察經兩卷(此經丹陳隋間外國所譯 非今始出也 慈氏以經授之耳)幷證果簡子一百八十九介 謂曰 於中第八簡子喩新得妙戒 第九簡子喩增得具戒 斯二簡子是我手指骨 餘皆沈檀木造 喩諸煩惱 汝以此傳法於世 作濟人津筏 表旣受聖莂 來住金山每歲開壇 阪張法施 壇席精嚴 末季未之有也 … 중략… 得法之袖領 曰永深寶宗信芳體珍珍海眞善釋忠等 皆爲山門祖 深則眞傳簡子 住俗離山

爲克家子 作壇之法 與占察六輪稍異 修如山中所傳本規 按唐僧傳云
開皇十三年 廣州有僧行懺法 以皮作帖子二枚 書善惡兩字 令人擲之
得善者吉 又行自撲懺法 以爲滅罪 而男女合匝 妄承密行 靑州接響 同行
官司檢察謂是妖妄 彼云 此搭懺法依占察經 撲懺法依諸經 中五體投地
如大山崩 時以奏聞 乃勅內史侍郎李元撰 就大興寺問諸大德 有大沙門
法經彦琮等 對曰 占察經見有兩卷 首題菩提 登在外國譯文 似近代所出
亦有寫而傳者 檢勘群錄 並無正名譯人時處 搭懺與衆經復異 不可依行
因勅禁之

○『續高僧傳』 권2 (『대정장』 50, 436상)
初開皇十三年廣州有僧行塔懺法 以皮作帖子二枚書爲善惡兩字 令人
擲之 得善者吉 又行自撲法以爲滅罪 而男女合雜妄承密行 靑州居士接
響同行 官司檢察謂是妖異 其云 此塔懺法 依占察經 自撲懺法 依諸經中
五體投地如大山崩 時以奏聞 乃勅內史侍郎李元操就大興善問諸大德
有沙門法經彦琮等 對云 占察經見有兩卷 首題菩提登在外國譯文似近
代所出 衆藏亦有寫而傳者 檢勘群錄 並無正名及譯人時處 塔懺與衆經
復異 不可依行 勅因斷之

○『三國遺事』 권4 (『대정장』 49, 1008상)
入皆骨山 始創鉢淵藪 開占察法會 …중략… 俗離山大德永深與大德融
宗佛陀等同詣律師所 伸請曰 我等不遠千里來求戒法 願授法門 師默然
不答 三人者乘桃樹上 倒墮於地 勇猛懺悔 師乃傳教灌頂 遂與袈裟及鉢
供養次第祕法一卷 曰察善惡業報經二卷 一百八十九栍 復與彌勒眞栍

九者八者誠曰 九者法爾 八者新熏成佛種子 我已付囑汝等 持此還歸俗
離山 山有吉祥草生處 於此創立精舍 依此敎法 廣度人天 流布後世 永深
等奉敎 直往俗離 尋吉祥草生處 創寺名曰吉祥 永深於此始設占察法會

○『三國遺事』권4 (『대정장』49, 1009중)

心地繼祖

釋心地 辰韓第四十一主憲德大王金氏之子也 生而孝悌 天性冲睿 志學
之年 落采從師 拳懃于道 寓止中岳(今公山)適聞俗離山深公傳表律師
佛骨簡子設果訂法會 決意披尋 旣至 後期不許參例

15일

◉ 出家日3-15

○『御定月令輯要』권7 (『四庫全書』 史部, 時令類)

　『水經注』권1 (『四庫全書』 史部, 地理類, 河渠之屬)

　『水經注集釋訂訛』권1 (『四庫全書』 史部, 地理類, 河渠之屬)

　『水經注釋』권1 (『四庫全書』 史部, 地理類, 河渠之屬)

散天香花

增水經注 淨飯王太子 以三月十五日夜出家 四天王來迎各捧馬足 爾時
諸神天人側 塞空中散天香花

○『續博物志』권2 (『四庫全書』 子部, 小說家類, 瑣記之屬)

佛以三月十五日夜出家

21일

◉海雲摸石 3-21

○『御定月令輯要』권7 (『四庫全書』史部, 時令類)
海雲摸石
原歲華紀麗譜 三月二十一日 出大東門 宴海雲山鴻慶寺 登衆春閣觀摸
石蓋 開元二十三年 靈智禪師以是日歸寂邦人敬之入山修禮 因而成俗
山有小池士女探石其中 以占求男之祥韓絳遊鴻慶院詩方塘探子石高
閣會賔簪

○『歲華紀麗譜』(『四庫全書』史部, 地理類, 雜記之屬, 歲華紀麗譜)
　『說郛』권69상 (『四庫全書』子部, 雜家類, 雜纂之屬)
　『蜀中廣記』권55 (『四庫全書』史部, 地理類, 雜記之屬)
　『全蜀藝文志』권58 (『四庫全書』集部, 總集類)
(三月)二十一日出大東門宴海雲山鴻慶寺登衆春閣觀摸石蓋開元二
十三年靈智禪師以是日歸寂邦人敬之入山遊禮因而成俗山有小池士
女探石其中以占求子之祥旣又晚宴於大慈寺之設廳

○『石湖詩集』권17 (『四庫全書』集部, 別集類, 南宋建炎至德祐)
三月二十三日海雲摸石勸耕亭上往來頻四海萍浮老病身亂挿山茶猶

昨夢重尋池石已殘春驚心歲月東流水過眼人情一閱塵賴有貽牟堪飽
飯道逢田畯且眉伸

○『成都文類』권9 (『四庫全書』集部, 總集類)

續和僉判太博遊海雲 吳中復

海雲摸石近東城莽蒼春郊去路平遠寺溪光照金絡夾堤柳色混青旌榴
花新釀盈樽淥玉柄高談照座淸上客西州勝京口給鮮牛炙旋供烹

23일

◉ 吉祥寺觀花 3-23

○『御定月令輯要』권7 (『四庫全書』史部, 時令類)

吉祥寺觀花

增蘇軾牡丹記序 熙寧五年三月二十三日 余從太守沈公觀花於吉祥寺
僧守璘之圃 圃中花千本 其品以百數酒酣樂作 州人大集金槃綵籃 以獻
於坐者五十有三人

이하 동일내용

○『西湖遊覽志餘』권24 (『四庫全書』史部, 地理類, 山水之屬, 西湖遊覽志)
○『御定佩文齋廣群芳譜』권32 (『四庫全書』子部, 譜錄類, 草木禽魚之屬)
○『東坡全集』권34 (『四庫全書』集部, 別集類, 北宋建隆至靖康)
○『文編』권53 (『四庫全書』集部, 總集類)

326 원문

○『文章辨體彙選』 권332/권559 (『四庫全書』 集部, 總集類)

3월내

◉ **寒食** 3-월내

○『白孔六帖』 권4 (『四庫全書』 子部, 類書類)
寒食
白荊楚歲時記 去冬至節一百五日卽有疾風甚雨謂之寒食

三日斷火
鄴中記幷州俗爲介子推斷火餐食乾粥三日

○『入唐求法巡禮行記』 권1
開成四年 二月十四十五十六日 此三箇日是寒之日此三日天下不出煙
惣喫寒食

○『入唐求法巡禮行記』 권2
開成五年 二月廿三日 寒食節三日斷火

○『律苑事規』 권10 (『만자속장경』 60, 143중)
三月分
 寒食節祖堂祠堂鋪陳供養照例諷經掃洒祖堂禁採茶筍蔭山林

◉ **淸明** 3-월내

○『東國歲時記』(『조선대세시기Ⅲ』국립민속박물관, 2007년, 216쪽)
取楡柳之火頒賜各司卽周官出火唐宋賜火之遺制也

○『洌陽歲時記』(『조선대세시기Ⅲ』국립민속박물관, 2007년, 129쪽)
國典依周禮有一歲五改火之文而最重淸明內兵曹候入節時刻鑽柳取
火進御頒于內外諸司
及諸達官家周禮夏官司爟掌火令張子曰周禮四時變火惟季春最嚴以
大火心星其時太高也

○『御定月令輯要』권7 (『四庫全書』史部, 時令類)
靑精飯
原零陵總記楊桐葉細冬靑居人遇寒食採其葉染飯色靑而有光食之資
陽氣道家謂之靑精乾石飢飯

○『通志』권76 (『四庫全書』史部, 別史類)
南燭曰烏草曰猴藥曰男續曰後草曰維那木曰黑飯草以其可染黑飯也
道家謂之靑精飯

○『西湖遊覽志餘』권20 (『四庫全書』史部, 地理類, 山水之屬, 西湖遊覽志)
僧道採楊桐葉染飯謂之靑精飯以饋施主

○『名義考』권2 (『四庫全書』子部, 雜家類, 雜考之屬)
靑精飯昔人以寒食今在四月八

○『別雅』권2 (『四庫全書』經部, 小學類, 訓詁之屬)
靑餇飯靑精飯也　吳曾曰神仙王褒傳太極眞人以太極靑精飯方授之褒
鍊服五年色如少女杜詩惜無靑精飯使我顔色好蘇頌曰陶隱居登眞隱
訣有靑餇飯卽靑精飯今釋家四月八日所作之烏飯是也

◉ 經行　3-월내

○『轉經行道願往生淨土法事讚』(『대정장』47)

○『高麗史』권6「世家」권6 靖宗12年 3월
辛丑 命侍中 崔齊顔 詣毬庭行香 拜送街衢經行 分京城街衢爲三道 各以
彩樓子 擔般若經前行 僧徒具法服 步行讀誦 監押官 亦以公服步從 巡行
街衢 爲民祈福 名曰經行 自是歲 以爲常

○『高麗史』권12「世家」권12 睿宗元年 6월
己丑 御長寧殿 命僧曇眞 說禪祈雨 時國家盛行街衢經行 五部人民効此
各於所在里 行讀 行至闕西里 適有雨 王賜米帛 更令行讀

○『太祖實錄』권3 (태조 2年 3월丁巳)
僧錄司上言 前朝之法 每歲春三月 集禪敎福田 諷經城中街路 謂之經行

願許擧行 從之

○『定宗實錄』 권1 (정종 1年 3月甲申)

禮曹上疏 請罷閭里經行 其疏略曰 前朝崇信佛道 設閭里經行之制 奉命
監察 具公服領僧徒 周行里閭 懸幡吹螺 誦經作法 願以春秋藏經之例革
之 不允

○『太宗實錄』 권11 (태종 6年 4月丁亥)

戶曹啓 閭里經行 不合於古 請止設國行 從之

○『世宗實錄』 권3 (세종 1年 3월癸丑)

各宗僧隨街讀經 因高麗之舊也

○『世宗實錄』 권15 (세종 4년 2월丙午)

罷都城內經行 自前朝時 每春秋仲月 會各宗僧徒 誦大般若經 鳴螺鉢
執幡蓋 香火前導 巡行街巷 以禳疾厄 二品以上官受命行香 監察察之
皆徒步從行 謂之經行 至是 上特命罷之

○『文宗實錄』 권8 (문종 1년 7월丙午)

議政府據禮曹呈 啓 自京城 抵津寬水陸社 奉香經行之路 或有棄屍 甚爲
未便 請令漢城府及所在官 嚴加考察 幷於津寬洞口左右 禁人安葬 以淸
道路 從之

○『宣祖實錄』권17 (선조 16년 5월丙戌)

宇顒欲更定學制七條 一曰學令 二曰讀法 三曰置經行齋 四曰擇師儒
五曰選生徒 六曰貢士 七曰取士 會轉他官 不果上

○『成宗實錄』권36 (성종 4年 11月戊子)

戶曹據江原道銀溪道驛吏狀告啓 本道銀溪 豊田 生昌 直木 昌道 新安等
六驛 彫殘最甚 經行使命外 軍官來往時糧料 依京畿綠楊等驛例 用軍資
米豆供給 何如 從之

4월

I일

◉ **旦過** 4-1

○『洞霄圖志』권1 (『四庫全書』 史部, 地理類, 古蹟之屬)
旦過寮 在雲堂右雲游僧暫憩之地

○『勅修百丈淸規』권7 (『대정장』 48, 1155상)
四月 初一日 (鎖旦過 初四五間告香普說初八日)

○『揮塵錄 後錄』권5 (『四庫全書』 子部, 小說家類, 雜事之屬)
贊寧續傳載云開寶末江州圓通寺旦過寮中有客僧將寂滅袒其背以示
其徒有彫靑李重進三字云我卽其人脫身煙焰至於今日而近日陸務觀
淸尊錄言老內侍見林靈素於蜀道季次仲季自云嘗遇姚平仲於廬山授
其人段錦之術未知果否要是桀紂之徒多能逃命於一時皆此類文璉洪
進之子也

○『攻媿集』권1 (『四庫全書』 集部, 別集類, 南宋建炎至德祐)
萬象空解衣寄宿旦過寮魂夢亦墮氷壺中曉看日出滄海東蠟炬百萬燒
天紅眼高不數鴈蕩雄行

○『劍南詩藁』권85 (『四庫全書』集部, 別集類, 南宋建炎至德祐)
長明燈下三更雨 旦過寮前萬里身 正使未能超佛祖 也應小勝市朝人

○『江湖後集』권20 (『四庫全書』集部, 總集類)
送僧過建康
一酌離亭桑落酒甕甕短髮長愁苗秋房已棄星居屋晚寺應投旦過寮歌
哭盡從流水去榮枯半逐暗塵消江船載月敲銅斗莫向臺城問六朝

4일

◉ 文殊生 4-4

○『御定月令輯要』권9 (『四庫全書』史部, 時令類)
文殊生 原佛書四月四日文殊菩薩誕

○『玉芝堂談薈』권1 (『四庫全書』子部, 雜家類, 雜纂之屬)
四月 初四日文殊生

7일

◉ 世尊降魔 4-7

○『法苑珠林』 권11 (『대정장』 53, 369상)
降魔部
如因果經云 四月七日世尊降魔 于時落日停光明月映徹 園林華菓榮不
待春 智度論云 爾時天魔 將十八萬天魔衆皆來惱佛 佛以眉間微光照皆
墮落 又觀佛三昧經云 魔王心怒 卽欲直前 魔子諫曰 父王無辜自招瘡疣
菩薩行淨難動如地 云何可壞

○『御定月令輯要』 권9 (『四庫全書』 史部, 時令類)
世尊降魔
增法苑珠林四月七日世尊降魔爾時天魔將十八萬天魔衆皆來惱佛佛
以眉間微光照皆墮落

◉ 行佛 4-7

○『洛陽伽藍記』 권1 (『대정장』 51, 1003중)
昭儀尼寺 …중략… 寺有一佛二菩薩 塑工精絕 京師所無也 四月七日
常出詣景明 景明三像恒出迎之

○『洛陽伽藍記』 권3 (『대정장』 51, 1010중)
景明寺 …중략… 時世好崇福 四月七日京師諸像皆來此寺 尙書祠曹錄

像 凡有一千餘軀

8일

◉ 佛誕日 4-8

○『佛說十二遊經』(『대정장』4, 146하)
佛以四月八日生

○『過去現在因果經』권1 (『대정장』3, 625중)
爾時兜率天宮 有一天子 作是念言 菩薩已生白淨王宮 我亦當復下生人
間 菩薩成佛 … 중략 … 於二月八日日初出時 夫人見彼園中

○『勅修百丈清規』권7 (『대정장』48, 1155상)
四月 初八日 佛誕浴佛 庫司預造黑飯 方丈請大衆 夏前點心

○『欽定日下舊聞考』권147 (『四庫全書』 史部, 地理類, 都會郡縣之屬)
原先是四月八日梵寺食烏飯

○『御定月令輯要』권9 (『四庫全書』史部, 時令類)
羊桐葉飯
增岳陽風土記岳州四月八日取羊桐葉漸米爲飯以祠神及先祖

○『岳陽風土記』(『四庫全書』史部, 地理類, 雜記之屬, 岳陽風土記)
四月八日取羊桐葉淅米爲飯以祀神及先祖

○『帝京歲時紀勝』(『중국대세시기Ⅱ』국립민속박물관, 2006년, 166쪽)
都人多於愍忠寺游玩 施齋飯僧 講経于講堂 聽講者甚夥 又爲赴龍華大會

○『京都雜誌』(『조선대세시기Ⅲ』국립민속박물관, 2007년, 84쪽)
延客設饌 楡葉餠煮豆烹芹云 是佛辰茹素

○『洌陽歲時記』(『조선대세시기Ⅲ』국립민속박물관, 2007년, 133쪽)
兒童就竿布石 設楡葉餻 鹽蒸豆

○『東國歲時記』(『조선대세시기Ⅲ』국립민속박물관, 2007년, 26쪽)
兒童各於燈竿下 設石楠葉甑餠蒸黑豆烹芹菜云 是佛辰茹素 延客而樂

○『御定月令輯要』권6 (『四庫全書』史部, 時令類)
釋迦佛生
增遼史禮志 二月八日 爲希達太子生辰京府及諸州雕木爲像儀仗百戱
導從循城爲樂希達太子者西城淨梵王子姓瞿曇氏名釋迦牟尼以其覺
性稱之曰佛普耀經佛初生刹利王家放大智光明照十方世界地湧金蓮
花自然捧雙足東西及南北各行於七步分手指天地作師子吼聲上下及
四維無能尊我者卽周昭王二十四年甲寅歲四月八日也元樞經八日佛
生周以甲子爲正月四月八日牟尼佛生是今二月八日也

○『御定月令輯要』권9 (『四庫全書』史部, 時令類)

佛生日

增南史顧歡傳老子入關之天竺維衛國國王夫人名曰淨妙老子因其晝
寢乘日精入淨妙口中後年四月八日夜半時剖右腋而生墜地卽行七步
於是佛道興焉魏書釋老志初釋迦於四月八日夜從母右脅而生既生姿
相超異者三十二種天降嘉瑞以應之亦三十二法苑珠林菩薩處胎垂滿
十月於四月八日日初出時夫人見後園中有一大樹召曰無憂華色香鮮
枝葉分布卽擧右手欲牽摘之菩薩漸漸從右脇而出

○『淳熙三山志』권40 (『四庫全書』史部, 地理類, 都會郡縣之屬)

四八日

慶佛生日

是日州民所在與僧寺共爲慶讚道場蔡窖學襄爲州日有四月八日西湖
觀民放生詩此風蓋久矣元豐五年住東禪僧沖眞始合爲慶讚大會于城
東報國寺齋僧尼等至一萬餘人探圖分施衣巾扇藥之屬迄建炎四年爲
會四十有九而罷紹興三年復就萬崴寺作第一會是日緇黃至一萬六千
餘人凡會僧俗號勸首數十人分路抄題戶無富貧作如意袋散俵聽所施
與無免者眞僞莫考至乾道四年歲大飢穀價騰湧成市會首有取至三千
餘緡王參政之望爲帥聞之諭令糶穀賑濟不服乃命根治盡拘其錢入官
自是遂絕然所至鄉社亡業之民猶有自爲之者鄉衆似斯之類借是爲利
歲無時節率旬以三二日或集民居或聚社廟閭閻翁嫗輟食詝語來赴者
亦數百人此近歲之俗也

○『夢粱錄』 권19 (『四庫全書』 史部, 地理類, 雜記之屬)
四月初八日六和塔寺集童男童女善信人建朝塔會

◉ 水鼓 4-8

○『洌陽歲時記』(『조선대세시기Ⅲ』 국립민속박물관, 2007년, 133쪽)
覆瓢盆水中 輪流扣擊 以爲樂 名曰水缶

○『京都雜誌』(『조선대세시기Ⅲ』 국립민속박물관, 2007년, 84쪽)
帝京景物畧 元夕童子撾皷 旁夕向曉曰太平皷 今俗水鼓侈卽太平皷 以
佛日僞燈夕 故利用之也

○『東國歲時記』(『조선대세시기Ⅲ』 국립민속박물관, 2007년, 226쪽)
今俗 水缶似是太平皷之意 而以佛日爲燈夕 故移用之也

○『弘齋全書』 권1 「春邸錄」
燈夕
萬戶懸燈趁此宵　月光雲影共迢迢
珠星燦燦仍垂地　火樹搖搖遂接霄
醉語遙知花外路　行歌應度柳邊橋
清和氣象繁華竝　水缶村村不寂寥

◉ 呼旗 4-8

○『高麗史』권40 (恭愍王 13년 4월8일)
王觀呼旗童戲於殿庭 賜布百匹 國俗 以四月八日 是釋迦生日 家家燃燈
群童翦紙 注竿爲旗 周呼城中街里 求米布爲其費謂之呼旗

○『高麗史』권41 (恭愍王 15년 4월)
戊午 王觀呼旗童戲於殿庭 賜布百匹

○『慵齋叢話』권2
　『燃藜室記述』(「연려실기술 별집」권12 俗節 雜戲)
四月八日燃燈 俗言釋迦如來誕生辰也 春時兒童翦紙爲旗 剝魚皮爲鼓
爭聚爲羣 巡閭巷乞燃燈之具 名曰呼旗 至是日家家樹竿懸燈 豪富者大
張彩棚 層層萬盞 如星排碧落 都人終夜遊觀 無賴少年或仰而彈之以
爲樂

○『東國歲時記』(『조선대세시기Ⅲ』국립민속박물관, 2007년, 226쪽)
　『京都雜誌』(『조선대세시기Ⅲ』국립민속박물관, 2007년, 84쪽)
又安高麗史 國俗以四月八日 是釋迦生日 家家燃燈 前期數旬 羣童翦紙
注竿爲旗 周呼城中街里 求米布爲其費謂之呼旗

◉ 燃燈會 4-8

○『虛堂和尙語錄』권9 (『대정장』 47, 1050중)

元宵上堂 …중략… 禪門中 亦有五燈 有傳燈廣燈普燈續燈聯燈 燈燈相
續 循環無盡

○『東國歲時記』(『조선대세시기Ⅲ』국립민속박물관, 2007년, 226쪽)

東俗 以是日燃燈 謂之燈夕

○『京都雜誌』(『조선대세시기Ⅲ』국립민속박물관, 2007년, 84쪽)

安高麗史 王宮國都以及鄕邑 正月望燃燈二夜 崔怡於四月八日燃燈

○『洌陽歲時記』(『조선대세시기Ⅲ』국립민속박물관, 2007년, 133쪽)

中國燃燈用上元而東俗用 四月八日其源出於竺敎 盖以是日爲如來降
期也

○『中宗實錄』권90 (중종 34年 4月辛丑)

傳于政院曰 天使初八日 當宿開城府矣 是日 乃觀燈之日也 開城古都
必有此俗 中朝則上元觀燈 我國則八日觀燈 國俗同開異 固無所妨 然天
使若見而問之 則何以對之 此在計外之事 必不知之 下諭開城府可也

○『世宗實錄』권19 (세종 5년 3월己亥)

傳旨于禮曹 今後除四月八日闕內燃燈

○『世宗實錄』권40 (세종 10년 4월 甲戌)
命司憲府 禁婦女點燈遊覽于興天寺者

○『世宗實錄』권52 (세종 13년 4월 庚子)
下敎司憲府曰 自今僧舍外 中外燃燈一禁

○『燕山君日記』권62 (연산 12年 4月辛酉)
王微行至景福宮 御慶會樓 設萬歲山觀燈 宴罷 命承政院入觀 夜二鼓矣
王命司鑰黃小老 公孝連 分左右部作燈 靑鸞 紫鳳 蓮花 牧丹 姑蘇臺
蓬萊山 金烏 玉免 銀鯽 黃龍 千態萬狀 窮極奇巧 皆以金銀珠翠飾之
所費萬計 懸于萬歲山下 王乘黃龍舟觀之 炷芙蓉香數百束 列蠟炬千柄
夜明如畫 興淸數百 列坐奏樂

○『洌陽歲時記』(『조선대세시기Ⅲ』, 국립민속박물관, 2007년, 133-134쪽)
諸宮家及內司內營以八日造燈進御競尙精麗其來久矣先王上奉殿宮
承歡順志於時節故事不欲遽加裁省嘗與諸近臣御樓觀燈內營燈先入
形製甚奇飾以玻瓈雲母金璧翠羽光彩炫燿
觀者咸注目稱美已而內司請進燈上可之少焉燈入乃邨巷所賣紙糊茋
子樣也諸人愕然上亦頗怪其陋老黃門管司者進伏徐奏曰燈如是足矣
炷火取明彼如此一也上默然良久命撤內營燈出取其燈懸之內庭

○『英祖實錄』권120 (영조 49年 4月丙申)
上御集慶堂 藥房入診 上謂都提調曰 今夕乃燈夕也 都民父子兄弟 相携

觀燈 而予獨無之 此何人斯

○『東國歲時記』(『조선대세시기Ⅲ』, 국립민속박물관, 2007년, 225-226쪽)
前數日 人家各竪燈竿 頭建雉尾 色帛爲旗 小戶 則竿頭多結老松 計家內子女人口 懸燈以明亮爲吉 至九日乃止 侈者縛大竹累十 又駄致五江檣桅而成棚 或揷日月圈 隨風眩轉 或懸轉燈 往來如走丸 或紙包火藥而繫於索 衝上如乘機箭 火脚散下如雨 或繫紙片幾十把 飄揚如龍形 或懸筐筥 或作傀儡 被以衣裳 繫索而弄之 列廛之棚 務勝競高 張數十索 邪許引起 矮小者 人皆嗤之 …중략… 燈名 西苽蒜子蓮花七星五行日月毬船鍾鼓樓閣欄干花盆轎子山樏甁缸鈴卵龍鳳鶴鯉龜鼈壽福太平萬歲南山等字燈 皆象形 紙塗 或用紅碧紗 嵌雲母 飾飛仙花鳥 面面稜稜皆粘三色 卷紙片紙 旖旎聯翩 鼓燈多畵將軍騎馬三國故事 又有影燈 裏設旋機 剪紙 作獵騎鷹犬虎狼鹿獐雉兎狀 傅於機 爲風炎所轉 外看其影 …중략… 市燈所賣 千形百狀 五彩絢爛 重價衒奇 鍾街上觀者 如堵 又造鸞鶴獅虎龜鹿鯉鼈仙官仙女跨騎之狀 羣童競買而弄玩

○『洌陽歲時記』(『조선대세시기Ⅲ』, 국립민속박물관, 2007년, 133쪽)
人家及官府市廛 皆竪燈竿 聯束竹木爲之 高者十餘丈 剪綵帛爲幟揷之竿 杪幟下橫木爲鉤納繩鉤中 垂其兩端于地 至夕點燈 多者十餘 少者三四 人家則以童稚口數爲準 皆層累相啣如貫珠狀 先將繩一端 繫于最上燈之頭 次將一端繫于最下燈之尾 徐徐挽上 至鉤而止 登高望之 煜爚如滿天星宿燈有蒜苽花葉鳥獸樓臺之形 種種色色 難以具悉

○『太祖實錄』권1 (태조 1년 8월5일)

甲寅 都堂請罷八關 燃燈

○『正宗實錄』권4 (정종 2년 4월6일)

門下府上疏 請止八日燃燈之設 不報

○『太宗實錄』권23 (태종 12년 4월3일)

丁巳 命今四月八日燃燈 依今年上元日例 且命修葺故物 勿令濫費

○『太宗實錄』권23 (태종 12년 4월8일)

壬戌 觀燈于解慍亭 明日亦如之 分左右立柱張燈 令內資內瞻辦之

○『太宗實錄』권29 (태종 15년 1월25일)

甲子 命除四月八日燃燈

○『世宗實錄』권39 (세종 10년 3월22일)

左司諫金孝貞等上疏曰 本朝之俗 以四月初八日 爲佛生辰 燃燈徼福 男女群聚 終夜觀戲 此誠因循前朝之弊習也 殿下以天縱之聖 緝熙之學 灼知誕妄 闕內燃燈 已曾命罷 其排斥異端之意至矣 然閭巷無賴之徒 尚循舊習 秉旗擊鼓 成群呼噪 行乞於里 誘取於人 以爲燃燈之費 今年尤盛 臣等恐弊法之復行也 伏望命令一禁 盡革舊習 不允

○『世祖實錄』 권30 (세조 9년 4월9일)

夕御忠順堂觀燈 宗親 宰樞侍

○『世祖實錄』 권42 (세조 13년 4월8일)

癸卯 圓覺寺塔成 設燃燈會以落之

◉ 灌佛儀式 4-8

○『西湖遊覽志餘』권20 (『四庫全書』史部, 地理類, 山水之屬, 西湖遊覽志)

四月八日 俗傳爲釋迦佛生辰 僧尼各建龍華會

○『御定佩文韻府』 권68-1 (『四庫全書』子部, 類書類)

　『御選唐詩』 권26 (『四庫全書』集部, 總集類)

龍華會

荊楚歲時記 四月八日 諸寺各設齋 以五香水 浴佛作龍華會 以爲彌勒下
生之徵也

○『賢愚經』 권9 (『대정장』 4, 409하)

如是我聞 一時佛在舍衛國祇樹給孤獨園 爾時首陀會天 下閻浮提 至世
尊所 請佛及僧 洗浴供養 世尊默然 已爲許可 卽設飮食 幷辦洗具 溫室
煖水 調和適體 蘇油浣草 皆悉備有 施設已辦 白世尊曰 食具已訖 唯聖
知時 於是世尊 及諸比丘 納受其供 盡其洗浴 幷享飮食 其食甘美 世所
希有 食竟澡漱 各還本坐 是時阿難 長跪合掌 白世尊曰 此天往昔作何功

德 形體妙好 威相奇特 光明顯赫 如大寶山 唯願世尊 敷演其事 佛告阿
難 諦聽善持 吾當解說 乃往過去 毘婆尸佛時 此天彼世 爲貧家子 恒行
傭作 以供身口 聞毘婆尸佛說浴僧之德 情中欣然 思設供養 便勤作務得
少錢穀 用施洗具 幷及飲食 請佛衆僧 而已盡奉 由此福行 壽終之後
生首陀會天 有此光相 佛告阿難 而此天者 非但今日請佛及僧 尸棄佛時
亦來世間 供養世尊及於衆僧 乃至迦葉佛時 亦復如是 佛告阿難 此天非
但承供七佛 於當來世賢劫之中 興千佛出 亦當一一洗佛及僧 猶如今日
無有差別 爾時世尊 因受天記 於未來世 滿阿僧祇百劫之中 當得作佛
號曰淨身 十號具足 所化衆生 不可限量

○『雜譬喩經』(『대정장』 4, 501상)
昔佛弟難陀 乃往昔惟衛佛時人 一洗衆僧之福 功德自追生在釋種 身珮
五六之相 神容晃昱金色 乘前世之福 與佛同世硏精道場便得六通

○『佛說諸德福田經』(『대정장』 16, 778상)
於時須陀耶禮已還坐 復有一比丘 名曰阿難 卽從座起 整服作禮 長跪叉
手 白世尊曰 我念宿命 生羅閱祇國 爲庶民子 身生惡瘡 治之不差 有親
友道人 來語我言 當浴衆僧 取其浴水 以用洗瘡 便可除愈 又可得福
我卽歡喜 往到寺中 加敬至心 更作新井 香油浴具 洗浴衆僧 以汁洗瘡
尋蒙除愈 從此因緣 所生端正 金色晃昱 不受塵垢 九十一劫 常得淨福
僧祐廣遠 今復値佛 心垢消滅 逮得應眞

○『高僧傳』권9 (『대정장』50, 383중)

曜平之後 勒洒僧稱趙天王行皇帝事 改元建平 … 중략 … 石虎有子名斌
後勒愛之甚重 忽暴病而亡 已涉二日 勒曰 朕聞虢太子死扁鵲能生 大和
上國之神人 可急往告必能致福 澄酒取楊枝呪之 須臾能起 有頃平復
由是勒諸稚子多在佛寺中養之 每至四月八日 勒躬自詣寺灌佛爲兒發願

○『佛說摩訶刹頭經』(『대정장』16, 797하-798상)

佛告天下人民 十方諸佛皆用四月八日夜半時生 十方諸佛皆用四月八
日夜半時 去家入山行學道 十方諸佛皆用四月八日夜半時得佛道 十方
諸佛皆用四月八日夜半時般泥洹 佛言 所以用四月八日者何 春夏之際
殃罪悉畢 萬物普生毒氣未行 不寒不熱時氣和適 今是佛生日故 諸天下
人民共念佛功德 浴佛形像如佛在時 是故以示天下人言 我爲菩薩在世
時 三十六反爲天王釋 三十六反作金輪王 三十六反作飛行皇帝 今日諸
賢者 誰有好心善意念釋迦文佛恩德者 以香華浴佛形像 求第一福者 諸
天鬼神所證明知

○『佛說摩訶刹頭經』(『대정장』16, 797하 - 798중)

四月八日浴佛法 都梁 藿香 艾納 合三種草香挼而漬之 此則青色水 若香
少可以紺黛秦皮權代之矣 鬱金香手挼而漬之於水中 挼之以作赤水 若
香少若乏無者 可以面色權代之 丘隆香擣而後漬之 以作白色水 香少可
以胡粉足之 若乏無者 可以白粉權代之 白附子擣而後漬之 以作黃色水
若乏無白附子者 可以栀子權代之 玄水爲黑色 最後爲清淨 今見井華水
名玄水耳 右五色水灌如上疏 以水清淨灌像訖 以白練若白綿拭之矣 斷

後自占更灌 名曰淸淨灌 其福與第一福無異也

○『荊楚歲時記』(『四庫全書』史部, 地理類, 雜記之屬, 荊楚歲時記)
四月八日 諸寺設齋 以五色香水浴佛 共作龍華會 按高僧傳四月八日浴
佛 以都梁香爲靑色水 鬱金香爲赤色水 丘隆香爲白色水 附子香爲黃色
水 安息香爲黑色水 以灌佛頂

○『東京夢華錄』(『중국대세시기 I』국립민속박물관, 2006년, 384쪽)
四月八日 佛生日 十大禪院 各有浴佛齊會 煎香藥糖水相遺 名曰浴佛水

○『西湖遊覽志餘』권20 (『四庫全書』史部, 地理類, 山水之屬, 西湖遊覽志)
四月八日 俗傳爲釋迦佛生辰 僧尼各建龍華會 以小盆坐銅佛浸 以糖水
覆 以花亭鐃鼓迎往富家 以小杓澆 佛提唱偈誦 布施財物有

○『佛說溫室洗浴眾僧經』(『대정장』16, 802하)
佛告耆域 澡浴之法 當用七物 除去七病 得七福報 何謂七物 一者然火
二者淨水 三者 澡豆 四者蘇膏 五者淳灰 六者楊枝 七者內衣 此是澡浴
之法 何謂除去七病 一者四大安隱 二者除風病 三者除濕痺 四者除寒氷
五者除熱氣 六者除垢穢 七者身體輕便 眼目精明 是爲除去眾僧七病
如是供養 便得七福 何謂七福 一者 四大無病 所生常安 勇武丁健 衆所
敬仰 二者 所生淸淨 面目端正 塵水不著 爲人所敬 三者 身體常香 衣服
潔淨 見者歡喜 莫不恭敬 四者 肌體濡澤 威光德大 莫不敬歎 獨步無雙
五者 多饒人從 拂拭塵垢 自然受福 常識宿命 六者 口齒香好 方白齊平

所說教令 莫不肅用 七者 所生之處自然衣裳 光飾珍寶 見者悚息

○『法苑珠林』권33 (『대정장』53, 543중)

又溫室經云 佛告祇域長者 澡浴之法當用七物除去七病 得七福報 何謂
爲七物 一者然火二者淨水 三者澡豆 四者酥膏 五者淳灰 六楊枝 七者內
衣 此是澡浴之法 何謂除七病 一者四大安隱 二者除風 三者除濕痺 四者
除寒氷 五者除熱氣 六者除垢穢 七者身體輕便眼目淸明 是爲除七病
得七福者 一者四大無病所生常安 二者所生淸淨面首端正 三者身體常
香衣服淨潔 四者肌體濡澤威光德大 五者饒多人從拂拭塵垢 六者口齒
香好所說肅用 七者所生之處自然衣服

○『十誦律』권57 (『대정장』23, 418하)

浴室中洗得五利 一除塵垢 二治身皮膚令一色 三破寒熱 四下風氣調
五少病痛

○『法苑珠林』권33 (『대정장』53, 543상)

摩訶刹頭經 亦名灌佛形像經云 佛告天下人民 十方諸佛皆用四月八日
夜半時生 皆用四月八日夜半時去家學道 皆用四月八日夜半時得佛道
皆用四月八日夜半時般泥洹 佛言 所以用四月八日者 爲春夏之際殃罪
悉畢 萬物普生毒氣未行 不寒不熱時氣和適 今是佛生日 故諸天下人民
共念佛功德浴佛形像 如佛在時 以示天下人 佛言 我爲菩薩時 三十六返
爲天王帝釋 三十六返作金輪王 三十六返作飛行皇帝 今日諸賢誰有好
心念釋迦佛恩德者 以香華浴佛形像求第一福者 諸天鬼神所證明知 四

月八日浴佛法時 當取三種香 一都梁香 二藿香 三艾納香 合三種草香按
而漬之 此則靑色水 若香少者可以紺黛秦皮權代之 又用鬱金香手按漬
之於水中 按之以作赤水 以水淸淨用灌像訖 以白練拭之 斷後自占更灌
名曰淸淨 其福第一也

○『法苑珠林』권33 (『대정장』53, 543상)
如譬喩經云 佛以臘月八日神通降伏六師 六師不如投水而死 仍廣說法
度諸外道 外道伏化白佛言 佛以法水洗我心垢 我今請僧洗浴以除身穢
仍爲常緣也(今臘月八日洗僧唯出此經文)

○『法苑珠林』권36 (『대정장』53, 573중)
雀頭香江表傳曰 魏文帝遣使於吳求雀頭香 薰陸香 魏略曰 大秦出薰陸
南方草物狀曰 薰陸香出大秦國 云在海邊 自有大樹生於沙中 盛夏時樹
膠流出沙上 夷人採取賣與人 (南州異物志同其異者 唯云狀如桃膠 典
術同唯云 如陶松脂法長飮食之令通神靈) 兪益期箋曰 衆香共是一木
木膠爲薰陸

○『玉芝堂談薈』권21 (『四庫全書』子部, 雜家類, 雜纂之屬)
四月八日 以五色香 水浴佛作龍華會 見歲時記 五月五日 蓄蘭沐浴謂之
浴蘭節 見歲時記採艾懸于戶上朱索五色印飾門戶以五色綵絲繫臂辟
兵及鬼令人不病一名長命縷一名續命縷一名辟兵繒一名五色縷見風
俗通有雜物條達織組以相遺見玉燭寶典作赤靈符著心前見抱朴子爲
梟羹賜百官見樂書註以菖蒲或縷或屑泛酒見歲時記爲競渡作粽幷剝

五色絲及楝葉皆汨羅之遺風見續齊諧記進五時圖五時花施帳上見酉
陽雜俎作水團又名白團角黍貯金盤中以小角弓子架箭射中者得食見
天寶遺事伏日進餠名爲辟惡

○『韻府群玉』권14 (『四庫全書』子部, 類書類)
龍華會
四月八日 浴佛作龍華會 荊楚記華作花

○『天中記』권5 (『四庫全書』子部, 類書類)
四月八日
佛節 佛以周昭王二十四年甲寅四月八日生于母之右脇十九歲于四月
八日夜半踰城徃雪山入道六年思道不食又四月八日成佛(歲華記麗)
浴佛荊楚人以四月八日諸寺設齋以五色香水浴佛共作龍華會(歲時記)
四月八日浴佛以都梁香爲靑色水鬱金香爲赤色水业隆香爲白色水附
子香爲黃色水安息香爲黑色水以灌佛頂(高僧傳)
大慧禪師浴佛上堂語云今朝正是四月八淨飯王宮生悉達吐水九龍天
外來捧足七蓮從地發(佛運統紀)
百金襯齋宋王子鸞建齋灌佛張融獨襯百金爲母灌像劉敬宣四月八日
見人灌佛乃下頭上金鏡爲母灌像因悲泣不自勝桓序歎息謂其父牢之
曰卿此兒旣爲家之孝子必爲國之忠臣(宋書)
洗佛藥山四月八日見遵布衲洗佛云汝只洗得這箇還洗得那箇遵云請
將那人來山邃默然歸方丈密印禪師曰藥山無風起浪被遵布衲一靠直
得鋒鋩結舌羅麼一場(印語錄)

○『山堂肆考』 권11 (『四庫全書』 子部, 類書類)

浴佛

佛運統記周昭王二十四年甲寅四月八日天竺國淨梵王妃摩耶氏生太
子悉達多至三十五歲於菩提場成無上道號曰佛世尊以周穆王五十二
年二月十五日於拘尸羅國娑羅雙樹間入滅每四月八日京師十大禪院
各設齋以五香水浴佛作龍華會大慧禪師浴佛語云今朝正是四月八淨
梵王宮生悉達吐水九龍天外來捧足七蓮從地發

○『華陽集』 권15 (『四庫全書』 集部, 別集類, 北宋建隆至靖康)

釋迦佛生辰疏二道

四月八日是惟我佛之生辰三界十方皆曰吾師之弟子爰集寶唐之善士
共禮華藏之大雄現藥師琉璃光作淨飯燃燈供上祝九重之壽下祈萬姓
之安仍將妙吉祥緣普慶恒河沙衆五體投地看龍華會會相逢隻手指天
認鹿苑人人有分

八莢敷義叔布清和之令四花天晱摩尼降紫磨之身法水吐九龍祥蓮
開七步生老病死苦瞥驚火宅之車摩尼達哩吽已慕雪山之道稽古獲化
流之被于今欽象法之存想寶刹于毗藍園奉法王于眞實相滌衆生垢獻
野人芹燈續一燈冀釋家之永振法傳萬法俾海敎之汪洋

○『武林舊事』 권3 (『四庫全書』 史部, 地理類, 雜記之屬)
　『遵生八牋』 권4 (『四庫全書』 子部, 雜家類, 雜品之屬)

浴佛

四月八 爲佛誕日 諸寺院 各有浴佛會 僧尼輩競 以小盆貯銅像浸 以糖水

覆 以花棚鐃鈸交迎遍往邸第富室以小杓澆灌以求施利 是日 西湖作放
生會 舟楫甚盛曑如春時小舟競賣龜魚螺蚌放生

○『東塘集』권3 (『四庫全書』 集部, 別集類, 南宋建炎至德祐)
慈感寺四月八日浴佛會 一刹傳經地諸天誕佛辰 猶將淸淨水更浴涅盤
身居士應無垢菩提各有因要須憑苦海萬里滌情塵

○『學餘堂文集 詩集』 권42 (『四庫全書』 集部, 別集類, 淸代)
四月八日 奉和益都相國萬柳堂及放生池元韻池上吹來楊柳風好花猶
剩數枝紅崖禽故繞芳叢亂水樹初含暖日融浴佛會邀鑾禁客尋山人是
鹿裘翁香廚共試靑精飯緩轡追隨野興同(江南浴佛日俗用靑精飯)

◉ 行像 4-8

○『佛說觀佛三昧海經』 권6 (『대정장』 15, 675중)
爾時世尊於大衆中 卽便起行足步虛空 父王觀見心甚歡喜亦隨佛行 佛
擧足時足下千輻相輪 一一輪相皆雨八萬四千衆寶蓮華 一一蓮華復化
八萬四千億那由他華 一一蓮華化爲一臺 一一華臺一一華葉 遍覆十方
無量世界 一一蓮華八萬四千葉 釋迦牟尼足步虛空悉雨寶華 如是衆華
復有無量微塵數佛足步虛空 父王見已心大歡喜得阿那含 五體投地爲
佛作禮 時會大衆皆覩此事白佛世尊 十方世界無數化佛 何者眞佛誰是
化佛 佛告大衆 諸佛如來入空寂處 解脫三昧隨意自在 無有眞化 所以者
何 佛心空寂 復入空寂解脫光明王三昧 此定力故 諸佛如來化無邊身

無邊身者是薩婆若 薩婆若者名無著三昧 無著三昧故如來現行 若現乞
食若或經行 如是二法饒益衆生 若有衆生 佛在世時見佛行者 步步之中
見千輻輪相 除却千劫極重惡罪

○『高僧法顯傳』권1 (『대정장』51, 857하)
慧景道整慧達先發向竭叉國 法顯等欲觀行像 停三月日 其國中有四大
僧伽藍不數小者 從四月一日城裏便掃灑道路莊嚴巷陌 其城門上張大
幃幕 事事嚴飾 王及夫人婇女皆住其中 瞿摩帝僧是大乘學 王所敬重
最先行像 離城二四里作四輪像車 高三丈餘 狀如行殿 七寶莊校 懸繒幡
蓋 像立車中二菩薩侍 作諸天侍從 皆以金銀彫瑩懸於虛空像去門百步
王脫天冠易著新衣 徒跣持花香翼從出城 迎像頭面禮足散花燒香 像入
城時 門樓上夫人婇女遙散衆花紛紛而下 如是莊嚴供具車車各異 一僧
伽藍則一日行像 自月一日 爲始至十四日行像乃訖 行像訖王及夫人乃
還宮耳

○『高僧法顯傳』권1 (『대정장』51, 862중)
凡諸中國唯此國城邑爲大 民人富盛競行仁義 年年常以建卯月八日行
像 作四輪車縛竹作五層 有承櫨楯戟高二丈許 其狀如塔 以白疊毛纏上
然後彩畫作諸天形像 以金銀琉璃莊校其上 懸繒幡蓋四邊作龕 皆有坐
佛菩薩立侍 可有二十車 車車莊嚴各異 當此日境內道俗皆集作倡伎樂
華香供養 婆羅門子來請佛 佛次第入城 入城內再宿 通夜然燈伎樂供養
國國皆爾

○『大唐西域記』권1 (『대정장』51, 870중)

大城西門外 路左右各有立佛像 高九十餘尺 於此像前 建五年一大會處
每歲秋分數十日間 擧國僧徒皆來會集 上自君王 下至士庶 捐廢俗務
奉持齋戒 受經聽法 渴日忘疲 諸僧伽藍莊嚴佛像 瑩以珍寶 飾之錦綺
載諸輦輿 謂之行像 動以千數 雲集會所

○『洛陽城東伽藍記』권1 (『대정장』51, 1002하)

長秋寺 劉騰所立也 …중략… 四月四日 此像常出 辟邪師子導引其前
呑刀吐火騰驤一面 綵幢上索詭譎不常 奇伎異服冠於都市 像停之處 觀
者如堵 迭相踐躍 常有死人

○『洛陽城東伽藍記』권2 (『대정장』51, 1005중)

宗聖寺 有像一軀 擧高三丈八尺 …중략… 此像一出市井 皆空炎先 騰輝
赫赫 獨絶世表 妙伎雜樂 亞於劉騰

○『洛陽城東伽藍記』권1 (『대정장』51, 1003중)

昭儀尼寺 閹官等所立也 …중략… 寺有一佛二菩薩 塑工精絶 京師所無
也 四月七日 常出詣景明 景明三像恒出迎之

○『洛陽城東伽藍記』권3 (『대정장』51, 1010상)

景明寺 宣武皇帝所立也 景明年中立 因以爲名 …중략… 時世好崇福
四月七日京師諸像皆來此寺 尙書祠曹錄像 凡有一千餘軀 至八月節 以
次入宣陽門 向閶闔宮前 受皇帝散花 于時金花映日 寶蓋浮雲 旛幢若林

香煙似霧 梵樂法音 聒動天地 百戲騰驤 所在駢比 名僧德衆負錫爲群
信徒法侶持花成藪 車騎塡咽 繁衍相傾

○『洛陽城東伽藍記』권1 (『대정장』 51, 1003상)
景樂寺 太傳淸河文獻王懌所立也 …중략… 有佛殿一所 像輦在焉 雕刻
巧妙

○『高僧傳』권10 (『대정장』 50, 392하)
宋岷山通靈寺 有沙門邵碩者 本姓邵 名碩 始康人 …중략… 至四月八日
成都行像 碩於衆中匍匐作師子形 爾日郡縣亦言見碩作師子形 乃悟其
分身也

○『御定月令輯要』권15 (『四庫全書』 史部, 時令類)
行像 (8월15일)
透索增酉陽雜俎 婆羅遮國 八月十五日 行像及透索爲戲

○『酉陽雜俎』권4 (『四庫全書』 子部, 小說家類, 瑣記之屬)
昆吾國累墼爲丘象浮屠有三層屍乾居上屍濕居下以近葬爲至孝集大
壇居中懸衣服綵繪哭祀之龜茲國元日鬪牛馬駝爲戲七日觀勝負以占
一年羊馬減耗繁息也婆羅遮並服狗頭猴面男女無晝夜歌舞八月十五
日行像及透索爲戲

○『說略』 권4 (『四庫全書』 子部, 類書類)

中秋玩月盛行於今考古人始事 龍城錄云 唐明皇曾於此夜游月宮 東京
夢華錄云 中秋夜富家結飾臺榭民間爭占酒樓翫月它無所考段成式 酉
陽雜俎載婆羅遮八月十五日行像及透索爲戲則知殊域亦作此

○『御定佩文齋書畫譜』 권97 (『四庫全書』 子部, 藝術類, 書畫之屬)

　『珊瑚網』 권47 (『四庫全書』 子部, 藝術類, 書畫之屬)

　『式古堂書畫彙考』 권32 (『四庫全書』 子部, 藝術類, 書畫之屬)

　『雲煙過眼錄』續錄 (『四庫全書』 子部, 雜家類, 雜品之屬)

祝君祥永昌收

趙千里釋迦佛行像一下有細字云臣伯駒奉聖旨畫其像廣目深眉螺髮
大耳耳垂二大金環螺髻而髮頂有肉髻左眉放光一道衣紋腹腿隱隱可
見筆法極佳余見施家有一手卷錦囊首漢王元昌臝馬圖上寫廣政元年
七月奉聖旨檢入漢王元昌畫臣嚴款之臣陳淨心進上有龍鳳印紹興印
乾卦印七印餘一不分曉

○『廣博物志』 권25 (『四庫全書』 子部, 類書類)

花氏城東三十餘里有醯羅城中有重閣上安佛頂骨周尺二寸其色黃白
髮孔分明欲知善惡用香泥印之及觀香泥隨心而現又有佛髑髏狀如荷
葉色同頂骨有佛眼睛大如奈許清白映徹並用七寶瓶盛前三迹婆羅痆
斯國南有四佛經行處長五十步高七尺青石積成上作釋迦經行像其形
特異肉髻上鬚髮頭抽出神而有徵並上

○『太平廣記』권110 (『四庫全書』子部, 小說家類, 異聞之屬)

潘道秀吳郡人年二十餘嘗隨軍北征旣而軍小失利秀竄逸被掠經數處
作奴俘虜異域欲歸無因少信佛法恆至心念觀世音每夢寐輒見像後旣
南奔迷不知道於窮山中忽覩眞形如今行像因作禮怡然不覺安行乃得
還路遂歸本土後精進彌篤出冥祥記

○『太平廣記』권111 (『四庫全書』子部, 小說家類, 異聞之屬)

釋道冏姚秦沙門釋道冏宏始十八年師道懿遣至河南霍山采鍾乳與同
道道朗等四人共行持炬深穴入且三里遇一深流橫木而過冏最先濟後
輩墜水而死時火又滅冥然昏闇冏生念已盡慟哭而已猶固一心呼觀世
音誓願若蒙出路供百人會表報威神經一宿而見小光燜然狀若螢火倏
忽之間穴中盡明於是見路得出岩下由此信悟彌深屢覩靈異元嘉十九
年臨川王作鎭廣陵請冏供養其年九月於西齋中作十日觀世音齋已得
九日夜四更盡衆僧皆眠冏起禮拜謝欲坐禪忽見四壁有無數沙門悉半
身出見一佛螺髻分明了了有一長人著平上幘布袴褶手把長刀貌極雄
異捻香授道冏道冏時不肯受壁中沙門語云冏公可爲受香以覆護主人
俄而霍然無所復見當此之時都不見衆會諸僧唯覩置釋迦文行像而已
出法苑珠林

○『太平廣記』권481 (『四庫全書』子部, 小說家類, 異聞之屬)

龜玆元日鬪羊馬駝爲戲七日觀勝負以占一年羊馬減耗繁息也婆邏遮
並服狗頭猴面男女無晝夜歌舞　八月十五日行像及透索爲戲焉耆元日
二月八日婆摩遮　三日野祀　四月十五日遊林　五月五日彌勒下生　七月七

日祀生祖 九月九日麻撒 十月十日王爲厭法王領家出宮首領代王焉一
日一夜處分王事 十月十四日毎日作樂至歲窮拔汗那 十二月及元日王
及首領分爲兩朋各出一人著甲衆人執瓦石棒棍東西互擊甲人先死卽
止以占當年豐儉出酉陽雜俎

○『廣弘明集』 권15 (『四庫全書』 子部, 釋家類)
凉州南百里崖中泥塑行像者昔沮渠蒙遜王有凉土專弘福事於此崖中
大造形像千變萬化驚人眩目有土聖僧可如人等常自經行無時暫捨遙
見便行人至便止觀其面貌如行之狀有羅土於池者後人看足跡納納今
見如此

○『廣弘明集』 권16 (『四庫全書』 子部, 釋家類)
謝敕苦行像幷佛跡等啓臣綱啓舍人顧 奉宣敕旨以金銅苦行佛幷佛跡
供養具等賚使供養伏以六年道樹超出四魔千輻足輪德圓萬善故能聞
見悟解逢遇祛塵天聽恩隆曲垂 被謹修飾欟宇齋潔身心翹仰慈光伏
待昭降千唱四辯尙不宣心輕毫弱簡豈能陳謝不任下情謹啓事謝聞謹啓

○『武夷新集』 권6 (『四庫全書』 集部, 別集類, 北宋建隆至靖康)
連州開元寺重脩三門行廊記
夫南荊之分上當翼軫實領於天官長沙之壤析爲連山具載乎地志桂水
千里詩什之所徵乳穴十九方物之攸産民俗忠厚土田膏沃力穡務本不
齔蠱以嫁生復性遷善多齋戒以奉佛憂深思遠雅有離騷之風徼福乞靈
靡事滔昏之鬼殆一變而志道何必齊魯豈九州之異宜見殊楚越者巳開

元寺者兹郡之招提也俯臨康莊介于閭閻崇墉嶽峙飛觀神行像素載嚴
焚修彌潔允爲精舍居然化城而苾蒭之徒頗有開士香積之供多出都人
梵唄相續扵六時依止克安扵四衆然締搆之始爰自唐朝厥初窮樸斲之
工殫匠石之巧百堵皆作殆土木之勝人大夏聿成幾燕雀之相賀歲祀寖
遂繕完或虧高門洞呀瓦斯解而屋漏囯廊矢棘棟旣折而榱崩河南丘君
穎適典是邦布政多暇行春之隙稅駕于兹顧慕徘徊精誠奮發乃欲易其
隤陊高其

○『御定月令輯要』권9 (『四庫全書』史部, 時令類) (문연각467-334상)
散花
增魏書釋老志 世祖卽位 每引高德沙門與共談論 於四月八日輿諸佛像
行於廣衢 帝親御門樓臨觀散花以致禮敬 洛陽伽藍記 景明寺 宣武皇帝
景明年中 立至正光中太后始造七級浮圖一所去地百仞時世好 崇福四
月七日京師諸像皆來此寺尙書祠曹録像凡有一千餘軀至八日以次入
宣陽門向閶闔宮前受皇帝散花於時金花映日寶盖浮雲幡幢若林香煙
似霧梵樂法音聒動天地百戲騰驤所在駢比名僧德衆負錫爲羣信徒法
侶持花成藪車騎塡咽繁衍相傾

● 結緣豆 4-8

○『東國歲時記』(『조선대세시기Ⅲ』국립민속박물관, 2007년, 226쪽)
　『京都雜誌』(『조선대세시기Ⅲ』국립민속박물관, 2007년, 84쪽)
按張遠隩志 京師俗念佛號者輒以豆識其數 至四月八日 佛誕生之辰煮

豆徵撤以鹽邀人

于路請食之以爲結緣夜今俗煮豆盖昉於此

○『御定月令輯要』권9 (『四庫全書』史部, 時令類)

　『御定佩文齋廣群芳譜』권4 (『四庫全書』子部, 譜錄類, 草木禽魚之屬)

捨豆結緣

增帝京景物略四月八日捨豆兒曰結緣十八日亦捨先是拈豆念佛一豆

佛號一聲有念豆至石者至日熟豆人徧捨之其人亦一念佛啖一豆也

○『欽定日下舊聞考』권147 (『四庫全書 』史部, 地理類, 都會郡縣之屬)

　『歷代詩話』권80 (『四庫全書』集部, 詩文評類)

增四月八日捨豆兒曰結緣十八日亦捨先是拈豆念佛一豆號佛一聲有

念豆至石者至日熟豆人徧捨之其人亦一念佛啖一豆也　凡婦不見答于

夫姑婉若者婢妾擯于主及姆者則自咎曰身前世不捨豆兒不結得人緣

也(帝京景物略)

○『欽定日下舊聞考』권147 (『四庫全書』史部, 地理類, 都會郡縣之屬)

補京師僧俗念佛號者輒以豆識其數至四月八日佛誕生之辰煮豆微撤

以鹽邀人于路請食之以爲結緣也(隩志)

○『燕京歲時記』(『중국대세시기 II』국립민속박물관, 2006년, 302쪽)

四月八日 都人之好善者 取靑黃豆數升 宣佛號而拈之 拈畢煮熟 散之市

人謂之拾緣豆 預結來世緣也 謹按日下舊聞考 京師僧人念佛號者 輒以

豆記其數 至四月八日佛誕生之辰 煮豆微撒以鹽 邀人于路請食之 以爲
結緣 今尙沿其舊也

○『入唐求法巡禮行記』권1

開成四年 正月十八日曉供養藥粥齊時卽供飯食百種盡味視聽男女不
論晝 夜會集多數兼扵堂頭設齋供僧入夜更點燈供養兼以梵讚計二日
二夜又大官軍中幷寺裏僧並以今日咸皆棟 米不限日數從州運米分付
諸寺隨衆多少斛數不乏 十斛廿斛耳寺庫領受更与衆僧或一斗或一斗
五升衆僧淂之棟擇怒惡破者爲惡不破爲好設淂一斗之米者分爲二分
其好纔淂六升惡好惡異袋還網官裏諸寺亦同此式各棟擇好惡皆返網
官裏淂二色來好者進奉天子以充御飯惡者留著網扵官裏但分付人軍
人中幷僧不致百姓抑州揀粟米更難擇揚州擇米々色極黑擇却稻粒幷
破損粒唯取健好自餘諸州不如此也聞導相公揀五石監軍門同之郎中
二石郎官一石軍中師僧一斗五升或一斗又

◉ **만불산** 4-8

○『三國遺事』권3 (『대정장』49, 991중)

又景德王遊幸柏栗寺 至山下聞地中有唱佛聲 令掘之 得大石 四面刻四
方佛 因創寺 以掘佛爲號 今訛云掘石 王又聞唐代宗皇帝優崇釋氏 命工
作五色氍毹 又彫沈檀木與明珠美玉爲假山 高丈餘 置氍毹之上 山有巉
嵓怪石澗穴 區隔每一區內 有歌舞伎樂列國山川之狀 微風入戶 蜂蝶翶
翔 燕雀飛舞 隱約視之 莫辨眞假 中安萬佛 大者逾方寸 小者八九分

其頭或巨黍者 或半菽者 螺髻白毛 眉目的白歷 相好悉備 只可髣髴 莫得
而詳 因號萬佛山 更鏤金玉爲流蘇幡蓋菴羅薝葍花果莊嚴 百步樓閣 臺
殿堂榭 都大雖微 勢皆活動 前有旋遶比丘像千餘軀 下列紫金鐘三竺虛
皆有閣有蒲牢 鯨魚爲撞 有風而鐘鳴 則旋遶僧皆仆 拜頭至地 隱隱有梵
音 蓋關棙在乎鐘也 雖號萬佛 其實不可勝記 旣成 遣使獻之 代宗見之
嘆曰 新羅之巧 天造非巧也 乃以九光扇加置嵓岫間 因謂之佛光 四月八
日 詔兩街僧徒 於內道場禮萬佛山 命三藏不空念讚密部眞詮千遍以慶
之 觀者皆嘆伏其巧

○『御定月令輯要』권9 (『四庫全書』 史部, 時令類)
禮萬佛山

原杜陽雜編上崇奉釋氏新羅國獻萬佛山可高一丈雕沉檀珠玉以成之
其佛之形大者或逾寸小者七八分其佛之首有如黍米者有如半菽者其
眉目口耳螺髻毫相無不悉具而更鏤金玉水精爲幡盖流蘇菴羅薝蔔荂
樹搆百琲爲樓閣臺殿其狀雖微而勢若飛動又前有行道僧徒不啻千數
下有紫金鐘徑濶三寸上以龜口銜之每擊其鐘則行道之僧禮首至地其
中隱隱謂之梵音盖關捩在乎鐘也其山雖以萬佛爲名其數則不可勝紀
上因置九光扇於巖㠀間四月八日召兩衆僧徒入內道場禮萬佛山是時
觀者歎非人工及覩九色光於殿中咸謂之佛光卽九光扇也

○『太平廣記』권404 (『四庫全書』 子部, 小說家類, 異聞之屬)
萬佛山

上崇釋氏敎乃舂百品香和銀粉以塗佛室遇新羅國獻五色氍毹及萬佛

山可高一丈上置於佛室以氍毹藉其地氍毹之巧麗亦冠絶於一時每方
寸之內卽有歌舞之樂列國山川之狀或微風入室其上復有蜂蝶動搖鷰
雀飛舞俯而視之莫辨其眞假萬佛山雕沉檀珠玉以成之其佛形大者或
逾寸小者八九分其佛之首有如黍米者有如菽者其眉目口耳螺髻毫相
悉具而辮縷金玉水精爲幡蓋流蘇菴蘿薝蔔等樹搆百寶爲樓閣臺殿其
狀雖微勢若飛動前有行道僧不啻千數下有紫金鐘閣三寸以蒲牢銜之
每擊鐘行道僧禮拜至地其中隱隱謂之梵聲蓋關綟在乎鐘也其山雖以
萬佛爲名其數則不可勝計上置九光扇於巖巘間四月八日召兩街僧徒
入內道場禮萬佛山是時觀者歎非人工及見有光出於殿中咸謂之佛光
卽九光扇也由是上命三藏僧不空念天竺密語千口而退(出杜陽雜編)

○『香乘』권12 (『四庫全書』子部, 譜錄類, 器物之屬)
萬佛山香
新羅國獻萬佛山雕沉檀珠玉以爲之

○『遵生八牋』권14 (『四庫全書』子部, 雜家類, 雜品之屬)
新羅國獻萬佛山雕沉檀珠玉以爲之其大者盈寸小者幾分其佛首有如
米如菽者眉目口耳螺髻毫相悉具辮金玉水精爲旛蓋流蘇菴植薝蔔羅
等樹以百寶爲樓閣殿臺其狀雖微形勢飛動前有行道僧數千下有紫金
鍾三寸蒲牢啣之擊鍾則行道僧禮拜至地其中隱隱有聲盖鐘響處是關
捩也雖以萬佛名山其數不可勝計海外貢重明枕長一尺二寸高六寸潔
白類水晶中有樓臺形有十道士持香執簡循環無已

○『釋教部彙考』 권2 (『만자속장경』 77, 18중)

□□□年 詔僧徒入內道場 禮萬佛山 按唐書代宗本紀不載 按杜陽雜編
代宗崇奉釋氏 每春百品香 和銀粉以塗佛室 遇新羅國獻五彩氍毹 製度
巧麗 亦冠絶一時 每方寸之內 卽有歌舞伎樂列國山川之象 忽微風入室
其上復有蜂蝶動搖燕雀飛舞 俯而視之 莫辨眞假 又獻萬佛山可高一丈
因置山於佛室 以氍毹藉其地焉 萬佛山則彫沉檀 珠玉以成之 其佛之形
大者或逾寸 小者七八分 其佛之首 有如黍米者 有如半菽者 其眉目口耳
螺髻毫相 無不悉具 而更鏤金玉水精爲幡蓋 流蘇庵羅薝蔔等樹搆百瑤
爲樓閣臺殿其 狀雖微 而勢若飛動 又前有行道僧徒 不啻千數 下有紫金
鐘 徑闊三寸 上以龜口銜之 每擊其鐘 則行道之僧 禮首至地 其中隱隱
謂之梵音 蓋關戾在乎鐘也 其山雖以萬佛爲名 其數則不可勝紀 上因置
九光扇於巖㠓間 四月八日 召兩衆僧徒 入內道場 禮萬佛山 是時觀者歎
非人工 及覩九色光於殿中 咸謂之佛光 卽九光扇也 由是 上令三藏僧不
空 念天竺密語千口而退

○『說郛』 권46상 (『四庫全書』 子部, 雜家類, 雜纂之屬)

上崇奉釋氏每春百品香和銀粉以塗佛室遇新羅國獻五彩氍毹製度巧
麗亦冠絶一時每方寸之內卽有歌舞伎樂列國山川之象忽微風入室其
上復有蜂蝶動搖鶯雀飛舞俯而視之莫辨眞假又獻萬佛山可高一丈因
置山於佛室以氍毹藉其地焉萬佛山則彫沉檀珠玉以成之其佛之形大
者或逾寸小者七八分其佛之首有如黍米者有如半菽者其眉目口耳螺
髻毫相無不悉具而更鏤金玉水精爲幡蓋流蘇菴羅薝蔔等樹搆百珤爲
樓閣臺殿其狀雖微而勢若飛動又前有行道僧徒不啻千數下有紫金鐘

徑濶三寸上以龜口銜之每擊其鐘則行道之僧禮首至地其中隱隱謂之
梵音蓋闗戾在乎鐘也其山雖以萬佛爲名其數則不可勝紀上因置九光
扇于巖巘間四月八日召兩衆僧徒入內道場禮萬佛山是時觀者歎非人
工及覩九色光於殿中咸謂之佛光卽九光扇也由是上令三藏僧不空念
天竺密語千口而退(傳之於僧惟籍)

○『格致鏡原』 권12 (『四庫全書』 子部, 類書類)

蕉鵶杜陽雜編新羅國獻萬佛山雕沈檀珠玉以成之其佛形大者或逾寸
小者八九分其佛之首有如黍米者有如菽者其眉目口耳螺髻毫相悉具
而辨縷金玉水精爲幡盖流蕉菴羅葍蔔等樹搆百寶爲樓閣臺殿其狀雖
微勢若飛動前有行道僧不啻千數下有紫金鐘閣三寸以蒲牢銜之每擊
鐘行道僧禮拜至地其中隱隱謂之梵聲盖闗捩在乎鐘也其山雖以萬佛
爲名其數則不可勝計上置九光扇於巖巘間四月八日召兩街僧徒入內
道場禮萬佛山是時觀者歎非人工及見有光出於殿中咸謂之佛光卽九
光扇也

○『格致鏡原』 권58 (『四庫全書』 子部, 類書類)

杜陽編上崇奉釋氏暹羅國獻萬佛山上因置九光扇於巖巘間四月八日
召兩街僧入內道場禮萬佛山覩九色光於殿中咸謂佛光卽九光扇也

○『杜陽雜編』 권상 (『四庫全書』 子部, 小說家類, 異聞之屬)

上崇奉釋氏每春百品香和銀粉以塗佛室遇新羅國獻五彩氍㲣製度巧
麗亦冠絕一時每方寸之內卽有歌舞伎樂列國山川之象忽微風入室其

上復有蜂蝶動搖燕雀飛舞俯而視之莫辨眞假又獻萬佛山可高一丈因
置山於佛室以氍毹藉其地焉萬佛山則彫沉檀珠玉以成之其佛之形大
者或逾寸小者七八分其佛之首有如黍米者有如半菽者其眉目口耳螺
髻毫相無不悉具而更鏤金玉水晶爲幡蓋流蘇菴羅薝蔔等樹搆百珤爲
樓閣臺殿其狀雖微而勢若飛動又前有行道僧徒不啻千數下有紫金鐘
徑濶三寸上以龜口銜之每擊其鐘則行道之僧禮首至地其中隱隱謂之
梵音蓋關戾在乎鐘也其山雖以萬佛爲名其數則不可勝紀上因置九光
扇於巖巘間四月八日召雨衆僧徒入內道場禮萬佛山是時觀者歎非人
工及覩九色光於殿中咸謂之佛光卽九光扇也由是上令三藏僧不空念
天竺密語千口而退(傳之於僧惟籍)

◉ 乞子 4-8

○『御定月令輯要』권9 (『四庫全書』 史部, 時令類)
乞子
增荊楚歲時記四月八日長沙寺閣下有九子母神是日市肆之人無子者
供養薄餠以乞子徃徃有驗

◉ 六花成像 4-8

○『御定月令輯要』권9 (『四庫全書』 史部, 時令類)
六花成像
增名勝志觀音山在彭澤縣北一里元至正元年四月八日雪岩前六花集

石壁間現觀音大士迹因立佛堂山中

◉ 西湖放生 4-8

○『御定月令輯要』권9 (『四庫全書』史部, 時令類)
西湖放生
增蘇軾乞開西湖狀天禧中王欽若奏以西湖爲放生池禁捕魚鳥爲人主
祈福自是以來每歲四月八日郡人數萬會於湖上所活羽毛鱗介以百萬
數皆西北向稽首仰祝千萬歲壽乾淳歲時記四月八日西湖作放生會舟
楫盛多暑如春時競買龜魚螺蚌放生

○『歷代名臣奏議』권252 (『四庫全書』史部, 詔令奏議類, 奏議之屬)
　『咸淳臨安志』권32 (『四庫全書』史部, 地理類, 都會郡縣之屬)
　『西湖志纂』권11 (『四庫全書』史部, 地理類, 山水之屬)
　『古今事文類聚』권17 (『四庫全書』子部, 類書類)
　『東坡全集』권57 (『四庫全書』集部, 別集類, 北宋建隆至靖康)
　『文編』권20 (『四庫全書』集部, 總集類)
　『唐宋八大家文鈔』권123 (『四庫全書』集部, 總集類)
　『文章辨體彙選』권166 (『四庫全書』集部, 總集類)
西湖有不可廢者五天禧中故相王欽若始奏以西湖爲放生池禁捕魚鳥
爲人主祈福自是以來每歲四月八日郡人數萬會于湖上所活羽毛鱗介
以百萬數皆西北向稽首仰祝千萬歲壽若一旦堙塞使蛟龍魚鱉同爲涸
轍之鮒臣子坐觀亦何心哉此西湖之不可廢者一也杭之爲州本江海故

地水泉鹹苦居民零落自唐李泌始引湖水作六井然後民足於水井邑日
富百萬生聚待此而後食今湖狹水淺六井漸壞若二十年之後盡爲葑田
則擧城之人復飲鹹苦其勢必自耗散此西湖之不可廢者二也

◉ 현장법사예불문

○『불가일용집』

四月初八日夜半向北禮佛四拜滅百劫罪

13일

◉ 楞嚴會 4-13

○『勅修百丈淸規』 권7 (『대정장』 48, 1151상)

楞嚴會

四月十三日啓建 堂司預照大衆戒臘寫圖見後 浴佛日諸圖帳俱同出鋪
殿前 請書記製疏語 維那先期擇有音聲者爲楞嚴頭 引詣方丈庫司問訊
皆請點心 維那光伴至期寫普回向偈(偈見後乃眞歇了禪師製) 貼殿內
左右柱上 有處見成刻碑則掛牌 堂司行者隔宿報衆云(來晨粥罷各俱
威儀詣大殿啓建楞嚴會諷經) 就掛諸寮諷經牌 次日粥罷 候殿上排辦
畢 覆兩序 次覆住持 自衆寮前鳴板 起巡廊鳴遍 鳴方丈板 住持出 鳴庫堂
前大板三下 鳴大鍾僧堂鍾殿鍾 住持至佛前燒香上茶湯畢歸位行者鳴
鈸 維那揖住持兩序出班燒香(大衆無拜此舊規所載近時有 謂大衆同

展三拜 住持跪爐 並與聖節佛誕禮同 不知何所祖述 原夫大衆拜與住持
跪爐 宣疏者以祝聖壽報佛恩 當嚴其禮以示特重 楞嚴會乃祈保安居 於
禮可殺 不若從舊爲尤) 白佛宣疏畢 楞嚴頭唱 楞嚴衆和畢 仍作梵音
唱念經首序引畢 方擧呪 呪畢唱摩訶 衆和畢 維那回向云 (上來諷經功
德 回向眞如實際莊嚴無上佛果菩提 四恩總報三有齊資 法界有淸同圓
種智 十方三世一切云云) 每日粥罷少歇 伺衆更衣 堂司行者覆兩序 次
覆住持 然後巡廊鳴板各三下遍 住持出則鳴大板三下 不出則不鳴 鳴僧
堂鐘殿鐘不鳴大鐘 集衆諷呪畢 楞嚴頭擧普回向偈 大衆同聲念 如遇旦
望則祝聖壽 係維那回向至七月 (十三日 滿散禮同 但楞嚴頭唱念呪尾
之末章維那回向而散)

15일

◉安居 4-15

○『梵網經古迹記』권하 (『대정장』 40, 713상)
夏坐安居處者 北幷洲疏云 昔來經論或名坐夏 或名坐臘或名夏臘 皆由
不善方言也

○『佛說息諍因緣經』 (『대정장』 1, 904하)
　『菩薩本生鬘論』권3 (『대정장』 3, 339하)
　『佛說大乘菩薩藏正法經』권1 (『대정장』 11, 781상)
如是我聞 一時世尊在舍摩迦子聚落之中 坐夏安居

○『佛本行集經』권45 (『대정장』3, 860하)

　『根本說一切有部毘奈耶』권18 (『대정장』23, 720중)

今日世尊 欲於彼園安居坐夏

○『入唐求法巡禮行記』권1 (승화 5년 11월18일)

問有坐夏否答有

○『鼻奈耶』권3 (『대정장』24, 862상)

佛世尊遊舍衛國祇樹給孤獨園 爾時有衆比丘 於拘薩羅國夏坐

○『梵網經古迹記』권하 (『대정장』40, 713상)

大唐三藏譯云 雨安居 謂雨時安居故

○『大方廣佛華嚴經隨疏演義鈔』권41 (『대정장』36, 315하)

前代譯經律者 或云坐夏 或云坐臘

○『梵網經古迹記』권하 (『대정장』40, 713상)

昔來經論或名坐夏 或名坐臘或名夏臘 皆由不善方言也 今依大唐三藏
譯 云雨安居

○『御定月令輯要』권9 (『四庫全書』史部, 時令類)

結夏

原荊楚歲時記 四月十五日 天下僧尼就禪刹掛搭謂之結夏 增曹松詩 師

言結夏入巴 雲水廻頭幾萬重徐寅詩長閑便是忘機者不出眞如結夏僧

○『御定月令輯要』권9 (『四庫全書』史部, 時令類)
結制
原釋苑宗規四月十五僧家結夏天下僧尼此日就禪刹掛搭謂之結制結制卽結夏夏乃長養之節在外行恐傷草木蟲類故九十日安居至七月十五日散去爲解夏又謂解制

○『荊楚歲時記』(『四庫全書』史部, 地理類, 雜記之屬, 荊楚歲時記)
四月十五日僧尼就禪刹掛塔謂之結夏又謂之結制按夏乃長養之節在外行則恐傷草木蟲類故九十日安居禪苑宗規云祝融在候炎帝司方當法王禁足之辰是釋子護生之日至七月十五日應禪寺掛搭僧尼盡皆散去謂之解夏又謂之解制禪苑宗規云金風漸漸玉露瀼瀼當覺皇解制之辰是法歲周圓之日大藏經云四月十五坐樹下至七月十五日僧尼坐草爲一歲禪談語錄謂之法歲

○『天中記』권5 (『四庫全書』子部, 類書類)
結夏 荊楚歲時記云四月十五日天下僧尼就禪刹掛搭謂之結夏又謂之結制蓋夏乃長養之節在外行則恐傷草木蟲類故九十日安居什苑宗規云祝融在候炎帝司方當法王禁足之辰是什子護生之日至七月十五日應禪寺掛搭僧尼盡皆散去謂之解夏又謂之解制禪苑宗規云金風漸漸玉露瀼瀼當覺皇解制之辰是法歲周圓之日大藏經云四月十五日坐樹下至七月十五日僧尼坐草爲一歲禪談語錄謂之法歲櫻筍廚長安四月

已後自堂廚至百司廚通謂之櫻筍廚公餗之盛常日不同(秦中歲時記)

○『梵網經古迹記』권하 (『대정장』40, 713상)

然西方立時不同 或立四時 謂從正月十六日室四月十五日爲春時 從四

月十六日至七月十五日爲夏時 如此秋冬並各三月 至正月十五日總爲

一歲 或總一年分爲三時 謂卽佛法依此爲定 謂從正月十六日至五月十

五日以爲熱際 從五月十六日至九月十五日立爲雨際 從九月十六日至

正月十五日卽爲寒際

○『大唐西域記』권8 (『대정장』51, 918하)

印度僧徒依佛聖教 皆以室羅伐拏月前半一日入兩安居 當此五月十六

日 以頞濕縛庾闍月

後半十五日解兩安居 當此八月十五日 印度月名 依星而建 古今不易

諸部無差 良以方

言未融 傳譯有謬 分時計月 致斯乖異 故以四月十六日入安居 七月十五

日解安居也

○『大唐西域記』권2 (『대정장』51, 875하)

故印度僧徒依佛聖教坐兩安居 或前三月 或後三月 前三月當此從五月

十六日至八月十五日 後三月當此從六月十六日至九月十五日

○『南海寄歸內法傳』권2 (『대정장』54, 217상)

若前安居 謂五月黑月一日 後安居則六月黑月一日 唯斯兩日合作安居

於此中間文無許處 至八月半是前夏了 至九月半是後夏了 此時法俗盛
興供養 從八月半已後 名歌栗底迦月 江南迦提設會 正是前夏了時 八月
十六日卽是張羯絺那衣日 斯其古法

○『勅修百丈清規』권7 (『대정장』48, 1150상)
僧不序齒而序臘以別俗也 西域三時以一時爲安居 出入有禁止 … 중략
… 而五竺地廣暑寒霖潦氣候之弗齊 故結制有以四月五月十二月 然皆
始以十六日 所謂雨安居者 因地隨時惟適之安 或曰坐夏或曰坐臘 戒臘
之義始此

○『南海寄歸內法傳』권2 (『대정장』54, 217상)
又律文云 凡在夏內有如法緣須受日者 隨有多少緣來 卽須准日而受 一
宿事至受其一日 如是至七皆對別人 更有緣來 律遣重請而去 如過七日
齊八日已去 乃至四十夜中間羯磨 受八日等去 然不得過 半夏在外而宿
爲此但聽四十夜矣 必有病緣及諸難事 須向餘處 雖不受日不破安居 出
家五衆旣作安居 下衆有緣囑授而去 未至夏前豫分房舍 上坐取其好者
以次分使至終 那爛陀寺現行斯法 大衆年年每分房舍 世尊親敎深爲利
益 一則除其我執 二乃普護僧房 出家之衆理宜須作

○『百丈叢林清規證義記』권8 (『만자속장경』63, 513중)
四月 候天氣暖時 僧堂內 下暖簾 上凉簾

21일

◉**普賢生** 4-21

○『御定月令輯要』 권9 (『四庫全書』 史部, 時令類)
普賢生 原佛書 四月二十一日 普賢菩薩誕

28일

◉**藥王誕** 4-28

○『御定月令輯要』 권9 (『四庫全書』 史部, 時令類)
藥王誕 原佛書 四月二十八日 藥王誕

4월내

◉**平等會** 4-월내

○『御定佩文韻府』 권68-1 (『四庫全書』 子部, 類書類)
　『冊府元龜』 권194 (『四庫全書』 子部, 類書類)
　『海錄碎事』 권9하 (『四庫全書』 子部, 類書類)
南史 梁武帝紀中 大通二年 四月 幸同泰寺 設平等會

○『冊府元龜』 권194 (『四庫全書』 子部, 類書類)
大同二年 三月 戊寅 幸同泰寺 設平等法會

5월

3일

◉ 현장법사예불문 5-3

○『불가일용집』
五月初三日黃昏向東禮佛四拜滅四千八百劫罪

5일

◉ 단오 5-5

○『洌陽歲時記』(『조선대세시기Ⅲ』 국립민속박물관, 2007년, 138쪽)
國人稱端午日水瀨日謂投飯水瀨享屈三閭也

○『東國歲時記』(『조선대세시기Ⅲ』 국립민속박물관, 2007년, 236쪽)
端午俗名戌衣日戌衣者東語車也是日採艾葉爛搗入粳米粉發綠色打
而作餻象車輪形食之故謂之戌衣日賣餠家以時食賣之本草千年艾華
人呼作狗舌草是也艾葉之背白者曝乾碎作火絨亦號戌衣草按武珪燕
北雜錄遼俗五月五日渤海廚子進艾餻東俗似沿於是

○『東國歲時記』(『조선대세시기Ⅲ』국립민속박물관, 2007년, 236쪽)
金山俗端午日羣少會於直指寺爲角力戲遠近咸聚以賭勝負聞風而觀
光者以千百計歲以爲常

○『荊楚歲時記』(『중국대세시기Ⅰ』국립민속박물관, 2006년, 63쪽)
五月五日　謂之浴蘭節

○『燕京歲時記』(『중국대세시기Ⅱ』국립민속박물관, 2006년, 312쪽)
京師謂端陽爲五月節　初五日爲五月單午　蓋端字之轉音也

○『入唐求法巡禮行記』권2
開成四年　五月五日　下舶登陸作五月節

○『洌陽歲時記』(『조선대세시기Ⅲ』국립민속박물관, 2007년, 138쪽)
五月五日天中之節上得天祿下得地福蚩尤之神銅頭鐵額赤口赤舌四
百四病一時消滅急急如律令

○『勅修百丈淸規』권7 (『대정장』48, 1155상)
五月
端午日早晨知事僧堂內燒香點菖蒲茶　住持上堂次第建靑苗會　堂司預
出諸寮看經誦經單　直歲點檢諸處整漏　疏浚溝渠　方丈詣諸寮諸庵塔　各
作一日點茶溫存　僧堂內掛帳

○『燕京歲時記』(『중국대세시기Ⅱ』국립민속박물관, 2006년, 313쪽)
每屆端陽以前 府第朱門皆以粽子相餽貽 並副以櫻桃桑椹芼薺桃杏及
五毒餠玫瑰餠等物 其供佛祀先者 仍以粽子及櫻桃 桑椹爲正供 亦薦其
時食之義

○『洌陽歲時記』(『조선대세시기Ⅲ』국립민속박물관, 2007년, 138쪽)
觀象監印進朱符揭之門楣卿宰近臣例得頒賜文曰五月五日天中之節
上得天祿下得地福蚩尤之神銅頭鐵額赤口赤舌四百四病一時消滅急
急如律令先朝乙卯以後易以恩重偈文曰曩謨三滿多沒馱喃唵誐誐曩
婆嚩訶盖孝思所推而用和靖金剛之意也

○『西湖遊覽志餘』권20 (『四庫全書』史部, 地理類, 山水之屬, 西湖遊覽志)
端午爲天中節 … 중략 … 僧道以經筒輪子辟惡靈符分送檀越

○『洌陽歲時記』(『조선대세시기Ⅲ』국립민속박물관, 2007년, 138쪽)
工曹及湖南嶺南二監營及統制營趁端午造扇進御朝廷侍從以上三營
皆例餉有差得扇者又以分之親戚知舊塚人佃客故諺曰鄕中生色夏扇
冬曆統營所餉又有剪子研刀銀鉊項刀之等古者扇不摺疊班婕妤紈扇
詩曰團團似明月古樂府有白團扇歌張敞走馬章臺街以便面附馬皆是
物也永樂中朝鮮進摺疊扇帝命尙方照樣製之遂遍天下

○『洌陽歲時記』(『조선대세시기Ⅲ』국립민속박물관, 2007년, 138쪽)
司䆃寺以御廩黃豆分授近城寺刹雇僧徒製醬麴醬麴見譯語類解國俗

稱爈造以端午日進上有米布衙門及都下士大夫家亦各出材寄製待進
上後取來

○『東國歲時記』(『조선대세시기Ⅲ』, 국립민속박물관, 2007년, 236쪽)
金山俗端午日羣少會於直指寺爲角力戲遠近咸聚以賭勝負聞風而觀
光者以千百計歲以爲常

◉ **青苗會** 5-5

○『律苑事規』 권10 (『만자속장경』 60, 143하)
五月分
建青苗會或出經單或集衆看經或營供養或到田所行道並宜隨方首座
開晚講至暮習讀策勤來學諸庵塔中有老成者亦當溫存

○『御定月令輯要』 권14 (『四庫全書』 史部, 時令類)
青苗會
增中吳紀聞崑山縣東地名黃姑父老相傳嘗有織女牽牛星降於此地織
女以金篦劃河水河水湧溢牽牛因不得渡今廟西有水名百沸河鄉人異
之爲之立祠祈禱甚靈每至七夕人皆合錢爲青苗會以祈穀焉

○『勅修百丈清規卷』 권7 (『대정장』 48, 1155상)
五月
端午日早晨知事僧堂內燒香點菖蒲茶 住持上堂次第建青苗會 堂司預

出諸寮看經誦經單 直歲點檢諸處整漏 疏浚溝渠 方丈詣諸寮諸庵塔 各
作一日點茶溫存 僧堂內掛帳

○『增修教苑淸規』 권하 (『만자속장경』 57, 343중)
五月
建靑苗會三日預出誦經單日 住持開講請頭首開講 庫司檢點諸處整漏
疏浚溝渠

○『幻住庵淸規』 (『만자속장경』 63, 572하)
五月
初五端陽
二十八日起靑苗經會三日 至六月初一日散 須預備香燭供料幷立疏文
及預出經單 請大衆結緣披閱 然後聚其經目入疏回向

○『禪林備用』 권10 (『만자속장경』 63, 663하)
五月分 建靑苗會 預出諸寮經單 梅雨愆期 開溝整漏 掛僧堂帳 方丈點夏
茶 兩班單寮 各作一日 諸庵塔中 有老成 亦當溫存

5월내

◉ **迎佛水** 5-월내

○『御定月令輯要』 권10 (『四庫全書』 史部, 時令類)

迎佛水

原眞臘風土記 眞臘國五月迎佛水 一國遠近之佛皆送水 與國主洗身陸
地行舟國主登樓以觀

○『眞臘風土紀』(『四庫全書』史部, 地理類, 外紀之屬, 眞臘風土記)

　『說郛』권62하 (『四庫全書』子部, 雜家類, 雜纂之屬)

　『古今說海』권12 (『四庫全書』子部, 雜家類, 雜編之屬)

五月則迎佛水聚一國遠近之佛皆送水與國主洗身陸地行舟國主登樓
以觀

6월

ㅣ일

◉ **隆暑** 6-1

○『勅修百丈淸規』권7 (『대정장』 48, 1155상)

六月 初一日 隆暑 首座免鳴坐禪板 入伏堂司提調晒薦 炭頭或庫司打炭團

4일

◉ **轉法輪** 6-4

○『御定月令輯要』권11 (『四庫全書』 史部, 時令類)
○『玉芝堂談薈』권1 (『四庫全書』 子部, 雜家類, 雜纂之屬)

轉法輪

原藏經六月初四日南瞻部洲轉大法輪

○『修藥師儀軌布壇法』 (『대정장』 19, 66중)

此儀軌雖隨時皆可修 若擇七吉日修之 功德勝常日百千萬倍 何者爲七

一佛處胎日 係己未仲夏十五日 二佛降生日 係庚申四月七日 三佛出家

日 係戊子暮春八日 四佛成道日 係甲午四月十五日 五佛於鹿苑轉四諦

法輪日 係成道本年季夏六月四日 六佛從忉利天下還日 係庚子仲秋二
十二日 七佛般涅槃日 係庚辰四月十五日

6일

◉ 晾經會 6-6

○『燕京歲時記』(『중국대세시기Ⅱ』국립민속박물관, 2006년, 301쪽)
凡遊潭柘者 必至戒台 蓋戒台無定期 惟六月六日有晾経會 縱人遊觀

○『世宗憲皇帝硃批諭旨』권174-14 (『四庫全書』史部, 詔令奏議類,
詔令之屬)
順治年間大都以輪廻生死誘人修來世善果爲名喫齋念經男女混雜每
月朔望各在本家獻茶上供出錢十文或數百文積至六月初六日俱至次
教首家念佛設供名爲晾經

8일

◉ 현장법사예불문 6-8

○『불가일용집』
六月初八日午時向東禮佛四拜滅四千八百劫罪

6월내

◉ 新羅漆 6-월내

○『御定月令輯要』권11 (『四庫全書』史部, 時令類) (문연각467-396하)

　『遼史拾遺』권22 (『四庫全書』史部, 正史類)

　『說郛』권60상 (『四庫全書』子部, 雜家類, 雜纂之屬)

　『御定佩文韻府』권93-6 (『四庫全書』子部, 類書類)

新羅漆

增雞林記 高麗黃漆 生島上六月刺取瀋色 色若金日暴則乾本 出百濟今
號爲新羅漆

○『說郛』권53상 (『四庫全書』子部, 雜家類, 雜纂之屬)

　『武林舊事』권8 (『四庫全書』史部, 地理類, 雜記之屬)

新羅漆馬啣鐵一副

○『輟耕錄』권30 (『四庫全書』子部, 小說家類, 雜事之屬)

鎗金銀法

嘉興斜塘楊滙漆工鎗金鎗銀法凡器用什物先用黑漆爲地以針刻畫或
山水樹石或花竹翎毛或亭臺屋宇或人物故事一一完整然後用新羅漆
若鎗金則調雌黃若鎗銀則調韶粉日曬後角挑挑嵌所去聲刻縫罅以金
薄或銀薄依銀匠所用紙糊籠罩置金銀薄在內逡旋細切取鋪已施漆上
新綿揩拭牢實但著漆者自然黏住其餘金銀都在綿上於熨斗中燒灰甘
鍋內鎔鍜渾不走失

◉ **編草蓋佛** 6-월내

○『佛說菩薩本行經』권상 (『대정장』3, 111중)

聞如是 一時佛在鬱單羅延國 佛與千二百五十沙門俱行詣村落 如來色
相三十有二 八十種好 光明晃煜照曜天地莫不大明 猶如盛月星中特明
時天盛熱無有蔭涼 有一放羊人 見佛光相心自念言 如來世尊三界之師
涉冒盛熱無有蔭涼 卽編草作蓋用覆佛上 捉隨佛行 去羊大遠 放蓋擲地
還趣羊邊 佛便微笑 金色光從口中出數千萬岐 岐出百千萬光 遍照十方
上至三十三天 下至十八地獄 禽獸餓鬼莫不大明 三界天人見佛光明 應
時皆來至於佛所 一切人民及諸龍阿修倫 無數衆會皆大歡喜 持香花伎
樂供養如來 阿難長跪前白佛言 佛不妄笑 願說其意 佛告阿難 汝今見此
放羊人不 對曰 唯然見之 佛告阿難 此放羊人以恭敬之心 而以草蓋用覆
佛上 以此功德十三劫中 天上世間生尊貴處 常自然有七寶之蓋而在其
上 命終之後不墮三惡道中 竟十三劫出家爲道 成辟支佛名阿耨婆達

○『御定月令輯要』권11 (『四庫全書』史部, 時令類)
編草蓋佛
原菩薩夲行經佛在鬱覃羅延國領千二百衆村落間時天盛熱路無蔭涼
一放羊人念言三界之師冒涉盛暑編草作蓋用覆佛上捉隨佛行去羊太
遂放蓋擲地還趨羊邊佛告阿難此人敬心十三劫中天上世間生尊貴處
竟十三劫成辟支佛名阿耨婆達

7월

6일

◉ 현장법사예불문 7-6

○『불가일용집』
七月初六日黃昏向東禮佛四拜滅三百劫罪

7일

◉ 七夕 7-7

○『東京夢華錄』권8 (『四庫全書』 史部, 地理類, 雜記之屬)
又小兒須買新荷葉執之蓋効嚮磨喝樂兒童輩特地新粧競誇鮮麗磨喝
樂本佛經摩睺羅今通俗而書之

◉ 錦江夜市 7-7

○『御定月令輯要』권14 (『四庫全書』 史部, 時令類)
　『歲華紀麗譜』(『四庫全書』 史部, 地理類, 雜記之屬, 歲華紀麗譜)
　『蜀中廣記』권55 (『四庫全書』 史部, 地理類, 雜記之屬)

『說郛』 권69-상 (『四庫全書』 子部, 雜家類, 雜纂之屬)

『全蜀藝文志』 권58 (『四庫全書』 集部, 總集類)

錦江夜市

增歲華紀麗譜 七月七日晩 宴大慈寺設廳暮登寺門樓觀錦江 夜市乞巧
之物皆備焉

15일

◉ **解制** 7-15

○『佛說解夏經』(『대정장』 1, 861중-862상)

如是我聞 一時佛在王舍城迦蘭陀竹林精舍 與五百苾芻衆俱 皆是阿羅
漢 諸漏已盡所作已辦 除諸重擔逮得已利 盡諸有結心善解脫 唯一苾芻
現居學位 世尊已爲授記 見法得法當證滿果 爾時世尊安居旣滿 當解夏
時 於十五日與苾芻衆敷座而坐 會衆坐已 是時佛告苾芻衆言 我今已得
梵行寂靜 是最後身 以無上樂斷除諸病 我之弟子了知諸法皆已通達 是
故我今說解夏法 諸苾芻衆 我於夏中所有身口意業 汝等可忍 是時尊者
舍利弗聞佛語已 從座而起偏袒右肩 右膝著地合掌向佛 而白佛言 世尊
如佛所說 我今已得梵行寂靜 乃至身口意業可忍者 我等知 佛身口意業
無諸過失 我等苾芻今無可忍 於意云何 我佛世尊難調者能調 無止息者
善爲止息 無安隱者而善安慰 未寂靜者令得寂靜 如來善了正道 善說正
道 開示正道 乃至我等樂聲聞菩提者 佛爲善說 令聲聞等如理修行而證
聖果 是故我等於佛世尊身口意法而無可忍 爾時尊者舍利弗白佛言 世

尊 我今對佛身口意業所有不善求佛可忍 佛告舍利弗 汝今所有身口意
業我當忍可 於意云何 汝舍利弗 具戒多聞少欲知足 斷諸煩惱 發大精進
安住正念 具等引慧 聞慧 捷慧 利慧 出離慧 了達慧 廣大淸淨慧 甚深慧
無等慧 具大慧寶 未見者令見 未調伏者 令得調伏 未聞法者而爲說法
具瞋恚者而令歡喜能爲四衆說法無倦 譬如金輪王子 而受灌頂繼紹王
位依法而治 汝舍利弗 亦復如是 爲我之子 受灌頂法紹法王位 如我所轉
無上法輪 如我漏盡證得解脫 是故汝舍利弗 所有三業我今忍可 時舍利
弗聞佛忍可 投誠禮謝 復白佛言 世尊 如佛爲我忍可三業 於此會中五百
苾芻 身口意業所有不善 唯願世尊 亦如是忍 佛告舍利弗 五百苾芻所有
三業我亦可忍 於意云何 此五百苾芻皆是阿羅漢 諸漏已盡所作已辦 除
諸重擔逮得己利 盡諸有結心善解脫 唯一苾芻現居學位 而此苾芻我已
授記 見法得法當證滿果 舍利弗 是故我於五百苾芻所有三業皆悉可忍
爾時舍利弗重白佛言 世尊 我與五百苾芻衆等 所有三業佛已可忍 我今
有疑 當復啓請 願佛世尊 爲我分別世尊 此五百苾芻中幾苾芻得三明法
復幾苾芻得俱解脫 復幾苾芻得慧解脫 佛告舍利弗 此五百苾芻中 九十
苾芻得三明法 九十苾芻得俱解脫 餘者苾芻得慧解脫 舍利弗 如是苾芻
盡諸煩惱皆住眞實 爾時會中有一尊者 名嚩儗舍 作如是念 我今對佛苾
芻衆前 以解夏伽陀伸於讚歎 是時尊者嚩儗舍 作是念已 從座而起 偏袒
右肩右膝著地 合掌恭肅 說伽陀曰

解夏十五日　淸淨行律儀
五百苾芻衆　悉斷煩惱縛
皆盡諸漏法　而證聖果位

內寂外善調	解脫而離有
盡生死邊際	所作皆已辦
無明我慢結	斷盡無有餘
我佛最上尊	斷諸邪念法
及斷有漏法	善除愛病苦
愛滅不復生	離取大師子
盡諸有怖畏	唯我佛世尊
譬如金輪王	千子常圍繞
善治四天下	調伏四海邊
又如戰得勝	爲最上調御
聲聞得三明	離死法亦然
佛子皆如是	證滅不復生
我今禮法王	無上大日尊

是時嚩儗舍芯芻 說此伽陀已復還本座 爾時尊者舍利弗與諸芯芻 聞佛宣說解夏之法 心生快利踊躍歡喜 信受奉行

○『御定月令輯要』권14 (『四庫全書』史部, 時令類)
解夏
原歲華紀麗註七月十五日僧尼坐草爲一歲云四月八日結夏至七月十五日解衆僧長養之節在外恐傷草木蟲類故九十日安居又經云四月八日坐樹下至七月十五日爲一歲故曰衆僧解夏

○『御定月令輯要』14 (『四庫全書』 史部, 時令類)

解夏

原歲華紀麗註七月十五日僧尼坐草爲一歲云四月八日結夏至七月十五日解衆僧長養之節在外恐傷草木蟲類故九十日安居又經云四月八日坐樹下至七月十五日爲一歲故曰衆僧解夏

○『南海寄歸內法傳』 권3 (『대정장』 53, 217중)

凡夏罷歲終之時 此日應名隨意 卽是隨他於三事之中 任意擧發說罪除愆之義 舊云自恣者 是義翻也

◉ **行城** 7-15

○『南海寄歸內法傳』 권3 (『대정장』 53, 217중)

必須於十四日夜 請一經師昇高座誦佛經 于時俗士雲奔法徒霧集 燃燈續明 香花供養 明朝總出旋繞村城 各並虔心禮諸制底 棚車輿像鼓樂張天 幡蓋縈羅飄揚蔽日 名爲三摩近離 譯爲和集 凡大齋日悉皆如是 卽是神州行城法也

◉ **盂蘭盆會** 7-15

○『夢梁錄』 권19 (『四庫全書』 史部, 地理類, 雜記之屬)

七月十五日建盂蘭盆會

○『荊楚歲時記』(『四庫全書』史部, 地理類, 雜記之屬)

七月十五日僧尼道俗悉營盆供諸佛 … 중략… 後人因此廣爲華飾乃至
刻木割竹餄蠟剪綵模花葉之形極工妙之巧

○『初學記』권4 (『四庫全書』子部, 類書類)

七月十五日荊楚歲時記曰七月十五日僧尼道俗悉營盆供諸寺案盂蘭
盆經云有七葉功德並幡花歌鼓果食送之蓋由此

○『歲華紀麗譜』(『四庫全書』史部, 地理類, 雜記之屬)

七月十八日大慈寺散盂蘭盆宴於寺之設廳宴已就華嚴閣下散

○『燕京歲時記』(『중국대세시기Ⅱ』국립민속박물관, 2006년, 340쪽)

釋氏要覽云 盂蘭盆乃天竺國語 猶華言解倒懸也 今人設盆以供 誤矣

○『東京夢華錄』(『중국대세시기Ⅰ』국립민속박물관, 2006년, 393쪽)

以竹竿破成三脚 高三五尺 上織燈窩之刕 謂之盂蘭盆 掛搭衣服冥餞在
上焚之

○『京都雜誌』(『조선대세시기Ⅲ』국립민속박물관, 2007년, 89쪽)

俗称百種節 都人盛設饌登山歌舞爲樂 按盂蘭盆経目連比丘七月十五
日具百味石果以著盆中供養十方大德 今所云百種卽百味之謂也 高麗
崇佛爲盂蘭盆會 今俗只醉飽而已 或云是日舊俗陳列百穀之種故曰百
種 無稽之說也

○『入唐求法巡禮行記』권3

開成五年 七月十五日 赴四衆寺主請共 頭陁 朩到彼寺齊々後入度脫寺
巡礼盂蘭瓫會

○『入唐求法巡禮行記』권3

開成五年 七月十七日 諸寺盂蘭瓫會十五日起首十七日罷

○『洌陽歲時記』(『조선대세시기Ⅲ』 국립민속박물관, 2007년, 143쪽)
世傳新羅故俗 王女率六部女子 自七月旣望早集大部庭績麻 至八月十
五日考功多少 負者置酒食以謝勝者 相與歌舞作百戲而罷 故以七月望
日爲百種節 八月望日爲嘉排日 或曰羅麗崇佛倣盂蘭盆供遺俗 以中元
日具百種花果供養所福 故以名其日 二說未詳孰是 今則惟存其名而並
無其事 然僧家以是日設齋薦先魂 市井小民相聚燕飮以爲樂 盖略沿舊
習也

○『東國歲時記』(『조선대세시기Ⅲ』 국립민속박물관, 2007년, 243-244쪽)
十五日東俗称百種日僧徒設齋供佛爲大名節 按荊楚歲時記中元日僧
尼道俗悉營盆供諸寺院 又按盂蘭盆経目連比丘五味百果以著盆中供
養十方人德 今所云百種日似指百果也 高麗崇佛是日每爲盂蘭盆會 今
俗設齋是也 國俗以中元爲亡魂日 盖以閭閭小民是几月夕備蔬果酒飯
招其亡親之魂也 李東岳安訥有詩云 記得市塵蔬果賤 都人隨處薦亡魂
湖西俗以十五日老少出市飮食爲樂 又爲角力之戲 見輿地勝覽

○『태조실록』권14 (태조 7년 7월 14일)

丁亥 設盂蘭盆齋于興天寺

○『세종실록』권109 (세종 27년 7월 14일)

國俗以七月十五日 就寺招魂以祠 是日無賴僧徒入都城 於街巷竪幡幢
擊錚鼓 設卓陳饌 唱死人名 號曰百種施食 士女坌集 施捨粟布 惟恐不及
卿士之家 亦有爲者 上聞之 大怒 謂承政院曰 僧徒縱恣 以至此極 予亦
聞之 卿等何不以啓 又召司憲府曰 何不禁耶 詰責不已 時掌令閔騫見僧
搖鈴梵唱 似若不聞而行人多譏之

○『勅修百丈淸規』권7 (『대정장』48, 1155상)

七月初旬堂司預出盂蘭盆會諸寮看誦經單 預率衆財 辦斛食供養

○『帝京歲時紀勝』(『중국대세시기Ⅱ』국립민속박물관, 2006년, 192쪽)

中元 …중략… 庵觀寺院 設盂蘭會 傳爲目連僧救母日也 街巷搭苫高臺
鬼王棚座 看演経文 施放燄口 以濟孤魂 錦紙紮糊法船 長至七八十尺者
臨池焚化 轉燃河燈 謂以慈航普渡 …중략… 聞世祖朝 曾召戒衲木陳玉
林居萬善殿 每歲中元建盂蘭道場 自十三日至十五日放河燈 使小內監
持荷葉然燭其中 羅列兩岸以數千計 又用琉璃作荷花燈數千盞 隨波上
下 中流駕龍舟 奏梵樂 作禪誦

○『燕京歲時記』(『중국대세시기Ⅱ』국립민속박물관, 2006년, 339쪽)

中元日各寺院製造法船 至晚焚之 有長至數丈者

○『燕京歲時記』(『중국대세시기Ⅱ』국립민속박물관, 2006년, 340쪽)
中元日各寺院設盂蘭會 燃燈唪経 以度幽冥之沈淪者 按釋経云 目蓮以
母生餓鬼中不得食 佛令作盂蘭盆會 於七月十五日以五味百果著盆中
供養十方大德 而後母得食 目蓮白佛 凡弟子行孝順者亦応奉盂蘭盆供
養 佛言大善 後世因之 又釋氏要覽云 盂蘭盆乃天竺國語 猶華言解倒懸
也 今人設盆以供 誤矣

○『燕京歲時記』(『중국대세시기Ⅱ』, 국립민속박물관, 2006년, 341쪽)
至中元日例有盂蘭會 扮演秧歌 獅子諸雜技 晚間沿河燃燈 謂之放河燈
中元以後 則遊船歇業矣

○『西湖遊覽志餘』권20 (『四庫全書』史部, 地理類, 山水之屬, 西湖遊覽志)
七月十五日爲中元節 … 중략 … 僧家建盂蘭盆會放燈西湖及塔上河中
謂之照冥

○『歷代詩話』권80 (『四庫全書』集部, 詩文評類)
十五日諸寺建盂蘭盆會夜於水次放燈曰放河燈最勝水闊次泡子河也
上墳如淸明時

○『御定月令輯要』권14 (『四庫全書』史部, 時令類)
放河燈
增帝京景物畧 十五日 諸寺建盂蘭盆會 夜於水次放燈曰 放河燈水關最
勝 其次泡子河 西湖志餘 七月十五日 俗傳地官赦罪之辰人家多持齋誦

經薦奠祖考 僧家建盂蘭盆會 放燈河中謂之照冥

○『入唐求法巡禮行記』권4
會昌四年 七月十五日 城中諸寺七月十五日供養諸寺作花蠟花餠假花
菓樹木各競奇妙常例皆扵佛殿前舖設供養傾城巡寺隨喜甚是盛會今
年諸寺舖設供養勝扵常年勑令諸寺佛殿供養花藥木盡般到興唐觀祭
天尊十五日天子駕幸觀裏召百姓令看百姓罵云奪佛供養祭鬼神誰肯
觀看天怪百姓不來諸寺被奪供養物恓惶其也

○『東京夢華錄』권8 (『四庫全書』史部, 地理類, 雜記之屬)
七月十五日中元節先數日市井賣冥器靴鞋幞頭帽子金犀假帶五綵衣
服以紙糊架子盤遊出賣潘樓幷州東西瓦子亦如七夕耍鬧處亦賣果食
種生花果之類及印賣尊勝目連經又以竹竿斫成三脚高三五尺上織燈
窩之狀謂之盂蘭盆掛搭衣服冥錢在上焚之構肆樂人自過七夕便般目
連經救母雜劇直至十五日止觀者增倍 … 중략 … 城外有新墳者卽往拜
掃禁中亦出車馬詣道者院謁墳本院官給祠部十道設大會焚錢山祭軍
陣亡歿設孤魂道場

○『東京夢華錄』권8 (『四庫全書』史部, 地理類, 雜記之屬)
七月十五日中元節 肆樂人自過七夕便般目連經救母雜劇直至十五日
止觀者增倍

○『燕京歲時記』(『중국대세시기Ⅱ』국립민속박물관, 2006년, 341쪽)
至中元日例有盂蘭會 扮演秧歌 獅子諸雜技

○『御定佩文韻府』권68-1 (『四庫全書』子部, 類書類)
千金月令七月十五日營盆供寺爲盂蘭會月令廣義佛經目蓮白佛凡弟
子行孝順者亦應奉盂蘭盆供養佛言大善後世因之遂爲盂蘭會王叔承
宮詞女僧聞作盂蘭會乞假中元施寶簪

○『律苑事規』권10 (『만자속장경』60, 143하)
七月分
修父母懺誦梵網經設蘭盆供而解夏等禮具如自恣儀中請監收須擇人

○『御定月令輯要』권14 (『四庫全書』史部, 時令類)
盂蘭盆
原荊楚歲時記七月十五日僧尼道俗悉營盆供諸佛註按盂蘭盆經云目
蓮見其亡母在餓鬼中卽鉢盛飯往餉其母食未入口化成火炭遂不得食
目蓮大叫馳還白佛佛言汝母罪重非汝一人奈何當須十方衆僧威神之
力至七月十五日當爲七代父母厄難中者具百味五果以著盆中供養十
方大德佛勅衆僧皆爲施主祝願七代父母行禪定意然後受食是日目蓮
母得脫一切餓鬼之苦目蓮白佛未來世佛弟子行孝順者亦應奉盂蘭盆
供養佛言大善故後人因此廣爲華飾乃至刻木割竹飴蠟剪綵模花葉之
形極工妙之巧唐書王縉傳代宗時七月望日宮中造盂蘭盆綴飾鏐琲設
高祖以下七聖位幡節衣冠皆具各以帝號識其幟自禁內分詣道佛祠鐃

吹鼓舞奔走相屬是日立仗百官班光順門奉迎導從歲以爲常增老學菴
筆記故都殘暑不遇七月中旬俗以望日具素饌享先織竹作盆盎狀貯紙
錢承以一竹焚之視盆倒所向以占氣候謂向北則冬寒向南則冬溫向東
西則寒溫得中謂之盂蘭盆盖俚俗老嫗輩之言也又每云盂蘭盆倒則寒
來矣晏元獻詩云紅白薇英落朱黃槿豔殘家人愁溽暑計日望盂蘭盖亦
戲述俗語耳乾淳歲時記七月十五日道家謂之中元節各有齋醮等會僧
寺則於此日作盂蘭盆齋而人家亦以此日祀先例用新米新醬冥衣時果
綵叚麵棊而茹素者幾十八九屠門爲之罷市焉東京夢華錄中元節以竹
竿斫成三脚高三五尺上織燈窩之狀謂之盂蘭盆挂搭衣服冥錢在上焚
之北京歲華記中元節前上冢如淸明各寺設盂蘭會以長椿寺爲盛楊烱
盂蘭盆賦渾元告秋羲和奏曉太陰望兮圓魄皎閶闔開兮涼風嫋四海澄
兮百川晶陰陽肅兮天地睯掃離宮淸重閣設皇邸張翠幕鸞飛鳳翔燄暘
倏爍雲舒霞布翕赫習霍陳法供飾盂蘭壯神功之妙物何造化之多端靑
蓮吐而非夏禎果搖而不寒銅鐵鉛錫瓈琳琅玕映以甘泉之玉樹冠以承
露之金盤憲章三極儀形萬類上寥廓兮法天下安貞兮象地殫怪力窮神
異少君王子掣曳兮若來玉女瑤姬翩僊兮必至鳴鸜鵒與鴛鸞舞鵁雞與
翡翠毒龍怒兮赫然狂象奔兮沉醉怖魍魎潛魑魅離婁明目不足見其精
微匠石洗心不足徵其奧秘繽繽紛紛氤氤氳氳五色成文若榮光休氣發
彩於重雲薈薈粲粲煥煥爛爛三光啓旦若合璧連珠耿曜扵長漢夫其遠
也天台嶻起繞之以赤霞夫其近也削成孤峙覆之以蓮花晃兮瑤臺之帝
室絕兮金闕之仙家其高也出諸天扵大梵其廣也遍法界扵恒沙上可以
薦元符扵七廟下可以納羣動扵三車

○『御定月令輯要』권14 (『四庫全書』史部, 時令類)
盂蘭餠餡
增食譜張手美家中元盂蘭餠餡

○『御定月令輯要』권14 (『四庫全書』史部, 時令類)
散盂蘭盆
增歲華紀麗譜七月十八日大慈寺散盂蘭盆宴於寺之設廳宴已就華嚴
閣下散

○『安南志略』권1 (『四庫全書』史部, 載記類)
中元結盂蘭盆會超薦亡者廣費無惜

○『淳熙三山志』권40 (『四庫全書』史部, 地理類, 都會郡縣之屬)
中元
盂蘭盆會
州人以是日嚴潔廳宇排設祖考齊筵逐位薦獻貧者率就寺院標題先世
位號供設

遊神光寺
寺有佛涅槃像傍列十弟子有捫心按趾哭泣擗踊出涕失聲之類是日盂
蘭盆會因怪像以招遊人遂成墟市相傳謂之看死佛舊記閩王于薛老峯
西作百道嗺每歲中元閩人盛遊于此王祠部逢中元燕百文小樓詩薛老
峯南更近西小樓高閣與雲齊中山酒熟中元節歸去從他醉似泥近三十

年來人亦厭之此遊遂息

○『姑蘇志』권40 (『四庫全書』史部, 地理類, 都會郡縣之屬)

又民間七月十五日多設盂蘭盆會遂作文鏤板以禁謂孝子順孫若從其
法則自以父祖爲餓鬼心忍之乎以時思親當祭諸廟由是汚俗爲之丕變
復議除郡中淫祀以謂莫尊者天莫重者祖宗之所自出國朝立天慶觀前
奉天帝後奉聖祖他祠不得與焉今岳神厠祠於此非所以敬天事祖也禮
天子祭天下名山大川諸侯祭其境內者非此族也不在祀典五嶽爲天下
重鎭而東在兗州南在衡州皆非本土所應望祭將以此廟爲瞻儀堂遷岳
神像於修和觀事不果行復知寧國建寧皆著羙績家居久之除權工部尙
書卒諡正肅所著諸經講義奏議實齋文藁藏于家

○『江南通志』권113 (『四庫全書』史部, 地理類, 都會郡縣之屬)

王遂字去非金壇人理宗時知平江府崇學校寬民力抑豪强禁盂蘭盆會
洞庭邨民徐汝賢以詐惑衆自號水仙太保掠人財賄妻妾爲害數十年遂
收捕黥面鞭背投之盤門水中汚俗一變吳潛字毅夫寧國人理宗時知平
江府條具財計彫敝本末以寬郡民與轉運使王埜爭論利害尋改知鎭江
南畿志(宋史本傳)

○『廣東通志』권51 (『四庫全書』史部, 地理類, 都會郡縣之屬)

七月十四日浮屠盂蘭盆會剪紙爲衣以祀其先望日以龍眼花果相餽遺
曰結緣

○『西湖遊覽志餘』권20 (『四庫全書』 史部, 地理類, 山水之屬, 西湖遊覽志)

七月十五日爲中元節俗傳地官赦罪之辰人家多持齋誦經薦奠祖考攝
孤判斛屠門罷市僧家建盂蘭盆會放燈西湖及塔上河中謂之照冥官府
亦祭郡厲邑厲壇張伯雨西湖放燈詩云共泛蘭舟燈火鬧不知風露濕青
冥如今池底休鋪錦此夕槎頭直掛星爛若金蓮分夜炬空於雲母隔秋屏
却憐牛渚淸狂甚苦欲燃犀走百靈劉邦彥詩云金蓮萬朵漾中流疑是潘
妃夜出遊光射魚龍離窟宅影搖鴻鳥亂汀洲凌波未必通銀浦趁月偏憐
近綵舟忽憶少年淸泛處滿身風露獨凭樓

○『夢梁錄』 권4 (『四庫全書』 史部, 地理類, 雜記之屬)

解制日(中元附)

七月十五日一應大小僧尼寺院設齋解制謂之法歲周圓之日自解制後
禪教僧尼從便給假起單或行脚或歸受業皆所不拘其日又值中元地官
赦罪之辰諸宮觀設普度醮與士庶祭扮宗親貴家有力者於家設醮飯僧
薦悼或扮孤爽僧寺亦於此日建盂蘭盆會率施主錢米與之薦亡家市賣
冥衣亦有賣轉明萊花花油餅酸餡沙餡乳糕豐糕之類賣麻穀窠兒者以
此祭祖宗寓預報秋成之意雞冠花供養祖宗者謂之洗手花此日都城之
人有就家享祀者或往墳所拜掃者禁中車馬出攢宮以盡朝陵之禮及往
諸王妃嬪等墳行祭享之誠后殿賜錢差內侍往龍山放江燈萬盞州府委
佐貳官就浙江稅務廳設斛以享江海神鬼是月瓜桃梨棗盛有雞頭亦有
數品若揀銀皮子嫩者爲佳市中叫賣之聲不絕中貴戚里多以金盒絡繹
買入禁中如宅舍市井欲市者以小新荷葉包摻以麝香用紅小索繫之

○『來齋金石刻考略』권하 (『四庫全書』史部, 目錄類, 金石之屬)

五臺山有金閣寺鑄銅爲瓦塗金於上照耀山谷計錢巨億萬緡爲宰相給
中書符牒令臺山僧數十人分行郡縣聚徒講說以求貨利代宗七月望日
於內道場造盂蘭盆會飾以金翠所費百萬又設高祖以下七聖神座備幡
節龍傘衣裳之制各書尊號於幡上以識之昇出內陳於寺觀是日排儀仗
百寮序立於光順門以俟之幡花鼓舞迎呼道路歲以爲常其傷教之源始
於緡也史傳所言佞佛之弊至切故具錄之按此碑不空以一胡僧而官至
特進大鴻臚開府儀同三司肅國公遂爲後代沙門授官之祖吁亦異矣

○『元明事類鈔』권3 (『四庫全書』子部, 雜家類, 雜纂之屬)

中元

盂蘭會帝京景物署京師七月十五日諸寺建盂蘭盆會夜于水次放燈萬盞

○『元明事類鈔』권30 (『四庫全書』子部, 雜家類, 雜纂之屬)

河燈

帝京景物署京師七月十五日諸寺建盂蘭盆會夜扵水次放燈曰放河燈

○『山堂肆考』권74 (『四庫全書』子部, 類書類)

禁俗惑神

宋王遂知平江府崇學校寬民力抑豪強正風俗時有村民妄言出神惑衆
者又有盂蘭盆會皆禁絕之污俗爲之一變

○『御定淵鑑類函』권20 (『四庫全書』子部, 類書類)

七月十五日一

原道經曰七月十五中元之日地官校勾搜選人間分別善惡諸天聖衆普

詣宮中簡定劫數人鬼傳錄餓鬼囚徒一時皆集以其日作元都大獻於玉

京山採諸花果珍奇異物幢旛寶盖淸膳飮食獻諸聖衆道士於其日夜講

誦是經十方大聖齊詠靈篇囚徒餓鬼俱飽滿免於衆苦得還人中

荊楚歲時記曰七月十五日僧尼道俗悉營盆供諸寺院

增大明一統賦註云七月十五爲中元節僧家有盂蘭盆會有司祭無祀鬼神

七月十五日二

原盂蘭盆經曰目連比丘見其亡母生餓鬼中卽以鉢盛飯往餉其母食未

入口化爲火炭遂不得食目連大叫馳還白佛佛言汝母罪重非汝一人力

所奈何當須十方衆僧威神之力至七月十五日當爲七代父母現在父母

厄難中者具百味五果以著盆中供養十方大德佛勅衆僧皆爲施主呪願

七代父母行禪定意然後受食是時目連母得脫一切餓㦬之苦目連白佛

未來世佛弟子行孝順者亦應奉盂蘭盆爲爾可否佛言大善故後代人因

此廣爲華飾乃至刻木割竹飴蠟翦綵模花果之形極工妙之巧

又云有七葉功德並旛花歌鼓果食送之盖由此

增天竺云盂蘭此云倒懸救器謂目連救母飢厄如解倒懸之具也今人遂

飾食味於盆亦誤矣

唐六典曰中尙署七月十五日進盂蘭盆

舊唐書曰代宗七月望日於內道場造盂蘭盆飾以金翠所費百萬又設高

祖以下七聖神座備旛節龍繖衣裳之制各書尊號於旛上以識之昇出內

庭陳於寺觀是日排儀仗百寮序立於光順門以候之旛花鼓舞迎呼道路

歲以爲常而識者嗤其不典其傷教之源始於王縉也

夢華錄曰東京中元賣冥器綵衣以竹斫三脚如燈窩狀亦謂之盂蘭盆挂
冥錢衣服在上焚之

徽郡中元日薦新炊庀瓜果以祀先祖集族衆宴聚而散夜置具度亡放水燈

○『佛祖歷代通載』 권14 (『四庫全書』 子部, 釋家類)
丙午改大歷元年
道義禪師是年建金閣寺勅十節使助之以二稅七月始作盂蘭盆會於禁
中設高祖太宗已下七聖位備鑾轝建巨旛各以帝號標其上自大廟迎入
內道場鐃吹鼓舞旌幢燭天是日立仗百僚於光順門迎拜導從自是歲以
爲常癸未太廟二宮生靈芝帝賦詩美之百僚皆屬和

○『澗泉集』 권8 (『四庫全書』 集部, 別集類, 南宋建炎至德祐)
寄乙上人
盂蘭盆會日元自目犍連攝化應無量追修亦有緣荒荒誰正令的的漫單
傳業報衆生苦三塗對四禪

○『歷代詩話』 권80 (『四庫全書』 集部, 詩文評類)
十五日諸寺建盂蘭盆會夜於水次放燈曰放河燈最勝水閣次泡子河也
上墳如清明時或製小袋以往祭甫訖輒於墓次掏促織滿袋則喜秫竿肩
之以歸是月始鬥促織壯夫士人亦爲之鬥有場場有主者其養之又有師
鬥盆篝礶無家不貯焉立秋日相戒不飲生水曰呷秋頭水生暑痱子

402 원문

○『全閩詩話』권2 (『四庫全書』集部, 詩文評類)

王達

福州神光寺舊有佛涅槃像旁列十弟子有捫心按趾哭泣躃踊出涕失聲
之狀每歲中元日供盂蘭盆會因怪像以招遊人寺中遂成墟市相傳謂之
看死佛舊記閩王鏻於薛老峯西作百道階每歲中元郡人盛遊於此王祠
部達有中元宴百丈小樓詩云薛老峯前更近西小樓高閣與雲齊中元酒
熟中元節歸去從他醉似泥(淳熙三山志)

◉ 佛寄生 7-15

○『御定月令輯要』권14 (『四庫全書』史部, 時令類)

佛寄生

增謝承後漢書佛以癸丑七月十五日寄生扵淨住國摩耶夫人腹中至周
莊王十年甲寅四月八日生

16일

◉ 佛足碑 7-16

○『御定月令輯要』권14 (『四庫全書』史部, 時令類)

佛足碑

增清涼山志中臺靈跡曰佛足碑在大塔左側萬曆壬午秋少林嗣祖沙門
威縣明成德州如意一夕一夢蓮花一夢月輪現扵塔際旣覺各言所夢異

之及曉少室僧正道持佛足圖貼之及展見是雙輪印相喜曰此夢禎也

○『山西通志』권26 (『四庫全書』 史部, 地理類, 都會郡縣之屬)
佛足碑在大塔右釋迦遺雙足跡匑奘自西域圖寫持歸唐太宗勑令刻石

○『山西通志』권60 (『四庫全書』 史部, 地理類, 都會郡縣之屬)
佛足碑在中臺大塔左西域記釋迦佛遺雙足迹長一尺六寸廣六寸十指
皆現花文唐貞觀中玄奘法師自西域圖寫持歸太宗令刻石後摹刻中臺

19일

◉ **賢劫千佛生** 7-19

○『御定月令輯要』권14 (『四庫全書』 史部, 時令類)
賢劫千佛生
原佛書七月十九力吉祥國聖母化生賢劫千佛之日

24일

◉ **龍樹菩薩誕** 7-24

○『百丈叢林清規證義記』권8 (『만자속장경』 63, 513하)
七月二十四日龍樹菩薩誕

30일

◉ **地藏佛誕** 7-30

○『御定月令輯要』권14 (『四庫全書』 史部, 時令類)

　『欽定日下舊聞考』권148 (『四庫全書』 史部, 地理類, 都會郡縣之屬)

地藏佛誕

增北京歲華記晦日地藏佛誕供香燭於地積水湖泡子湖各有水燈原藏

經七月三十日地藏菩薩生辰

○『帝京歲時紀勝』(『중국대세시기Ⅱ』 국립민속박물관, 2006년, 193쪽)

七月三十日傳爲地藏菩薩誕辰 都門寺廟 禮懺誦経 亦紮糊法船 中設地

藏王佛及十地閻君繪像 更盡時施放口焚化 街巷偏燃香火蓮燈於路傍

光明如畫

8월

1일

◉ 旦過寮 8-1

○『勑修百丈清規』권7 (『대정장』48, 1155상)

八月 初一日開旦過 知客預晒寮內薦席 此月修補本色衲子未遽起單 僧
堂收帳

2일

◉ 현장법사예불문 8-2

○『불가일용집』

八月初二日人靜時向西禮佛四拜滅二千劫罪

5일

◉ 이차돈 기일 8-5

○『三國遺事』권3 (『대정장』49, 988상)

元和十二年丁酉八月五日 卽第四十一憲德大王九年也 興輪寺永秀禪
師結湊斯塚 禮佛之香徒 每月五日 爲魂之妙願 營壇作梵 又鄕傳云 鄕老
每當忌旦 設社會於興輪寺 則今月初五 乃舍人捐軀順法之晨也

8일

◉ 沸星出 8-8

○『御定月令輯要』권15 (『四庫全書』史部, 時令類)
○『經稗』권7 (『四庫全書』經部, 五經總義類)
  『天中記』권36 (『四庫全書』子部, 類書類)
沸星出
增法苑珠林佛以八月八日沸星出時轉法輪以八月八日沸星出時取般
涅槃

○『法苑珠林』권12 (『대정장』53, 372하)
以八月八日沸星出時轉法輪 以八月八日沸星出時取般涅槃

15일

● 중추절 8-15

○『入唐求法巡禮行記』 권2

開成四年 八月十五日 寺家設餺飥餅食亦作八月十五日之節斯節諸國
未有唯新羅國獨有此節老僧亦語云新羅國昔与 渤海 相戰之時以是日
淂勝矣仍作節樂而喜儛永代相續不息設百種飮食歌儛管絃以晝續夜
三箇日便休今此山院追慕鄕國今日作節其

○『帝京景物略』(『중국대세시기Ⅱ』 국립민속박물관, 2006년, 98쪽)

八月十五日 …중략… 紙肆市月光紙績滿月像 趺坐蓮花者 月光偏照菩
薩也

○『歷代詩話』 권80 (『四庫全書』 集部, 詩文評類)

八月十五日 …중략… 市月光紙績滿月像趺坐蓮華者月光徧照菩薩也

○『日下舊聞考』 권148 (『四庫全書』 史部, 地理類, 都會郡縣之屬)

增八月十五日祭月其祭果餅必圓分瓜必牙錯瓣刻之如蓮華紙肆市月
光紙績滿月像趺坐蓮華者月光徧照菩薩也華下月輪桂殿有冤杵而人
立搗藥臼中紙小者三尺大者丈工緻者金碧繽紛家設月光位於月所出
方向月供而拜則焚月光紙徹所供散家之人必徧月餅月果戚屬餽相報
餅有徑二尺者女歸寧是日必返其夫家曰團圓節也(帝京景物畧)

○『元明事類鈔』 권3 (『四庫全書』子部, 雜家類, 雜纂之屬)

祭月

帝京景物畧京師八月十五日人家多祭月其果餅必圓分瓜必牙錯瓣刻
之如蓮花向月供而拜則焚月光紙

○『歷代詩話』 권80 (『四庫全書』集部, 詩文評類)

八月十五日祭月其祭果餅必圓分瓜必牙錯瓣刻之如蓮華紙肆市月光
紙繢滿月像趺坐蓮華者月光徧照菩薩也華下月輪桂殿有兎杵而人立
搗藥臼中紙小者三寸大者丈緻工者金碧繽紛家設月光位於月所出方
向月供而拜則焚月光紙徹所供散家之人必徧月餅月果戚屬餽相報餅
有徑二尺者女歸寧是日必返其夫家曰團圓節也

◉ **新羅宴射** 8-15

○『御定月令輯要』 권15 (『四庫全書』史部, 時令類)

新羅宴射

增舊唐書東夷傳新羅國重八月十五日設樂飲宴賚羣臣射其庭

○『舊唐書』 권199상 (『四庫全書』史部, 正史類)

新羅國 … 중략 … 重八月十五日設樂飲宴賚群臣射其庭

22일

◉ **然燈古佛誕** 8-22

○『百丈叢林淸規證義記』 권8 (『만자속장경』 63, 513하)

八月二十二日 然燈古佛誕

9월

1일

◉ 坐禪板

○『勅修百丈淸規』 권7 (『대정장』 48, 1155상)
九月 初一日首座復鳴坐禪板 堂司提調糊僧堂窓 下涼簾上暖簾

4일

◉ 현장법사예불문

○『불가일용집』
九月初四日鷄鳴時向北禮佛四拜滅一百劫罪

9일

◉ 重陽

○『荊楚歲時記』(『중국대세시기Ⅰ』 국립민속박물관, 2006년, 75쪽)
九月九日四民並藉野飮宴

按杜公瞻云九月九日宴會未知起扵何代然自漢至宋未改今北人亦重
此節佩茱萸食餌飲菊花酒云令人長壽近代皆設宴於臺榭又續齊諧記
云汝南桓景隨費長房遊學長房謂之曰九月九日汝家中當有災厄急令
家人縫囊盛茱萸繫臂上登山飲菊花酒此禍可消景如言舉家登山夕還
見雞犬牛羊一時暴死長房聞之曰此可代也今世人九日登高飲酒婦人
帶茱萸囊蓋始於此

○『勅修百丈淸規』권7 (『대정장』48, 1155상)
重陽日早晨知事燒香點茱萸茶

○『燕京歲時記』(『중국대세시기Ⅱ』국립민속박물관, 2006년, 350쪽)
每屆九月九日 則都人士提壺攜榼 出郭登高, 南則在天寧寺 陶然亭 龍
爪槐等處 北則薊門烟樹 淸淨化城等處 遠則西山八刹等處 賦試飮酒
烤肉分糕 洵一時之快事也 …중략… 西山八刹在阜成門八里莊西北二
十里 名翠微山 又名盧師山 又名平陂山 所謂八刹者 其設不一

○『帝京歲時紀勝』(『중국대세시기Ⅱ』국립민속박물관, 2006년, 203쪽)
重陽日 北城居人多于阜成門外眞覺寺五塔金剛寶座臺上登高 南城居
人多于左安門內法
藏寺彌陀塔登高 考眞覺寺建于明成祖 因番僧版的達入貢金佛五軀 金
剛寶座規式 封以國師 賜居此寺 憲宗九年 準式建寶座 累石臺高五丈藏
級于壁 蝸旋而上 臺列石塔五 各二丈 塔刻梵宇梵寶梵花 塔前有成化御
製碑記 法藏寺舊名彌陀寺 金大定中立 明景泰二年重建 更名法藏寺

有祭酒胡濙 沙門道孚二碑 道孚戒壇第一代戒師 世人称鵝頭祖師者也
北地多風 故塔不能空 無可登者 法藏寺彌陀塔獨空 其中可登 塔高十丈
摠八面 摠置一佛凡五十八佛 佛舍一燈

○『帝京景物略』(『중국대세시기Ⅱ』, 국립민속박물관, 2006년, 99쪽)
　『歷代詩話』권80 (『四庫全書』集部, 詩文評類)
九月九日載酒具茶爐食橀曰登高香山諸山高山也法藏寺高塔也顯靈
宮報國寺高閣也釋不登賃園亭閭坊曲爲娛

○『御定月令輯要』권16 (『四庫全書』史部10, 時令類) (문연각467-488하)
登慈恩寺塔
增唐書李適傳凡天子遊幸秋登慈恩浮圖獻菊花酒稱壽上官昭容九月
九日上幸慈恩寺登浮圖羣臣上菊花壽酒詩帝里重陽節香園萬乘來却
邪萸入佩獻壽菊傳杯塔類承天湧門疑待佛開睿詞懸日月長得仰昭回
宋之問奉和詩瑞塔千尋起仙輿九日來茱房陳寶席菊藥散花臺御氣鵬
霄近升高鳳野開天歌將梵樂空裏共徘徊

○『世宗實錄』권23 (세종 6年 2月 癸丑)
今者興天寺僧當其試選 敢用油蜜之果 犯令飲酒 擅減焚修僧額 竊其贏
餘 以供踏靑之娛重陽之費 肆欲妄行 不憚科禁 輕犯憲章

○『東京夢華錄』권8 (『四庫全書』史部, 地理類, 雜記之屬)
諸禪寺各有齋會惟開寶寺仁王寺有獅子會諸僧皆坐獅子上作法事講

說遊人最盛

○『御定佩文韻府』 권68-1 (『四庫全書』 子部, 類書類)
東京夢華錄九月重陽都下諸禪寺各有齋會惟開寶寺仁王寺有獅子會
諸僧皆坐獅子上作法事講說遊人最盛

○『世宗實錄』 권53 (세종 13年 9月 壬申)
昌盛令頭目作紙燈三百 消蠟蜜松脂灌紙燈 搗荏子爲丸 和以油 置紙燈
中而燃之 夜泛于露梁水 令樂工及僧徒作聲流之 名曰河燈

○『世祖實錄』 권17 (세조 5年 9月 戊子)
戊子 設耆老宴于普濟院 命左承旨李克堪齎宣醞往賜之

10월

5일

◉ **達磨忌** 10-5

○ 『勅修百丈淸規』 권7 (『대정장』 48, 1155상)
十月 初一日 開爐 方丈(大相看初五日)達磨忌

○ 『勅修百丈淸規』 권2 (『대정장』 48, 1117하)
達磨忌
先期堂司率衆財營供養 請製疏僉疏(佛涅槃同) 隔宿如法鋪設法堂 座
上掛眞 中間嚴設祭筵爐瓶香凡 上間設禪椅拂子桄架法衣(設床榻者
非也) 下間設椅子經案爐瓶香燭經卷 堂司行者報衆 掛諷經牌 當晚諷
經幷覆來日半齋各具威儀 散忌諷經 參前鳴僧堂鐘 集衆候住持至 鳴鼓
獻特爲湯 住持上香三拜 不收坐具 上湯退身三拜再進 前問訊揖湯 復位
二拜收坐具 鳴鼓三下 行者鳴手磬 維那出班 念誦云(切以 宗傳直指
肵借潤於餘波 道大難名 愧聯輝於末裔 仰憑大衆念淸淨法身毘盧遮那
佛十號云云) 回向云 (上來念誦功德 奉爲初祖菩提達磨圓覺大師大和
尙 上酬慈廕 十方三世一切云) 畢鳴僧堂鐘三下衆散或請就坐藥石 昏
鐘鳴 再鳴僧堂鐘集衆 住持上香 維那擧楞嚴呪畢 回向云 (淨法界身本
無出沒 大悲願力示有去來 仰冀慈悲俯垂昭鑒 今月初五日伏 値初祖菩

提達磨圓覺大師大和尙示寂之辰 率比丘衆營備香饌 以伸供養 諷誦大
佛頂萬行首楞嚴神呪 所集殊勳上酬慈廳 伏願 群機有賴 播揚少室之家
風 妙智無窮 成就大乘之根器 十方三世一切云云) 次參頭領衆行者排
列 喝參禮拜諷經 人僕排列參拜 次日早住持上香禮拜 上湯上粥座下側
坐陪食 粥罷住持上香上茶 維那擧大悲呪畢 回向(上來諷經功德 奉爲
初祖菩提達磨圓覺大師大和尙 上酬慈廳 十方三世云云) 半齋鳴僧堂
鐘集衆 向祖排立 住持上香三拜 不收坐具 進爐前 上湯上食請客侍者供
遞 俟燒香侍者就祖位側捧置几上 退就位三拜 仍進前燒香下啜畢 三拜
收坐具 鳴鼓講特爲茶(如湯禮) 畢住持拈香有法語 行者鳴鈸 維那出班
揖住持上香 侍者捧香合 次東堂西堂兩序出班上香 大衆同展三拜 維那
白云(淨法界身本無出沒 大悲願力示有去來) 宣疏住持跪爐 次擧楞嚴
呪畢 回向(上來諷經功德 奉爲初祖菩提達磨圓覺大師大和尙 上酬慈
廳 十方三世云云) 次行者諷經

○『御定月令輯要』권18 (『四庫全書』史部, 時令類)
初祖西歸
增傳燈錄師以化緣已畢傳法得人端坐而逝卽後魏孝明帝太和十九年
丙辰歲十月五日也

○『指月錄』권4 (『만자속장경』83, 439상)
傳燈載 師示寂之日 爲魏莊永安元年戊申十月五日

10일

◉ 天寧節　10-10

○『東京夢華錄』 권9 (『四庫全書』 史部, 地理類, 雜記之屬)

初十日天寧節前 … 중략… 八日樞密院率修武郎以上初十日尙書省宰
執率宣敎郎以上並詣相國寺罷散祝聖齋筵次赴尙書省都廳賜宴

◉ 현장법사예불문　10-10

○『불가일용집』

十月初十日午時向南禮佛四拜滅七百劫罪

15일

◉ 冬安居　10-15

○『帝京歲時紀勝』(『중국대세시기Ⅱ』 국립민속박물관, 2006년, 212쪽)

十五日下元之期 奄觀寺院課経安期起 至次年正月二五日 百日期滿 夜
懸天燈黃幅大書 冬季唪経祝國裕民百日期場 嗜佛之家 送香燭獻齋供
者絡繹

● **下元節** 10-15

○『西湖遊覽志餘』권20 (『四庫全書』 史部, 地理類, 山水之屬, 西湖遊覽志)
　『增補武林舊事』권3 (『四庫全書』 史部, 地理類, 雜記之屬)
十五日爲下元節俗傳水官解厄之辰亦有持齋誦經者

19일

● **會經日** 10-19

○『御定月令輯要』권18 (『四庫全書』 史部, 時令類)
會經日
增藏經十月十九五百羅漢會經日

25일

● **백탑연등** 10-25

○『帝京歲時紀勝』(『중국대세시기Ⅱ』국립민속박물관, 2006년, 213쪽)
太液池之陽 有白塔 爲永安寺 歲之十月二五日 自山下然燈至塔頂 燈光
羅列恍如星斗 諸內侍黃衣喇嘛執経梵唄 吹大法螺 餘者左持有柄圓鼓
右執彎槌齋擊之 緩急疎密 各有節奏 更餘乃休 以祈幅也 考白塔基止舊
爲萬歲山 又爲瓊花島 山頂有廣寒 仁智等殿 玉虹 瀛州等亭 塔西傳爲遼
蕭后梳粧樓 傾圮已久 順治八年辛卯秋 建塔立寺 康熙己未重修 辛酉冬

運是山之石于瀛臺塔下僅存黃壤 悉聽民居 雍正庚戌復爲修茸 乾隆癸
亥 塔前建龍光之坊 東爲慧日亭 西爲悅心殿 宮室炊然一新 仍爲禁苑矣

10월내

◉ 達摩渡江　10-월내

○『御定月令輯要』권18 (『四庫全書』 史部, 時令類)
達摩渡江
增傳燈錄梁武帝遣使迎請十月一日師至金陵帝問如何是聖諦第一義
師曰廓然無聖帝曰對朕者誰師曰不識帝不領悟師知機不契是月十九
日潛迴江北十一月二十三日屆扵洛陽當後魏孝文太和十年也

○『景德傳燈錄』권3 (『대정장』 51, 219하)
帝又問 如何是聖諦第一義 師曰 廓然無聖 帝曰 對朕者誰 師曰 不識
帝不領悟 師知機不契 是月十九日潛迴(廣燈迴作過字)江北 十一月二
十三日屆于洛陽當後魏孝明太和十年也

◉ 10月寅日　10-월내

○『東國歲時記』(『조선대세시기Ⅲ』 국립민속박물관, 2007년, 254쪽)
報恩俗俗離山頂有大自在天王祠 其神每年十月寅日下降于法住寺 山
中人設樂迎神以祠之 留四十五日而還 見輿地勝覽

11월

22일

◉ **帝師忌** 11-22

○『勅修百丈淸規』권7 (『대정장』48, 1155상)
十一月 二十二日 帝師忌 冬至庫司預辦糍果 此月或進退職事 或在歲節
方丈請大衆冬前點心

11월내

◉ **동지** 11-월내

○『入唐求法巡禮行記』권1
唐文宗開成三年 十一月廿七日 冬至之節道俗各致礼賀住俗者拜官賀
冬至節見 相公 卽導運推移日南長至伏惟 相公 尊體万福貴賤官品幷百
姓皆相見拜賀出家者相見拜賀口敍冬至之辭互相礼拜俗人入寺亦有
是礼衆僧對外國僧卽導今日冬至節和尙万福傳燈不絶早歸夲國長爲
國師云々各相礼拜畢更導嚴寒或僧來云冬至和尙万福學尤三學早歸
夲鄉常爲國師云々有多種語此節惣並与 夲國 正月一日之節同也俗家
寺家各儲希饍百味惣集隨前人所樂皆有賀節之辭 道俗同以三日爲期

賀冬至節此寺家亦設三日供有種惣集

○『入唐求法巡禮行記』 권3
開成五年 十一月廿六日 冬至節僧中拜賀云伏惟 和尙 久住世間廣和衆
生臘下及沙弥 對上座說一依書儀之制沙弥對僧右膝著地說賀節之詞
喫粥時行餛飩菓子

○『入唐求法巡禮行記』 권3
唐武宗 會昌元年 十一月一日 冬至節 長大官家仰諸寺轉經

○『初學記』 권4 (『四庫全書』 子部, 類書類)
如正 亞歲
崔寔四民月令曰冬至之日薦黍羔先薦玄冥以及祖禰其進酒肴及謁賀
君師耆老如正日沈約宋書曰魏晉冬至日受萬國及百寮稱賀因小會其
儀亞於歲朝

○『荊楚歲時記』 (『중국대세시기 I』 국립민속박물관, 2006년, 77쪽)
按共工氏有 不才之子 以冬至死爲疫鬼 畏赤小豆 故冬至作赤豆粥

○『格致鏡原』 권22 (『四庫全書』 子部, 類書類)
荊楚歲時記 共工氏有 不才之子 以冬至死爲疫鬼 畏赤小豆 故冬至作赤
豆粥

12월

ㅣ일

◉號佛 12-1

○『帝京景物略』(『중국대세시기Ⅱ』국립민속박물관, 2006년, 106쪽)

　『歷代詩話』 권80 (『四庫全書』 集部, 詩文評類)

十二月一日 至歲除夜 小民爲疾苦者 奉香一尺 宵行衢中 誦元君號 自述
香願 其聲烏烏惻惻 日號佛 行過井 過寺廟 則跪且拜而誦 香盡尺乃歸

8일

◉浴佛 12-8

○『御定月令輯要』 권20 (『四庫全書』 史部, 時令類)

浴佛

原事物紀原譬喻經云佛臘月八日降伏六師投佛請死言佛以法水洗我
心垢今我請僧洗浴以除身穢仍爲常緣則設浴之事西域舊俗也亦今臘
月灌佛之始增東京夢華錄十二月初八日街巷中有僧尼三五人作隊念
佛以銀銅紗羅或好盆器坐一金銅或木佛像浸以香水楊枝洒浴排門敎
化諸大寺作浴佛會

○『法苑珠林』 권33 (『대정장』 53, 543상)
如譬喩經云 佛以臘月八日神通降伏六師 六師不如投水而死 仍廣說法
度諸外道 外道伏化白佛言 佛以法水洗我心垢 我今請僧洗浴以除身穢
仍爲常緣也(今臘月八日洗僧唯出此經文)

○『事物紀原』 권8 (『四庫全書』 子部, 類書類)
設浴
俗緣記曰譬喩經云佛臘月八日降伏六師投佛請死言佛以法水洗我心
垢今我請僧洗浴以除身穢仍爲常緣則設浴之事西域舊俗也亦今臘月
灌佛之始

○『東京夢華錄』 권10 (『四庫全書』 史部, 地理類, 雜記之屬)
十二月街市盡賣撒佛花韭黃生菜蘭芽勃荷胡桃澤州餳初八日街巷中
有僧尼三五人作隊念佛以銀銅沙羅或好盆器坐一金銅或木佛像浸以
香水楊枝洒浴排門敎化 … 중략 … 臘日寺院送面油與門徒却入疏敎化
上元燈油錢閭巷家家互相遺送是月景龍門預賞元夕於寶籙宮一方燈
火繁盛

○『歲時廣記』 권4 (『四庫全書』 史部, 時令類)
送臘粥
皇朝東京夢華錄十二月都城賣撒佛花至初八日有僧尼三五爲羣以盆
器盛金銅佛像浸以香水楊柳洒浴排門敎化諸大寺作浴佛會幷送七寶
五味粥謂之臘八粥都人是日亦以果子雜料煮粥而食

○『荊楚歲時記』(『四庫全書』 史部, 地理類, 雜記之屬)

十二月八日爲臘日史記陳勝傳有臘日之言是謂此也諺言臘鼓鳴春草生村人並繫細腰鼓戴胡公頭及作金剛力士以逐疫沐浴轉除罪障

○『天中記』 권5 (『四庫全書』 子部, 類書類)

除障十二月八日沭浴轉除罪障(荊楚歲時記)

○『御定佩文齋廣群芳譜』 권6 (『四庫全書』 子部, 譜錄類, 草木禽魚之屬)

增荊楚歲時記十二月八日爲臘日諺語臘鼓鳴春草生村人並擊細腰鼓戴胡頭及作金剛力士以逐疫

○『玉芝堂談薈』 권21 (『四庫全書』 子部, 雜家類, 雜纂之屬)

十二月八日都城諸大寺作浴佛會以乳酪胡桃百合等造七寶粥亦謂之醎粥供佛及僧道檀越見

○『記纂淵海』 권2 (『四庫全書』 子部, 類書類)

東京十二月初八日作浴佛會並送七寶五味粥謂之臘八粥(雜記)

○『天中記』 권5 (『四庫全書』 子部, 類書類)

宋時東京十二月初八日都城諸大寺作浴佛會幷送七寶五味粥謂之臘八粥

○『天中記』권5 (『四庫全書』子部, 類書類)

灌佛十二月八日佛成道日據經佛初成道浴於泥蓮池故北人以是日灌
木佛像歲時雜記僧家以乳蕈胡桃百合等造七寶粥亦謂之鹹粥供佛及
僧道檀越

○『山堂肆考』권14 (『四庫全書』子部, 類書類)

浴佛

南方專用臘月八日浴佛宋朝東京十二月初八日都城諸大寺作浴佛會
幷送七寶五味粥謂之臘八粥

○『格致鏡原』권22 (『四庫全書』子部, 類書類)

天中記宋時東京十二月初八日都城諸大寺作浴佛會幷送七寶五味粥
謂之臘八粥

◉ 臘八粥 12-8

○『勅修百丈淸規』권7 (『대정장』48, 1155상)

十二月 初八日 佛成道庫司預造紅糟

○『增修敎苑淸規』권하 (『만자속장경』57, 343하)

初八日佛成道營辦供養庫司預備紅糟

○『帝京歲時紀勝』(『중국대세시기Ⅱ』국립민속박물관, 2006년, 223쪽)

臘月八日爲王侯臘 家家煮果粥 皆于預日揀簸米豆 以百果雕作人物像
生花式 三更煮粥成 祀家堂門竈隴畝 闔家聚食 餽送親隣 爲臘八粥

○『燕京歲時記』(『중국대세시기Ⅱ』국립민속박물관, 2006년, 386쪽)
臘八粥者 用黃米 白米 江米 小米 菱角米 栗子 紅江豆 去皮棗泥等
合水煮熟 外用染紅桃仁 杏仁 瓜子 花生 榛穰 松子 及白糖 紅糖 瑣瑣葡
萄 以作點染 切不可用蓮子 扁豆 薏米 桂元 用則傷味 每至臘七日 則剝
果滌器 終夜経螢 至天明時則粥熟矣 除祀先供佛外 分餽親友 不得過午
並用紅棗 桃仁等製成獅子 小兒等類 以見巧思 按燕都遊覽志 十二月八
日 賜百官粥 民間亦作臘八粥 以果米雜成之 品多者爲勝 今雖無百官之
賜 而朱門餽贈 競巧爭奇 較之古人有過之無不及矣

○『帝京景物略』(『중국대세시기Ⅱ』, 국립민속박물관, 2006년, 104쪽)
　『歷代詩話』 권80 (『四庫全書』 集部, 詩文評類)
八日 … 중략 … 是日家效庵寺豆果雜米爲粥供而朝食曰臘八粥

○『燕京歲時記』(『중국대세시기Ⅱ』국립민속박물관, 2006년, 387쪽)
雍和宮喇嘛於初八日夜內熬粥供佛 特派大臣監視 以昭誠敬 其粥鍋之
大 可容數石米

○『東京夢華錄』 권10 (『四庫全書』 史部, 地理類, 雜記之屬)
諸大寺作浴佛會幷送七寶五味粥與門徒謂之臘八粥

○『歲時廣記』 권4 (『四庫全書』 史部, 時令類)
送臘粥
皇朝東京夢華錄十二月都城賣撒佛花至初八日有僧尼三五爲羣以盆
器盛金銅佛像浸以香水楊柳洒浴排門敎化諸大寺作浴佛會幷送七寶
五味粥謂之臘八粥都人是日亦以果子雜料煮粥而食

○『日下舊聞考』 권148 (『四庫全書』 史部, 地理類, 都會郡縣之屬)
原十二月八日賜百官粥民間亦作臘八粥以米果雜成之品多者爲勝此
蓋循宋時故事然宋時臘八乃十月八日燕都游覽志
增是月八日禪家謂之臘八日煮紅糟粥以供佛飯僧都中官員士庶作朱
砂粥傳聞禁中一如故事析津志

○『御定月令輯要』 권20 (『四庫全書』 史部, 時令類)
臘八粥
原乾淳歲時記　八日寺院及人家用胡桃松子乳蕈柿栗之類作粥謂之臘
八粥 帝京景物畧　十二月八日　人家效菴寺　豆果雜米爲粥供而朝食曰臘
八粥

○『陝西通志』 권45 (『四庫全書』 史部, 地理類, 都會郡縣之屬)
十二月五日煮五豆食之已五毒八日煮粥相送或於路食客謂臘八粥 (臨
潼縣志)

○『西湖遊覽志餘』권3 (『四庫全書』史部, 地理類, 山水之屬, 西湖遊覽志)

十月八日則寺院及人家用胡桃松子乳蕈柿栗之類作粥謂之臘八粥

○『西湖遊覽志餘』권20 (『四庫全書』史部, 地理類, 山水之屬, 西湖遊覽志)

十月朔日人家祭奠於祖考或有舉掃松澆墓之禮者八日則以白米和胡

桃榛松乳菌棗栗之類作粥謂之臘八粥十五日爲下元節俗傳水官解厄

之辰亦有持齋誦經者

○『夢粱錄』권6 (『四庫全書』史部, 地理類, 雜記之屬)

十二月八日寺院謂之臘八大刹等寺俱設五味粥名曰臘八粥

○『武林舊事』권3 (『四庫全書』史部, 地理類, 雜記之屬)

　『增補武林舊事』권3 (『四庫全書』史部, 地理類, 雜記之屬)

十月以來朝天門內外競售錦裝新曆諸般大小門神桃符鍾馗狻猊虎頭

及金綵縷花春帖旛勝之類爲市甚盛八日則市院及人家用胡桃松子乳

蕈柿栗之類作粥謂之臘八粥

○『御定佩文齋廣群芳譜』권6 (『四庫全書』子部, 譜錄類, 草木禽魚之屬)

風土記東京作浴佛會以諸果品煮粥謂之臘八粥

○『遵生八牋』권6 (『四庫全書』子部, 雜家類, 雜品之屬)

臘八日粥

臘月八日東京作浴佛會以諸果品煮粥爲之臘八粥吃以增福

○『格致鏡原』권22 (『四庫全書』子部, 類書類)

事物紺珠臘粥以猪肉雜果菜入米煮

歲時雜記十二月八日佛成道日僧家以乳蕈胡桃百合等造七寶粥亦謂

之鹹粥供佛及僧道檀越

23일

◉ 祀竈 12-23

○『帝京歲時紀勝』(『중국대세시기Ⅱ』국립민속박물관, 2006년, 224쪽)

廿三日更盡時 家家祀竈 院內立杆 懸挂天燈 祭品則羹湯竈飯糖瓜糖餠

飼神馬以香糟炒豆水盂 男子羅拜 祝以遏惡揚善之詞 婦女于內室 掃除

爐灶 以淨泥塗飾 謂日掛袍 燃燈默拜

○『帝京景物略』(『중국대세시기Ⅱ』국립민속박물관, 2006년, 106-107쪽)

十二月 廿四日以糖劑餠黍糕棗栗胡桃炒豆祀竈君 以糟草秣竈君馬 謂

竈君翌日朝天去 白象間一歲事 祝曰 好多說 不好少說 記称竈老婦之祭

今男子祭 禁不令婦女見之 祀餘糖果 禁幼女不令得啖 曰啖竈餘 則食肥

膩時 口圈黑也

○『歷代詩話』권80 (『四庫全書』集部, 詩文評類)

　『日下舊聞考』권148 (『四庫全書』史部, 地理類, 都會郡縣之屬)

廿四日以糖劑餠黍糕棗栗胡桃炒豆祀竈君以糟草秣竈君馬謂竈君翌

日朝天去白家間一歲事祝曰好多說不好少說記稱竈老婦之祭今男子
祭禁不令婦女見之祀餘糖果禁幼女不令得唊曰唊竈餘則食肥膩時口
圈黑也(『帝京景物略』)

○『旅泊菴稿』권4 (『만자속장경』72, 721하)
祀竈
功司鼎鼐(云云) 恭惟監齋使者祀竈命府君 玆者臘月念四日 歲功告畢
謹嚴潔廚竈奉薦香饍 加持經呪 仰答神庥 惟願叢林鼎盛 僧海安和 香積
常豐 供佛僧而靡盡 法門有慶 保水火以無虞 人人懷道德之謀 箇箇息鬥
諍之氣 四時廸吉 日用常寧 襲潙山典座之芳規 繼雪峯飯頭之遺範 成就
法器 接引後來 伏望神聰 俯垂昭鑒

24일

◉ **交年疏** 12-24

○『西湖遊覽志餘』권20 (『四庫全書』史部, 地理類, 山水之屬, 西湖遊覽志)
　『夢粱錄』권6 (『四庫全書』史部, 地理類, 雜記之屬)
十二月二十四日謂之交年 … 중략 … 僧道作交年疏仙術湯以送檀越

○『太平惠民和劑局方』권10 (『四庫全書』子部, 醫家類)
仙術湯
辟瘟疫除寒溫濕脾胃進飲食

蒼術(去皮四十八斤) 棗(去核二斗四升) 乾薑(炮二十兩) 甘草(炒十
四斤) 鹽(炒二十五斤) 杏仁(去皮尖麩炒別搗六斤)
右爲細末入杏仁和勻每服一錢沸湯點服食前常服延年明目駐顏輕身
不老

○『普濟方』권267 (『四庫全書』子部, 醫家類)
仙術湯(出和劑方) 辟瘟疫除寒熱溫脾胃進飮食
蒼術(去皮四十八斤) 棗(去核二斗四升) 乾姜(炮二十兩) 甘草(炒十
四斤) 鹽(炒二十三斤) 杏仁(去皮尖麩炒別搗三斤)
右爲細末入杏仁和勻每服一錢沸湯點服延年明目駐顏輕身不老

○『竹嶼山房雜部』권13 (『四庫全書』子部, 雜家類, 雜品之屬)
仙朮湯(辟瘟疫除寒濕溫脾胃進飮食)
蒼朮(去皮十二斤米泔水浸焙) 棗(去核六升) 杏仁(去皮尖炒斤半) 乾
薑(五兩炮) 粉草(炙三斤半) 鹽(六斤四兩)
右爲細末入杏仁和勻每服一錢沸湯點服常服延年益壽明目駐顏輕身
不老

○『竹嶼山房雜部』권13 (『四庫全書』子部, 雜家類, 雜品之屬)
仙朮湯(辟山嵐瘴氣晨昏宜服之)
蒼朮九兩米泔浸刮去皮棗去核乾薑各半兩泡杏仁一兩半去皮尖麩皮
炒雙仁不用另硏甘草二兩三分炒白鹽六兩炒右爲細末沸湯點服

○『瑞竹堂經驗方』 권2 (『四庫全書』 子部, 醫家類)

　『普濟方』 권154 (『四庫全書』 子部, 醫家類)

徐神翁神效地仙方治筋骨疼痛打撲損傷仙術湯送下除寒濕進飮食

川烏(一箇去尖)　草烏(五箇去尖)　荊芥(去枝半兩)　蒼術(一兩米泔浸

一宿炒)　自然銅(一字硏)　白芷　地龍　沒藥(各半兩硏)　乳香(半錢硏)

萵苣種　黃瓜種　梢瓜種　木鱉子(各一錢)　半兩錢(二文)

右爲細末醋糊爲丸如梧桐子大每服一十丸食後

○『普濟方』 권199 (『四庫全書』 子部, 醫家類)

仙術湯　辟山嵐瘴氣及晨朝暮夜觸冒寒邪

蒼術(九兩)　棗(四枚)　乾姜(半兩)　杏仁(一兩半)　甘草(二兩三分)　鹽

(六兩)

右爲細末每一沸湯點一二錢服不拘時以上湯味非惟悅口神亦能袪疾

防患誠爲益

○『東京夢華錄』 권10 (『四庫全書』 史部, 地理類, 雜記之屬)

二十四日交年都人至夜請僧道看經備酒果送神燒合家替代錢紙帖竈

馬於竈上以酒糟塗抹竈門謂之醉司命夜於牀底點燈謂之照虛耗

29일

◉ 華嚴菩薩誕 12-29

○『百丈叢林淸規證義記』권8 (『만자속장경』63, 514중)

十二月 二十九日 華嚴菩薩誕

그믐

◉ 사찰의 그믐 12-그믐

○『入唐求法巡禮行記』권1

唐文宗開成三年 十二月廿九日 暮際道俗共燒紙錢俗家後夜燒竹与爆
聲遵万歲街店之內百種飯食異常弥滿 日本國 此夜宅庭屋裏門前到處
盡點燈也 大唐 不尒但點常燈不似 本國 也寺家後夜打鐘衆僧叅集食堂
礼佛々々之時衆皆下床地上敷座具礼佛了還上床座時有庫司典座僧
在扵衆前讀申歲內種用途帳令衆聞知未及曉明燈前喫粥飯食了便散
其房遲明各出自房觀礼衆僧相共礼謁寺家設供三日便休

○『入唐求法巡禮行記』권3

開成五年 十二月廿五日 更則入新年衆僧上當 喫粥餛飩雜菓子衆僧喫
粥間綱維典座直歲一年內寺中諸庄及交易幷客粝 諸色破用錢物帳衆
前讀申

○『勅修百丈清規』권7 (『대정장』48, 1155상)
十二月 歲終結呈諸色簿書

○『增修教苑清規』권하 (『만자속장경』57, 343하)
十二月 歲終結呈 諸色簿書計筭錢穀掃洒殿宇習新歲修懺儀式預備賀
年物儀分歲請大衆湯果

○『百丈叢林清規證義記』권8 (『만자속장경』63, 514중)
十二月 歲終結呈諸色簿書

● **年終還願** 12-그믐

○『世宗實錄』권124 (세종 31년 6월 12일)
每歲初 爲上祝釐 作願狀禱于神佛 至歲抄祭而還其狀 謂之年終還願

○『世宗實錄』권14권 (세종 3년 12월 13일)
壬寅 視事 前此每於歲終 遣內侍別監 祈福于佛宇 山川 謂之年終還願
至是 禮曹啓其狀 上目參贊卞季良曰 年終還願 邀福之事 崇佛之端也
近者 事佛之事罷之幾盡 惟先王先后忌齋 未忍罷之 然猶減其煩 此爲寡
人祈福之事也 倘有獲福之理 猶爲鄙陋 況於無理乎 自今罷之如何 季良
默然不對 元肅對曰 臣等固知無理 然爲上祈禱 未敢言耳 群臣出 上謂近
臣曰 予欲罷之 然下人未有請之者 自上罷之可乎 益精對曰 宜裁自聖心
上納之 卽命罷佛宇 而只祭嶽海瀆山川

◉ 현장법사예불문 12-그믐

○『불가일용집』
十二月晦日人靜時向東禮佛四拜滅九千劫罪

◉ 掛千 12-그믐

○『燕京歲時記』(『중국대세시기Ⅱ』, 국립민속박물관, 2006년, 401쪽)
掛千者 用吉祥語鐫於紅紙之上 長尺有咫粘之門前 與桃符相輝映 其上
有八仙人物者 乃佛前所懸也 是物民戶多用之 世家大族鮮用之者 其黃
紙長三寸紅紙長寸餘者 日小掛千 乃市肆所用也

◉ 天地桌 12-그믐

○『燕京歲時記』(『중국대세시기Ⅱ』, 국립민속박물관, 2006년, 402쪽)
每屆除夕 列長案於中庭 供以百分 百分者 乃諸天神聖之全圖也 百分之
前 陳設蜜供一層 蘋(平)果 乾果 饅頭 素菜 年糕各一層 謂之全供 供上
籤以通草八仙及石榴 元寶等 謂之供佛花 及接神時 將百分焚化 接遞燒
香 至燈節而止 謂之天地桌

참고문헌

1. 원전류

1) 불전

『불반니원경佛般泥洹經』 권하 (『대정장』 1)

『장아함경長阿含經』 권4 (『대정장』 1)

『불설식쟁인연경佛說息諍因緣經』 (『대정장』 1)

『불설해하경佛說解夏經』 (『대정장』 1)

『방광대장엄경方廣大莊嚴經』 권3 (『대정장』 3)

『과거현재인과경過去現在因果經』 권1 (『대정장』 3)

『보살본생만론菩薩本生鬘論』 권3 (『대정장』 3)

『불본행집경佛本行集經』 권45 (『대정장』 3)

『불설보살본행경佛說菩薩本行經』 권상 (『대정장』 3)

『불설십이유경佛說十二遊經』 (『대정장』 4)

『현우경賢愚經』 권9 (『대정장』 4)

『잡비유경雜譬喩經』 (『대정장』 4)

『불설대승보살장정법경佛說大乘菩薩藏正法經』 권1 (『대정장』 11)

『대반열반경大般涅槃經』 권1 (『대정장』 12)

『불설불명경佛說佛名經』 권6 (『대정장』 14)

『현재현겁천불명경現在賢劫千佛名經』 (『대정장』 14)

『불설관불삼매해경佛說觀佛三昧海經』 권6 (『대정장』 15)

『금광명경金光明經』 권4 (『대정장』 16)

『불설제덕복전경佛說諸德福田經』 (『대정장』 16)

『불설마하찰두경佛說摩訶刹頭經』 (『대정장』 16)

『불설온실세욕중승경佛說溫室洗浴衆僧經』 (『대정장』 16)

『수약사의궤포단법修藥師儀軌布壇法』 (『대정장』 19)

436

『백산개대불정왕최승무비대위덕금강무애대도장다라니염송법요白傘蓋大佛頂王最
　　勝無比大威德金剛無礙大道場陀羅尼念誦法要』(『대정장』19)

『살바다비니비바사薩婆多毘尼毘婆沙』권5 (『대정장』23)

『근본설일체유부비내야根本說一切有部毘奈耶』권18 (『대정장』23)

『십송률十誦律』권57 (『대정장』23)

『비나야鼻奈耶』권3 (『대정장』24)

『대방광불화엄경수소연의초大方廣佛華嚴經隨疏演義鈔』권41 (『대정장』36)

『대반열반경의기大般涅槃經義記』권1 (『대정장』37)

『범망경고적기梵網經古迹記』권하 (『대정장』40)

『자비도량참법慈悲道場懺法』권9 (『대정장』45)

『밀암화상어록密菴和尙語錄』(『대정장』47)

『전경행도원왕생정토법사찬轉經行道願往生淨土法事讚』(『대정장』47)

『허당화상어록虛堂和尙語錄』권9 (『대정장』47)

『칙수백장청규勅修百丈淸規』권7 (『대정장』48)

『대아라한난제밀다라소설법주기大阿羅漢難提蜜多羅所說法住記』(『대정장』49)

『석감계고략속집釋鑑稽古略續集』(『대정장』49)

『속고승전續高僧傳』권4 (『대정장』50)

『고승전高僧傳』권9 (『대정장』50)

『대당서역기大唐西域記』(『대정장』51)

『광홍명집廣弘明集』권15 (『대정장』51)

『낙양가람기洛陽伽藍記』권1 (『대정장』51)

『낙양성동가람기洛陽城東伽藍記』권1 (『대정장』51)

『석가방지釋迦方志』권하 (『대정장』51상)

『유방기초遊方記抄』「往五天竺國傳」(『대정장』51)

『고승법현전高僧法顯傳』권1 (『대정장』51)

『경덕전등록景德傳燈錄』권3 (『대정장』51)

『변정론辯正論』권8 (『대정장』52)

『법원주림法苑珠林』권35 (『대정장』53)

『대송승사략大宋僧史略』권下 (『대정장』54)

『일체경음의一切經音義』권29 (『대정장』54)

『남해기귀내법전南海寄歸內法傳』 권2 (『대정장』 54)

『개원석교록開元釋敎錄』 권6 (『대정장』 55)

『수능엄경요해서首楞嚴經要解序』 (『만자속장경』 11)

『대불정여래밀인수증료의제보살만행수능엄경大佛頂如來密因修證了義諸菩薩萬行首
楞嚴經』 권7 (『만자속장경』 12)

『대불정경서지미소大佛頂經序指昧疏』 (『만자속장경』 16)

『금강경여시경의金剛經如是經義』 권상 (『만자속장경』 25)

『증수교원청규增修敎苑淸規』 권하 (『만자속장경』 57)

『비니일용절요향유기毗尼日用切要香乳記』 권하 (『만자속장경』 60)

『사문일용沙門日用』 권상 (『만자속장경』 60)

『율학발인律學發軔』 권하 (『만자속장경』 60)

『율원사규律苑事規』 권10 (『만자속장경』 60)

『사미율의요략술의沙彌律儀要略述義』 권하 (『만자속장경』 60)

『선림비용禪林備用』 권3 (『만자속장경』 63)

『백장총림청규증의기百丈叢林淸規證義記』 권8 (『만자속장경』 63)

『환주암청규幻住庵淸規』 (『만자속장경』 63)

『선림비용禪林備用』 권10 (『만자속장경』 63)

『열조제강록列祖提綱錄』 권6 (『만자속장경』 64)

『희수화상광록希叟和尙廣錄』 권1 (『만자속장경』 70)

『여박암고旅泊菴稿』 권4 (『만자속장경』 72)

『역대편년석씨통감歷代編年釋氏通鑑』 권4 (『만자속장경』 76)

『보속고승전補續高僧傳』 권20 (『만자속장경』 77)

『석교부휘고釋敎部彙考』 권2 (『만자속장경』 77)

『관세음지험기觀世音持驗紀』 권하 (『만자속장경』 78)

『선림승보전禪林僧寶傳』 (『만자속장경』 79)

『지월록指月錄』 권4 (『만자속장경』 83)

『속등정통續燈正統』 권41 (『만자속장경』 84)

『임간록林間錄』 (『만자속장경』 87)

『현과수록現果隨錄』 권4 (『만자속장경』 88)

438

2) 한국서

『동국세시기東國歲時記』(『조선대세시기Ⅲ』, 국립민속박물관, 2007년)

『열양세시기洌陽歲時記』(『조선대세시기Ⅲ』, 국립민속박물관, 2007년)

『경도잡지京都雜誌』(『조선대세시기Ⅲ』, 국립민속박물관, 2007년)

『동국여지승람東國輿地勝覽』 권38 (『新增東國輿地勝覽』 명문당, 1994년)

『용재총화慵齋叢話』 권2

『홍재전서弘齋全書』 권1 「춘저록春邸錄」

『연려실기술燃藜室記述』

『삼국유사三國遺事』

『세종실록世宗實錄』

『태종실록太宗實錄』

『태조실록太祖實錄』

『정종실록定宗實錄』

『문종실록文宗實錄』

『중종실록中宗實錄』

『영조실록英祖實錄』

『선조실록宣祖實錄』

『성종실록成宗實錄』

『연산군일기燕山君日記』

『고려사高麗史』 권6

『불가일용집佛家日用集』

3) 중국서

【ㄱ】

『군서고색群書考索』 권23 (『사고전서四庫全書』 子部, 類書類)

『강서통지江西通志』 권113 (『사고전서』 사부史部, 地理類, 都會郡縣之屬)

『강남통지江南通志』 권113 (『사고전서』 史部, 地理類, 都會郡縣之屬)

『금수만화곡전집錦繡萬花谷前集』 권35 (『사고전서』 子部, 類書類)

『고금사문류취古今事文類聚』 권7 (『사고전서』 子部, 類書類)

『고금설해古今說海』 권129 (『사고전서』 子部, 雜家類, 雜編之屬)

『감주집紺珠集』 권4 (『사고전서』 子部, 雜家類, 雜纂之屬)

『공괴집攻媿集』 권1 (『사고전서』 集部, 別集類, 南宋建炎至德祐)

『검남시고劍南詩藁』 권85 (『사고전서』 集部, 別集類, 南宋建炎至德祐)

『강호후집江湖後集』 권20 (『사고전서』 集部, 總集類)

『광박물지廣博物志』 권25 (『사고전서』 子部, 類書類)

『격치경원格致鏡原』 권12 (『사고전서』 子部, 類書類)

『고소지姑蘇志』 권40 (『사고전서』 史部, 地理類, 都會郡縣之屬)

『광동통지廣東通志』 권51 (『사고전서』 史部, 地理類, 都會郡縣之屬)

『간천집澗泉集』 권8 (『사고전서』 集部, 別集類, 南宋建炎至德祐)

『경패經稗』 권7 (『사고전서』 經部, 五經總義類)

『구당서舊唐書』 권199상 (『사고전서』 史部, 正史類)

『기찬연해記纂淵海』 권2 (『사고전서』 子部, 類書類)

【ㄴ】

『남송잡사시南宋襍事詩』 권3 (『사고전서』 集部, 總集類)

『내재금석각고략來齋金石刻考略』 권하 (『사고전서』 史部, 目錄類, 金石之屬)

【ㄷ】

『동경몽화록東京夢華錄』 (『사고전서』 史部, 地理類, 雜記之屬)

『동한회요東漢會要』 (『사고전서』 史部, 政書類, 通制之屬)

『당시기사唐詩紀事』 권57 (『사고전서』 集部, 詩文評類)

『담원찰기湛園札記』 권3 (『사고전서』 子部, 雜家類, 雜考之屬)

『동파전집東坡全集』 권34 (『사고전서』 集部, 別集類, 北宋建隆至靖康)

『동소도지洞霄圖志』 권1 (『사고전서』 史部, 地理類, 古蹟之屬)

『동당집東塘集』 권3 (『사고전서』 集部, 別集類, 南宋建炎至德祐)

『두양잡편杜陽雜編』 권상 (『사고전서』 子部, 小說家類, 異聞之屬)

『당송팔대가문초唐宋八大家文鈔』 권123 (『사고전서』 集部, 總集類)

【ㅁ】

『문헌통고文獻通考』(『사고전서』 史部, 政書類, 通制之屬)

『명일통지明一統志』 권44 (『사고전서』 史部, 地理類, 總志之屬)

『매계집梅溪集 후집後集』 권12 (『사고전서』 集部, 別集類, 南宋建炎至德祐)

『모정객화茅亭客話』 권4 (『사고전서』 子部, 小說家類, 異聞之屬)

『몽량록夢粱錄』 권19 (『사고전서』 史部, 地理類, 雜記之屬)

『문편文編』 권53 (『사고전서』 集部, 總集類)

『문장변체휘선文章辨體彙選』 권332/권559 (『사고전서』 集部, 總集類)

『명의고名義考』 권2 (『사고전서』 子部, 雜家類, 雜考之屬)

『무림구사武林舊事』 권3 (『사고전서』 史部, 地理類, 雜記之屬)

『무이신집武夷新集』 권6 (『사고전서』 集部, 別集類, 北宋建隆至靖康)

【ㅂ】

『복건통지福建通志』 권62 (『사고전서』 史部, 地理類, 都會郡縣之屬)

『방여승람方輿勝覽』 권51 (『사고전서』 史部, 地理類, 總志之屬)

『백공육첩白孔六帖』 권4 (『사고전서』 子部, 類書類)

『별아別雅』 권2 (『사고전서』 經部, 小學類, 訓詁之屬)

『불조력대통재佛祖歷代通載』 권14 (『사고전서』 子部, 釋家類)

『보제방普濟方』 권267 (『사고전서』 子部, 醫家類)

【ㅅ】

『세화기려보歲華紀麗譜』(『사고전서』 史部, 地理類, 雜記之屬, 歲華紀麗)

『설부說郛』 권69상 (『사고전서』 子部, 雜家類, 雜纂之屬)

『설략說略』 권4 (『사고전서』 子部, 類書類)

『석호시집石湖詩集』 권17 (『사고전서』 集部, 別集類, 南宋建炎至德祐)

『성도문류成都文類』 권9 (『사고전서』 集部, 總集類)

『서호유람지여西湖遊覽志餘』 권20 (『사고전서』 史部, 地理類, 山水之屬, 西湖遊覽志)

『서호지찬西湖志纂』 권11 (『사고전서』 史部, 地理類, 山水之屬)

『산당사고山堂肆考』 권9 (『사고전서』 子部, 類書類)

『수경주水經注』 권1 (『사고전서』 史部, 地理類, 河渠之屬)

『산서통지山西通志』 권224 (『사고전서』 史部, 地理類, 都會郡縣之屬)

『서죽당경험방瑞竹堂經驗方』 권2 (『사고전서』 子部, 醫家類)

『석문문자선石門文字禪』 권13 (『사고전서』 集部, 別集類, 北宋建隆至靖康)

『수경주水經注』 권1 (『사고전서』 史部, 地理類, 河渠之屬)

『수경주집석정와水經注集釋訂訛』 권1 (『사고전서』 史部, 地理類, 河渠之屬)

『수경주석水經注釋』 권1 (『사고전서』 史部, 地理類, 河渠之屬)

『속박물지續博物志』 권2 (『사고전서』 子部, 小說家類, 瑣記之屬)

『순희삼산지淳熙三山志』 권40 (『사고전서』 史部, 地理類, 都會郡縣之屬)

『산호망珊瑚網』 권47 (『사고전서』 子部, 藝術類, 書畫之屬)

『식고당서화휘고式古堂書畫彙考』 권32 (『사고전서』 子部, 藝術類, 書畫之屬)

『세종헌황제주비유지世宗憲皇帝硃批諭旨』 권174-14 (『사고전서』 史部, 詔令奏議類,
　　詔令之屬)

『사물기원事物紀原』 권8 (『사고전서』 子部, 類書類)

『세시광기歲時廣記』 권4 (『사고전서』 史部, 時令類)

『섬서통지陝西通志』 권45 (『사고전서』 史部, 地理類, 都會郡縣之屬)

【ㅇ】

『어정월령집요御定月令輯要』 권5 (『사고전서』 史部, 時令類)

『어제율려정의후편御製律呂正義後編』 권91 (『사고전서』 經部, 樂類)

『어정연감류함御定淵鑑類函』 권13 (『사고전서』 子部, 類書類)

『어정패문운부御定佩文韻府』 권68-1 (『사고전서』 子部, 類書類)

『어정패문재광군방보御定佩文齋廣群芳譜』 권32 (『사고전서』 子部, 譜錄類, 草木禽
　　魚之屬)

『어선당시御選唐詩』 권26 (『사고전서』 集部, 總集類)

『어정패문재영물시선御定佩文齋詠物詩選』 권33 (『사고전서』 集部, 總集類)

『어정패문재서화보御定佩文齋書畫譜』 권97 (『사고전서』 子部, 藝術類, 書畫之屬)

『역대시화歷代詩話』 권80 (『사고전서』 集部, 詩文評類)

『역대명신주의歷代名臣奏議』 권252 (『사고전서』 史部, 詔令奏議類, 奏議之屬)

『옥지당담회玉芝堂談薈』 권1 (『사고전서』 子部, 雜家類, 雜纂之屬)

『옥해玉海』 권71 (『사고전서』 子部, 類書類)

『운부군옥韻府群玉』 권14 (『사고전서』 子部, 類書類)

『일하구문고日下舊聞考』 권56 (『사고전서』 史部, 地理類, 都會郡縣之屬)

『연경세시기燕京歲時記』 (『중국대세시기Ⅱ』, 국립민속박물관, 2006년, 267쪽)

『악양풍토기岳陽風土記』 (『사고전서』 史部, 地理類, 雜記之屬, 岳陽風土記)

『유양잡조酉陽雜俎』 권4 (『사고전서』 子部, 小說家類, 瑣記之屬)

『운연과안록雲煙過眼錄』續錄 (『사고전서』 子部, 雜家類, 雜品之屬)

『요사습유遼史拾遺』 권22 (『사고전서』 史部, 正史類)

『안남지략安南志略』 권1 (『사고전서』 史部, 載記類)

『원명사류초元明事類鈔』 권3 (『사고전서』 子部, 雜家類, 雜纂之屬)

【ㅈ】

『절강통지浙江通志』 권231 (『사고전서』 史部, 地理類, 都會郡縣之屬)

『전촉예문지全蜀藝文志』 권58 (『사고전서』 集部, 總集類)

『지원가화지至元嘉禾志』 권11 (『사고전서』 史部, 地理類, 都會郡縣之屬)

『자치통감資治通鑑』 권243 (『사고전서』 史部, 編年類)

『제경경물략帝京景物略』 (『중국대세시기Ⅱ』, 국립민속박물관, 2006년, 84쪽)

『제경세시기승帝京歲時紀勝』 (『중국대세시기Ⅱ』, 국립민속박물관, 2006년, 137쪽)

『준생팔전遵生八牋』 권3 (『사고전서』 子部, 雜家類, 雜品之屬)

『진랍풍토기眞臘風土紀』 (『사고전서』 史部, 地理類, 外紀之屬, 眞臘風土記)

『전민시화全閩詩話』 권2 (『사고전서』 集部, 詩文評類)

『증보무림구사增補武林舊事』 권3 ((『사고전서』 史部, 地理類, 雜記之屬)

『죽서산방잡부竹嶼山房雜部』 권13 (『사고전서』 子部, 雜家類, 雜品之屬)

【ㅊ】

『초학기初學記』 (『사고전서』 子部, 類書類)

『촉중광기蜀中廣記』 권55 (『사고전서』 史部, 地理類, 雜記之屬)

『천중기天中記』 권5 (『사고전서』 子部, 類書類)

『책부원구冊府元龜』 권194 (『사고전서』 子部, 類書類)

『철경록輟耕錄』 권30 (『사고전서』 子部, 小說家類, 雜事之屬)

【ㅌ】

『태평어람太平御覽』 권568 (『사고전서』 子部, 類書類)

『태평환우기太平寰宇記』 권149 (『사고전서』 史部, 地理類, 總志之屬)

『통지通志』 권76 (『사고전서』 史部, 別史類)

『태평광기太平廣記』 권110 (『사고전서』 子部, 小說家類, 異聞之屬)

『태평혜민화제국방太平惠民和劑局方』 권10 (『사고전서』 子部, 醫家類)

【ㅎ】

『형초세시기荊楚歲時記』 (『사고전서』 史部, 地理類, 雜記之屬)

『회계지會稽志』 권8 (『사고전서』 史部, 地理類, 都會郡縣之屬)

『해록쇄사海錄碎事』 권2 (『사고전서』 子部, 類書類)

『흠정속문헌통고欽定續文獻通考』 권102 (『사고전서』 史部, 政書類, 通制之屬)

『흠정일하구문고欽定日下舊聞考』 권147 (『사고전서』 史部, 地理類, 都會郡縣之屬)

『휘주록揮塵錄 후록後錄』 권5 (『사고전서』 子部, 小說家類, 雜事之屬)

『화양집華陽集』 권15 (『사고전서』 集部, 別集類, 北宋建隆至靖康)

『학여당문집學餘堂文集 시집詩集』 권42 (『사고전서』 集部, 別集類, 淸代)

『향승香乘』 권12 (『사고전서』 子部, 譜錄類, 器物之屬)

『함순림안지咸淳臨安志』 권32 (『사고전서』 史部, 地理類, 都會郡縣之屬)

4) 일본서

『입당구법순례행기入唐求法巡禮行記』 권1

2. 사전

『한국민족대백과사전』

3. 단행본

원인 지음, 신복용 번역 주해, 『입당구법순례행기』, 정신세계사, 1991년

김문경, 『엔닌의 입당구법순례행기』, 중심, 2001년

4. 논문

김영태, 「법화신앙의 전래와 형태」, 『한국불교학』 3, 한국불교학회, 1977년

이국희, 「돈황속강 한붕부의 성격」, 『중국어문학』 17, 영남중국어문학회, 1990년

송화섭, 「동아시아권에서 줄다리기의 발생과 전개」, 『비교민속학』 38, 비교민속학
  회, 2009년

오인五印

1981년 수덕사 견성암으로 출가하였다.

1986년 범어사에서 자운 스님을 계사로 구족계를 수계하였다.

1997년에 중앙승가대학교 불교학과를 졸업하고, 2000년에 일본 불교대학 대학원에서 석사학위를, 2005년에는 동대학에서 「동아시아에 있어서 오대산 문수신앙」으로 문학박사 학위를 취득하였다.

중앙승가대학교 승가학연구원 전임연구원 및 강사, 동국대학교(경주) 강사 및 겸임교수, 대한불교조계종 승가고시 실무위원 등을 역임하였다.

현재 중앙승가대학교 수행학과 조교수, 대한불교조계종 교수아사리의 소임을 맡고 있다.

주요 논문으로 「불교문화 삼원론」, 「한국 비구니선원의 수행과 생활문화」, 「불교문화와 수행」, 「미륵사를 중심으로 본 백제의 불교의례」 등이 있다.

불교세시풍속

초판 1쇄 인쇄 2014년 12월 3일 | **초판 1쇄 발행** 2014년 12월 10일

지은이 오인 | 펴낸이 김시열

펴낸곳 도서출판 운주사

(136-034) 서울시 성북구 동소문로 67-1 성심빌딩 3층

전화 (02) 926-8361 | 팩스 0505-115-8361

ISBN 978-89-5746-408-3 93220 값 23,000원

http://cafe.daum.net/unjubooks 〈다음카페: 도서출판 운주사〉